Novas Dimensões das Relações Individuais e Coletivas e a Efetividade dos Direitos Trabalhistas

Trabalhos resultantes do Crédito do Curso de Mestrado em Direito do Trabalho na PUC — Pontifícia Universidade Católica de São Paulo, ministrado pelo Prof. Dr. Paulo Sergio João

Novas Dimensões das Relações Individuais e Coletivas e a Efetividade dos Direitos Trabalhistas

Trabalhos resultantes do Crédito do Curso de Mestrado em Direito do Trabalho na PUC — Pontifícia Universidade Católica de São Paulo, ministrado pelo Prof. Dr. Paulo Sergio João

Coordenador:
Paulo Sergio João

Organizadores:
Leonel Maschietto
Vinícius Katsumi Fugi

PUC-SP

LACIER

LACIER

Lacier Livraria e Editora
www.livrarialacier.com.br

Rua Doutor Quirino, 808 – Centro
CEP 13015-081 – Campinas, SP – Brasil

Setembro, 2024

Diretor: *Lacier José de Rezende*
Coordenação editorial: *Peter Fritz Strotbek*
Projeto de capa: *Fabio Giglio*
Projeto gráfico e editoração eletrônica: *The Best Page*

Esta é uma obra coletiva.
A responsabilidade pelo conteúdo de cada texto
é exclusiva do seu autor.

Ficha Catalográfica

Dados Internacionais de Catalogação na Publicação (CIP)
(Câmara Brasileira do Livro, SP, Brasil)

N936 Novas Dimensões das relações individuais e coletivas e a efetividade dos direitos trabalhistas : trabalhos resultantes do crédito do curso de mestrado em direito do trabalho na PUC — Pontifícia Universidade Católica de São Paulo, ministrado pelo Prof. Dr. Paulo Sergio João Conselho nacional do trabalho : primórdios / Coordenador: Paulo Sergio João ; Organizadores: Leonel Maschietto, Vinícius Katsumi Fugi. — 1. ed. — Campinas, SP : Lacier Editora, 2024.
234 p. ; 17 x 24 cm.

ISBN 978-85-64412-33-0

1. Direito do Trabalho (Brasil). 2. Trabalhadores — Relações individuais e coletivas. 3. Legislação social — Brasil. I. João, Paulo Sergio. II. Maschietto, Leonel. III. Fugi, Vinícius Katsumi. IV. Título.

CDU 347.9:331(81)

Índices para catálogo sistemático:

1. Direitos trabalhistas (Brasil)

Angela Schmidt da Rosa – Bibliotecária – CRB-14/1171

Sumário

Autores

Ana Paula de Almeida — Mestranda em Direito do Trabalho na PUC-SP. Especialista em Direito Material e Processual do Trabalho pela PUC-SP. Bacharel em Direito pela Universidade Presbiteriana Mackenzie – São Paulo.

Arthur Felipe das Chagas Martins — Advogado. Mestrando em Direito do Trabalho pela Pontificia Universidade Católica de São Paulo. Especialista em Direito do Trabalho e Processual do Trabalho pela Escola Paulista de Direito. Especialista em Direito Acidentário pela Universidade Cândido Mendes. Graduado em Direito pela Faculdade de Direito de São Bernardo do Campo.

Camilla Talaqui Cruz — Advogada. Mestranda em Direito do Trabalho na PUC-SP.

Carla Caroline Lopes Andrade — Mestranda em Direito Previdenciário pela Pontifícia Universidade Católica de São Paulo – PUC-SP. Especialista em Direito Previdenciário pela Faculdade Legale. Especialista em Direito Processual Cível na Pontifícia Universidade Católica de São Paulo – PUC-SP. Bacharela em Direito pela Universidade Paulista.

Dorival da Silva Santos — Advogado Militante desde 2014. Mestrando e Especialista em Direito do Trabalho pela Pontificia Universidade Católica de São Paulo-PUC/SP.

Gisele Beraldo de Paiva — Mestranda em Direito Previdenciário pela PUC-SP. Especialista em Direito Público pela EPD (Escola Paulista de Direito) e pela Faculdade de Direito Damásio de Jesus. Advogada. Professora convidada de Direito Previdenciário em diversas instituições de especialização *lato sensu*. Palestrante.

Guilherme Tadeu Cruz Malta — Advogado. Bacharel em Direito pela Faculdade de Direito de São Bernardo do Campo. Especialista em Direito do Trabalho pela Pontifícia Universidade Católica de São Paulo (PUC/SP). Mestrando em Direito do Trabalho pela Pontifícia Universidade Católica de São Paulo (PUC/SP)

Julia Medrano Rotta Sinisgalli Machado — Mestranda em Direito do Trabalho pela Pontifícia Universidade Católica de São Paulo (PUC-SP). Especialista em Direito Material e Processual do Trabalho pela Escola Paulista de Direito (EPD). Graduada em Direito pela Universidade Presbiteriana Mackenzie.

Juliany Yeda Gomes Giesteira — Advogada, Mestranda em Direito do Trabalho pela Pontifícia Universidade Católica de São Paulo (PUC/SP), Especialista em Direito Material e Processual do Trabalho pela Pontifícia Universidade Católica de São Paulo (PUC/SP).

Leonardo Rodrigues dos Santos — Advogado. Mestrando em Direito pela Pontifícia Universidade Católica de São Paulo (PUC-SP). Especialista em Direito do Trabalho e Processo do Trabalho pela Pontifícia Universidade Católica de Campinas (PUC-Campinas). Especialista em Direito Previdenciário Empresarial e Previdência Privada pela Escola Brasileira de Direito (EBRADI).

Maria Cecilia da Conceição Faria dos Santos — Advogada. Mestranda em Direito do Trabalho pela PUC-SP.

Sophia Cruz Bentes — Advogada. Mestranda em Direito do Trabalho pela Pontifícia Universidade Católica de São Paulo. Graduada em Direito pelo Centro Universitário do Estado do Pará.

Thiago Soares Chuva — Mestrando em Direito do Trabalho pela Pontifícia Universidade Católica de São Paulo. Graduado pela Universidade Federal do Espírito Santo. Analista Judiciário no Tribunal Regional do Trabalho da 2ª Região.

Vinícius Katsumi Fugi — Advogado. Mestrando em Direito do Trabalho pela Pontifícia Universidade Católica de São Paulo. Especialista em Direito e Processo do Trabalho pela Pontifícia Universidade Católica de São Paulo. Especialista em Administração de Empresas pela Fundação Getúlio Vargas. Graduado em Direito pela Pontifícia Universidade Católica de São Paulo. Pesquisador do Grupo de Estudos de Direito do Trabalho da Pontifícia Universidade Católica de São Paulo.

Apresentação

Ser professor é ser apaixonado pela arte de ensinar e de despertar nos alunos esta mesma paixão.

A vida de professor sempre nos traz prazeres pela convivência, pela troca de ideias e experiências, pelas novas perspectivas de pensamentos, propiciando aprendizado constante, que a sala de aula nos permite. Nenhum professor pode afirmar que a sala de aula não seja uma troca de conhecimento.

Durante o curso de graduação temos uma responsabilidade ímpar: orientamos os alunos na utilização da técnica da aplicação de conceitos e da lei posta, deixando que eles mesmos formem o racional do aprendizado, desenvolvendo espírito crítiico e, se possível, que se apaixonem pela disciplina sobre a qual temos a responsabilidade de apresentar.

Quando se trata de pós-graduação *stricto sensu*, a missão do professor se intensifica, pois não se ensina mais aquilo que é básico e que sustenta o interesse pelo aprofundamento na disciplina. A proposta é de que se possa repensar o direito e, no nosso caso, o Direito do Trabalho, abandonando a experiência da rotina trabalhista como ponto de partida. Apenas valerá a pena o esforço de todos se conseguirmos contribuir com produção nova, criando situações jurídicas relevantes e sustentáveis de um Direito do Trabalho em constante transformação.

O livro que tenho a honra de apresentar "NOVAS DIMENSÕES DAS RELAÇÕES INDIVIDUAIS E COLETIVAS E A EFETIVIDADE DOS DIREITOS TRABALHISTAS", incentivado na sua elaboração pelo Professor Leonel Maschietto, é resultado de profundos estudos e debates no curso de pós-graduação em Mestrado da Pontifícia Universidade Católica de São Paulo, durante o primeiro semestre de 2024, por nós conduzido. Foi uma turma de alunos excepcionais que se dedicaram produziram trabalhos e textos cujo resultado não poderia permanecer "intra-muros" da universidade e da academia.

Os temas desenvolvidos e apresentados pelos seus autores revelam a atualidade vivida e que ainda não encontram respostas na doutrina trabalhista. São temas que apresentam questões polêmicas como o exercício do direito ao esquecimento; a crise do direito do trabalho na calamidade vivida pelos compatriotas gaúchos; a questão dos trabalhadores diferenciados; os efeitos das sentenças homologatórias da Justiça do Trabalho no direito previdenciário; a jornada de trabalho como norma de saúde; garantia de emprego da gestante e a polêmica do trabalho insalubre; as novas formas de subordinação jurídica; a gestante e a estabilidade no contrato de prazo determinado; os efeitos do regime de teletrabalho nos poderes do empregador; negociação coletiva como direito fundamental do trabalhador; a cláusula especial de arbitragem; a negociação coletiva e a fixação de adicional de insalubridade e o Tema 1.046 do STF e os impactos nas normas coletivas de trabalho.

Tenho certeza de que a leitura sobre as reflexões trazidas servirá de grande estímulo para a continuidade dos debates e poderão contribuir para a formação de novos conceitos na dinâmica constante das relações trabalhistas.

Meus parabéns aos autores que souberam fazer valer o tempo de trabalho nos estudos.

Professor Doutor Paulo Sergio João
Professor Doutor da Pontifícia Universidade Católica de São Paulo. Coordenador do Núcleo de Pesquisa em Direito do Trabalho do Programa de Pós-Graduação da Pontifícia Universidade Católica de São Paulo.

Prefácio

O Direito do Trabalho atravessa um momento de grandes transformações e desafios. A Lei n. 13.467/2017, conhecida como Reforma Trabalhista, entrou em vigor em novembro de 2017 e trouxe uma série de mudanças significativas na legislação nacional. Embora seu objetivo fosse a geração de empregos, as alterações legislativas trouxeram dúvidas e incertezas.

Além disso, o desenvolvimento tecnológico e as recentes decisões do STF, fundamentadas na necessidade de adaptação às novas formas de trabalho, trouxeram consigo um risco considerável de retrocesso na proteção dos trabalhadores.

É justamente em cenários como esse em que os estudos sobre o Direito do Trabalho, realizados de forma ampla e aprofundada, assumem uma relevância ainda maior.

Esse é o caso da obra "Novas Dimensões das Relações Individuais e Coletivas e a Efetividade dos Direitos Trabalhistas", fruto do esforço coletivo da turma de alunos do programa de mestrado *stricto sensu* do Professor Doutor Paulo Sergio João, da Pontifícia Universidade Católica de São Paulo (PUC/SP). Sob sua orientação, os alunos mergulharam nas mais complexas questões para oferecer uma análise crítica e detalhada das novas perspectivas das relações individuais e coletivas no âmbito trabalhista, abordando temas de grande importância e atualidade.

O livro reúne uma coletânea de artigos decorrentes dos debates realizados em sala de aula, sob a atenta e rigorosa direção do Professor Paulo Sergio João, que, com sua experiência e conhecimento guiou este projeto.

Os temas desenvolvidos e apresentados nesta obra, organizados de forma eficiente e competente pelo Professor Doutor Leonel Maschietto e pelo mestrando Vinícius Katsumi Fugi, têm o poder de enriquecer o debate acadêmico e profissional sobre os novos desafios da efetividade do Direito do Trabalho.

A obra que a Editora Lacier nos oferece é o resultado do trabalho conjunto da turma de mestrandos e do Professor Doutor Paulo Sergio João, que após um semestre de intenso debate, apresentam um trabalho de excelência acadêmica capaz de contribuir de forma concreta para a promoção da justiça social.

Convido a todos para uma leitura atenta e proveitosa.

Setembro de 2024,

Professora Doutora Fabíola Marques
Advogada e Professora da PUC-SP.

Direito ao Esquecimento. Princípios e Direitos Fundamentais. Direito da Personalidade. Implicações ao Contrato de Trabalho: Fases Pré a Pós-Contratual

Ana Paula de Almeida[1]

Palavras-chave: Direito ao esquecimento — Mundo digital — *Fake news* — Princípios e Direitos Fundamentais — Direitos da personalidade — Precedentes judiciais — Contrato de trabalho.

1. Introdução

No curso da história, o esquecimento sempre foi uma premissa, enquanto a lembrança era excepcional. No entanto, os avanços tecnológicos contemporâneos inverteram essa dinâmica: hoje, as novas tecnologias dificultam o esquecimento, lançando um novo conjunto de desafios no campo do direito.

À medida que a tecnologia avança, seu impacto no mundo jurídico torna-se cada vez mais aparente. As técnicas de inteligência artificial, impulsionadas pelo aumento na capacidade de armazenamento e processamento de dados, estão se tornando uma parte integrante da prática jurídica. A automatização de tarefas legais promove eficiência e acessibilidade, tornando os serviços jurídicos mais acessíveis e econômicos para um público mais amplo.

No entanto, esse progresso tecnológico também traz consigo desafios éticos significativos. É crucial estabelecer regulamentações específicas para garantir que a inteligência artificial seja utilizada de maneira ética e segura, protegendo principalmente os princípios fundamentais e os direitos individuais dos cidadãos.

---

(1) Mestranda em Direito do Trabalho na PUC-SP. Especialista em Direito Material e Processual do Trabalho pela PUC-SP. Bacharel em Direito pela Universidade Presbiteriana Mackenzie — São Paulo..

Os legisladores e o Poder Judiciário precisam estar atentos ao impacto da divulgação de dados e informações no mundo digital, buscando preservar a dignidade da pessoa humana e os direitos da personalidade dos indivíduos, sem também ignorar o direito fundamental de liberdade de expressão.

Essa mudança fundamental suscita perguntas cruciais sobre como o direito deve se adaptar a essa nova realidade. Conflitos entre princípios e direitos fundamentais como o direito da personalidade e o direito à liberdade de expressão emergem, exigindo uma ponderação sobre qual direito deve prevalecer.

Nesse contexto, o direito ao esquecimento surge como uma questão central, levantando a discussão sobre sua legitimidade e importância na proteção dos direitos individuais, inclusive nas relações de trabalho.

Este artigo busca explorar essas questões complexas, delineando o papel do direito ao esquecimento, especialmente nas relações laborais e seu impacto na salvaguarda dos direitos individuais em uma era digital em constante evolução.

2. Legislação. Mundo digital. Tratamento e proteção de dados

2.1. Marco civil da internet. Lei n. 12.965/2014

O Marco Civil da Internet, instituído pela Lei n. 12.965/2014, representa um marco regulatório fundamental para o uso da Internet no Brasil. Criado com o propósito de estabelecer um conjunto de princípios, garantias, direitos e deveres, essa legislação reflete os avanços tecnológicos da sociedade brasileira buscando garantir e preservar os direitos fundamentais dos cidadãos na era digital.

Um dos pilares do Marco Civil é a defesa da liberdade de expressão e do acesso à informação, essenciais para a construção de uma sociedade democrática. A lei também assegura o direito à privacidade e à proteção de dados dos usuários, garantindo uma experiência online segura e confiável. A neutralidade da rede, outro princípio essencial da lei, impede que provedores de Internet privilegiem determinados serviços ou conteúdos em detrimento de outros, garantindo um ambiente digital sem discriminação e justo para todos.

A lei também estabelece a responsabilidade dos provedores de serviços *online* pelo conteúdo hospedado em suas plataformas, bem como pela proteção dos dados pessoais dos usuários, visando garantir a segurança e confidencialidade de suas informações, de modo a promover um ambiente digital confiável e transparente. Também busca estimular a inovação e o desenvolvimento tecnológico, criando um ambiente favorável para novas ideias e soluções na Internet brasileira.

Outro ponto importante do Marco Civil é promover a participação democrática na elaboração das políticas digitais, envolvendo diversos atores, como governo, sociedade civil e empresas de tecnologia, tornando o processo mais transparente e inclusivo, e refletindo os valores e interesses variados da sociedade brasileira.

O Marco Civil da Internet significa um marco na garantia de direitos e liberdades *online* no Brasil, apesar dos constantes desafios enfrentados para uma implementação efetiva e fiscalização adequada de suas disposições, principalmente nas questões relacionadas a proteção de dados e combate às *fake news*, que demandam gradual atualização e aprimoramento da legislação para encarar os desafios daí emergentes.

Embora referida lei estabeleça diretrizes fundamentais de proteção da privacidade e intimidade, garantindo o direito de remoção de conteúdo em certas circunstâncias, conforme previsão do inciso X, do art. 7º[(2)], apesar de tutelar a ideia, ela não aborda especificamente o conceito de direito ao esquecimento, que ainda não está claramente definido no sistema jurídico brasileiro.

2.2. Lei Geral de Proteção de Dados ("LGPD") — Lei n. 13.709/2018

Em vigor desde setembro de 2020, a Lei Geral de Proteção de Dados (LGPD) é uma legislação brasileira que tem como objetivo regulamentar o tratamento de dados pessoais por parte de empresas públicas e privadas. Ela foi inspirada no Regulamento Geral de Proteção de Dados (GDPR) da União Europeia.

A LGPD foi criada com o fim primordial de proteger a privacidade e os direitos dos indivíduos em relação ao tratamento de seus dados pessoais. Isso significa garantir que o cidadão tenha controle sobre suas informações pessoais e que as empresas e organizações que as coletam e processam o façam de maneira transparente, segura e dentro dos limites legais.

A luz dos princípios e diretrizes estabelecidos, referida lei também tutela os direitos de personalidade do indivíduo, na medida que garante a possibilidade de exclusão ou correção dos dados pessoais, quando estes possam afetar a sua dignidade, privacidade e autonomia, conforme previsão contida em art. 18[(3)], da LGPD.

---

(2) "Art. 7º O acesso à internet é essencial ao exercício da cidadania, e ao usuário são assegurados os seguintes direitos:

X – exclusão definitiva dos dados pessoais que tiver fornecido a determinada aplicação de internet, a seu requerimento, ao término da relação entre as partes, ressalvadas as hipóteses de guarda obrigatória de registros previstas nesta Lei e na que dispõe sobre a proteção de dados pessoais;" *(Redação dada pela Lei n. 13.709, de 2018) (Vigência)*

(3) "Art. 18. O titular dos dados pessoais tem direito a obter do controlador, em relação aos dados do titular por ele tratados, a qualquer momento e mediante requisição:

(...)

III – correção de dados incompletos, inexatos ou desatualizados;

IV – anonimização, bloqueio ou eliminação de dados desnecessários, excessivos ou tratados em desconformidade com o disposto nesta Lei;

(...)

Ao reforçar o compromisso em proteger a privacidade e os direitos dos indivíduos em relação ao tratamento de seus dados pessoais, apesar de não tratar expressamente do conceito jurídico, a LGCP também remete a ideia ao instituto do direito ao esquecimento.

3. Mundo digital

3.1. Princípio fundamental. Dignidade da pessoa humana

O alcance das postagens em ambientes virtuais levanta questões importantes sobre a garantia dos direitos da personalidade e da dignidade da pessoa humana. Em um cenário marcado pela disseminação de informações verdadeiras e falsas, incluindo o fenômeno das *fake news*, surge a preocupação sobre o controle dos dados postados *online*, que pode ter consequências devastadoras para a reputação das pessoas envolvidas.

O julgamento constante de condutas pretéritas nas redes sociais levanta debates sobre a importância dos institutos da ressocialização e reinserção social, que podem ser comprometidos quando a internet se torna um arquivo público permanente de erros passados, sem espaço para o perdão ou a evolução pessoal ao longo do tempo.

Um desafio crítico é a absoluta falta de controle que as vítimas têm sobre seus próprios dados publicados no mundo digital, como por exemplo nas redes sociais. A disseminação descontrolada de notícias pode causar danos irreparáveis à dignidade e personalidade, e muitas vezes as medidas judiciais são insuficientes para reparar esses danos.

Nesse contexto, questiona-se se o futuro desejado inclui a completa ausência de controle das informações pessoais nos ambientes virtuais. É fundamental que as leis e o Poder Judiciário estejam atentos às novas dinâmicas das relações pessoais e encontrem formas de preservar os direitos da dignidade e personalidade no ambiente virtual.

Dentro de um Estado Democrático de Direito, a proteção dos direitos fundamentais, especialmente o princípio da dignidade da pessoa humana(4), deve ser prioritária. Este princípio permeia todos os aspectos do ordenamento jurídico, incluindo os direitos à

VI – eliminação dos dados pessoais tratados com o consentimento do titular, exceto nas hipóteses previstas no art. 16 desta Lei;

(...)

§ 6º O responsável deverá informar, de maneira imediata, aos agentes de tratamento com os quais tenha realizado uso compartilhado de dados a correção, a eliminação, a anonimização ou o bloqueio dos dados, para que repitam idêntico procedimento, exceto nos casos em que esta comunicação seja comprovadamente impossível ou implique esforço desproporcional." *(Redação dada pela Lei n. 13.853, de 2019)*

(4) "Art. 1º A República Federativa do Brasil, formada pela união indissolúvel dos Estados e Municípios e do Distrito Federal, constitui-se em Estado Democrático de Direito e tem como fundamentos:

III – a dignidade da pessoa humana."

intimidade, privacidade, proteção da imagem e da honra. Nesse sentido destaca Ingo Wolfgang Sarlet(5):

> "a dignidade da pessoa humana parte do pressuposto de que o homem, **em virtude tão somente da sua condição humana e independentemente de qualquer outra circunstância, é titular de direitos que devem ser reconhecidos e respeitados por seus semelhantes e pelo Estado.**"

O ser humano é o centro do nosso sistema jurídico, e as leis e o Poder Judiciário devem evoluir para garantir que os direitos da personalidade sejam preservados em todos os contextos, incluindo o ambiente digital. Ou seja, é necessário fomentar um ambiente digital que estimule a expressão livre e o intercâmbio de ideias, em respeito a previsão constitucional do art. 5º, IV e IX(6), ao mesmo tempo em que protege a dignidade e os direitos fundamentais de cada pessoa.

3.2. Direitos fundamentais. Direitos da personalidade

O conceito de personalidade, segundo Miguel Reale(7), é universal: *"Toda pessoa tem personalidade, sem distinção de raça, cor, sexo ou condição social. O termo pessoa é o aspecto característico do ser humano, ou seja, a designação do homem como ser social enquanto se proclama e se relaciona no seio da convivência por meio de vínculo ético-jurídico".*

De acordo com essa perspectiva, o direito da personalidade é um direito inerente a cada indivíduo, em respeito à sua dignidade humana. Essa ideia é corroborada por Carlos Alberto Bittar(8) *"Os direitos reconhecidos à pessoa humana tomada em si mesma e em suas projeções na sociedade, previstos no ordenamento jurídico exatamente para a defesa de valores inatos no homem, como a vida, a higidez física, a intimidade, a honra, a intelectualidade e outros tantos".*

A proteção dos direitos da personalidade recebeu maior destaque na Constituição Federal de 1988, através do art. 5º, inciso X(9), que reconhece o ser humano como titular

---

(5) SARLET, Ingo Wolfgang. *Dignidade da pessoa humana e direitos fundamentais na Constituição Federal de 1988*. 7. ed. Porto Alegre: Livraria do Advogado, 2009. p. 43.

(6) "Art. 5º Todos são iguais perante a lei, sem distinção de qualquer natureza, garantindo-se aos brasileiros e aos estrangeiros residentes no País a inviolabilidade do direito à vida, à liberdade, à igualdade, à segurança e à propriedade, nos termos seguintes:

IV – é livre a manifestação do pensamento, sendo vedado o anonimato;

IX – é livre a expressão da atividade intelectual, artística, científica e de comunicação, independentemente de censura ou licença;"

(7) REALE. Miguel. *Lições preliminares de direito*. 27. ed. São Paulo: Saraiva, 2015. p. 231.

(8) BITTAR, Carlos Alberto. *Os direitos da personalidade*. 2. ed. Rio de Janeiro: Forense Universitária, 1995. p. 1..

(9) "Art. 5º Todos são iguais perante a lei, sem distinção de qualquer natureza, garantindo-se aos brasileiros e aos estrangeiros residentes no País a inviolabilidade do direito à vida, à liberdade, à igualdade, à segurança e à propriedade, nos termos seguintes:

de direitos invioláveis. Esse dispositivo constitucional consolida a importância de salvaguardar a integridade moral e física de cada indivíduo, reafirmando o compromisso do Estado em proteger sua dignidade intrínseca.

O direito da personalidade também é respaldado por tratados internacionais de direitos humanos, dos quais o Brasil é signatário. Um exemplo significativo é o Pacto de San José da Costa Rica, celebrado em 1969, que reforça a proteção dos direitos fundamentais das pessoas, incluindo a preservação da sua identidade e autonomia.

Além das disposições constitucionais e internacionais, o direito da personalidade também encontra previsão nos arts. 11 a 21, do Código Civil brasileiro. Esses dispositivos legais reforçam o seu caráter universal, inalienável e perene na ordem jurídico brasileira.

O direito da personalidade, portanto, é essencial para proteger a individualidade e dignidade de cada pessoa, garantindo-lhes uma série de prerrogativas que são fundamentais para o pleno desenvolvimento e realização como ser humano.

A tutela desse direito também é observada no âmbito das relações de trabalho.

O art. 482, inciso *"j"*(10), da Consolidação das Leis do Trabalho (CLT), lista as hipóteses de justa causa para rescisão do contrato de trabalho por iniciativa do empregador. Dentre essas hipóteses, encontra-se a conduta do empregado que viola a ética ou os bons costumes no ambiente de trabalho, o que está diretamente relacionado à proteção da dignidade e integridade pessoal.

Por sua vez, o art. 373-A, inciso VI(11), da CLT, ao vedar a revista íntima, contribui para a proteção do direito da personalidade no contexto das relações de trabalho, garantindo que os trabalhadores sejam tratados com respeito e dignidade em seu ambiente laboral.

Esses dispositivos legais refletem a preocupação em garantir o respeito à dignidade e aos direitos da personalidade dos trabalhadores, evitando abusos por parte dos empregadores e promovendo um ambiente de trabalho saudável e respeitoso.

(...)

X – são invioláveis a intimidade, a vida privada, a honra e a imagem das pessoas, assegurado o direito a indenização pelo dano material ou moral decorrente de sua violação;"

(10) "Art. 482 – Constituem justa causa para rescisão do contrato de trabalho pelo empregador:

(...)

j) ato lesivo da honra ou da boa fama praticado no serviço contra qualquer pessoa, ou ofensas físicas, nas mesmas condições, salvo em caso de legítima defesa, própria ou de outrem;"

(11) "Art. 373-A. Ressalvadas as disposições legais destinadas a corrigir as distorções que afetam o acesso da mulher ao mercado de trabalho e certas especificidades estabelecidas nos acordos trabalhistas, é vedado:

(...)

VI – proceder o empregador ou preposto a revistas íntimas nas empregadas ou funcionárias."

O respeito à dignidade dos trabalhadores é um princípio fundamental do direito do trabalho, que busca equilibrar as relações entre empregadores e empregados, reconhecendo a igualdade de direitos e a importância de proteger a integridade pessoal de cada indivíduo.

4. Direito ao esquecimento

4.1. Origem e aplicação

O surgimento e a evolução do direito ao esquecimento representam uma resposta jurídica às preocupações crescentes sobre a privacidade e a proteção de dados pessoais em um mundo digitalmente interconectado. Este conceito, embora ainda careça de uma regulamentação específica em muitos sistemas jurídicos, inclusive no Brasil, é fundamentado em princípios universais de dignidade humana e autonomia individual, bem como no direito comparado, especialmente a legislação alemã.

No núcleo do direito ao esquecimento está a noção de que os indivíduos devem ter o controle sobre a divulgação e a permanência de informações pessoais ou privadas sobre si mesmos em ambientes virtuais.

A aplicação do direito ao esquecimento abrange uma ampla gama de contextos e situações. Pode estar relacionado (i) a remoção de resultados de pesquisa em motores de busca, (ii) a exclusão de informações ou (iii) a restrição da divulgação de informações sensíveis ou prejudiciais nos meios de comunicação.

É frequentemente invocado nos casos em que informações pessoais antigas ou inadequadas continuam acessíveis *online* — especialmente quando essas informações já não são relevantes — podendo causar danos à reputação, à segurança ou ao bem-estar emocional das pessoas envolvidas.

No entanto, a aplicação efetiva do direito ao esquecimento enfrenta desafios significativos no cenário contemporâneo. O avanço da tecnologia e a proliferação de dados *online* tornam a tarefa de remover ou suprimir informações cada vez mais complexa. A natureza descentralizada e global da internet dificulta a implementação de medidas eficazes, e a disseminação rápida e ampla de conteúdo *online* pode tornar difícil ou impossível controlar sua divulgação.

Esses desafios representam não apenas questões técnicas, mas também éticas e jurídicas, com implicações importantes para os direitos fundamentais do indivíduo, como à honra, à privacidade e à intimidade. O debate em torno do direito ao esquecimento continuará a evoluir à medida que a sociedade busca equilibrar a liberdade de expressão com a proteção dos direitos individuais em um mundo cada vez mais digitalizado.

4.2. Direito ao esquecimento como direito fundamental

Considerando as proteções à intimidade, imagem e vida privada, bem como o princípio da dignidade da pessoa humana, emergem debates acerca da natureza e alcance do direito ao esquecimento no ordenamento jurídico brasileiro. A questão central reside em determinar se ele deve ser considerado como um direito fundamental, uma que se trata de um instrumento essencial para preservar a integridade do indivíduo, abrangendo aspectos como honra, imagem e moral.

À luz do art. 5º, § 2º, da CF[(12)], é possível inferir que o rol de direitos fundamentais não se limita às disposições expressamente previstas no texto constitucional. Dessa forma, pela análise do conteúdo e a materialidade do direito ao esquecimento, é possível classificá-lo como um direito fundamental, como defende Pablo Dominguez Martinez[(13)],

> "**O direito ao esquecimento é um direito fundamental** que seu titular tem de se resguardar daquilo que não deseja rememorar. Trata-se do direito de não ter sua memória pessoal revirada a todo instante, por força da vontade de terceiros. Como tal, configura-se como um direito essencial ao livre desenvolvimento da personalidade humana. Em outras palavras, o direito ao esquecimento é a possibilidade de defesa que, como uma redoma, **permite a um particular que não autoriza a veiculação ou retire desta um fato pretérito que o expõe ao público em geral, causando-lhe sofrimento e transtornos.** Pode-se dizer que esta esfera de proteção funciona como um mecanismo de isolamento direcionado a informação intertemporal."

Uma das definições que mais se aproxima da norma é a apresentada no Enunciado n. 531, da VI Jornada de Direito Civil, promovida pelo Conselho Nacional de Justiça Federal no Brasil. Este enunciado afirma que *"A tutela da dignidade da pessoa humana na sociedade de informação inclui o direito ao esquecimento"*.

A justificativa que acompanha a aprovação do enunciado ressalta a importância deste direito no contexto atual: *"Os danos provocados pelas novas tecnologias de informação vêm-se acumulando nos dias atuais. O direito ao esquecimento tem sua origem histórica no campo das condenações criminais. Surge como parcela importante do direito do ex-detento à ressocialização. Não atribui a ninguém o direito de apagar fatos ou reescrever a própria história,*

(12) "Art. 5º Todos são iguais perante a lei, sem distinção de qualquer natureza, garantindo-se aos brasileiros e aos estrangeiros residentes no País a inviolabilidade do direito à vida, à liberdade, à igualdade, à segurança e à propriedade, nos termos seguintes:

(...)

§ 2º Os direitos e garantias expressos nesta Constituição não excluem outros decorrentes do regime e dos princípios por ela adotados, ou dos tratados internacionais em que a República Federativa do Brasil seja parte."

(13) MARTINEZ, Pablo Dominguez. *Direito ao esquecimento:* a proteção da memória individual na sociedade da informação. Rio de Janeiro: Lumen Juris, 2014. p. 80.

mas apenas assegura a possibilidade de discutir o uso que é dado aos fatos pretéritos, mais especificamente o modo e a finalidade com que são lembrados".

O direito ao esquecimento não confere a ninguém o poder de apagar fatos ou reescrever a própria história. Em vez disso, ele assegura a possibilidade de discutir o uso dado aos fatos do passado, especificamente o modo e a finalidade com que são lembrados. Este direito visa proteger a integridade pessoal e a dignidade da pessoa humana na sociedade da informação, garantindo um equilíbrio entre a preservação da memória e a proteção da privacidade e da reputação individuais.

É importante ressaltar, ademais, que o direito ao esquecimento não é absoluto. Sua aplicação deve ser ponderada em relação a outros direitos, especialmente a liberdade de expressão, pensamento e acesso à informação. Nesse sentido, a eventual relativização desse direito fundamental deve ocorrer com base nos princípios da proporcionalidade e razoabilidade, considerando as circunstâncias específicas de cada caso concreto.

A imprensa desempenha um papel fundamental na sociedade democrática, sendo essencial para a divulgação de informações de interesse público. No entanto, a liberdade de divulgação de notícias deve ser exercida de forma responsável, respeitando os limites impostos pelo direito ao esquecimento e outros direitos fundamentais. Assim, a harmonização entre o direito ao esquecimento e a liberdade de informar é essencial para garantir o equilíbrio entre os valores constitucionais, como ensina Célia Leite Costa:

> "Assim como a vida privada e a intimidade são os principais limites à liberdade de informação, o inverso também é verdadeiro. No **confronto entre esses dois direitos, contudo, não se deve perder de vista o interesse público**, que, especificamente no que diz respeito aos arquivos, se traduz na demanda de informações e na necessidade de difundi-las em função do exercício pleno da democracia e da pesquisa científica. Por se referir à coletividade, **o interesse público ultrapassa o horizonte temporal limitado da vida dos indivíduos, considerados na sua singularidade** (LAFER, 1988: 236). **Tal assertiva, entretanto, não justifica a invasão e o desrespeito à privacidade e à intimidade das pessoas.**
>
> [...]
>
> Na realidade, **por ser muito tênue a linha divisória entre a liberdade de informação e o respeito à intimidade, toma-se quase impossível estabelecer, a priori, qual dos dois direitos deve prevalecer, indicando o bom senso que, na maioria das vezes, as soluções devem ser buscadas no exame de cada caso. Penso, contudo, que, sempre que a informação seja necessária ao exercício do bem comum, o interesse público deve prevalecer.**"

4.3. Principais precedentes judiciais

No contexto brasileiro, os principais precedentes judiciais relacionados ao direito ao esquecimento envolvem casos notórios que ganharam destaque na mídia e na opinião pública. Entre eles, destacam-se o caso envolvendo a figura pública da Xuxa, a tragédia da Chacina da Candelária e o caso Aida Curi.

O caso da Xuxa remonta à sua participação no filme "Amor, Estranho Amor", que gerou controvérsia devido a cenas envolvendo nudez e a interação com um menor de idade. Embora o filme tenha sido feito no início de sua carreira e ela tenha posteriormente se tornado uma figura icônica da televisão brasileira, as imagens do filme continuaram a circular e gerar controvérsia. Ao buscar medidas legais para remover ou restringir o acesso a informações relacionadas a esse filme, o caso esbarrou no debate sobre o direito ao esquecimento e a liberdade de expressão. O Superior Tribunal de Justiça (STJ) decidiu que o Google não tinha responsabilidade direta sobre os resultados de busca, pois apenas indexa conteúdo disponível na internet, e que a liberdade de informação é um direito fundamental.

A Chacina da Candelária é outro caso significativo, onde a discussão sobre o direito ao esquecimento está intrinsecamente ligada à memória coletiva e ao trauma social. O evento, que ocorreu em 1993, onde oito jovens foram mortos, incluindo crianças, por policiais militares no Rio de Janeiro, gerou ampla cobertura midiática. Posteriormente, surgiram disputas legais sobre a preservação da memória desses acontecimentos e o direito das vítimas e suas famílias ao esquecimento.

O STJ deliberou que o caso poderia ser retratado pela mídia, pois destacava problemas sociais significativos do Brasil, sendo de grande interesse público. No entanto, enfatizou que não era necessário citar nomes ou exibir imagens dos participantes, equilibrando assim a liberdade de imprensa com os direitos da personalidade, como a honra e a imagem. O direito ao esquecimento, nesse contexto, não se referia ao fato em si, mas sim à veiculação da imagem dos envolvidos, visando sua plena ressocialização na sociedade, permitindo-lhes reconstruir suas vidas. Assim, abordou a questão dos danos morais, com a determinação de uma indenização de R$ 50 mil reais, reconhecendo o impacto emocional e psicológico causado pela exposição indevida dos envolvidos na mídia.

Já o Caso Aida Curi é um marco importante no debate sobre o direito ao esquecimento no Brasil. A morte trágica de Aida Curi em 1958, seguida pela intensa cobertura da mídia, gerou discussões sobre os limites da exposição pública e o direito das famílias das vítimas de terem suas memórias preservadas sem sensacionalismo ou exploração indevida.

Os irmãos de Aida Curi moveram uma ação judicial buscando a aplicação do direito ao esquecimento, argumentando que a exposição contínua do caso na mídia prejudicava a memória da vítima e de sua família. No entanto, o STJ decidiu que a divulgação feita em programa televisivo não violou o nome, imagem ou vida privada da vítima ou de seus familiares, e, portanto, não havia motivo para aplicar o direito ao esquecimento.

A decisão do STJ baseou-se na consideração da relevância histórica e social do caso, priorizando a liberdade de imprensa sobre os interesses individuais de privacidade. Nesse contexto, a divulgação do caso de Aida Curi foi vista como um meio de informar o público sobre questões sociais importantes, como a violência contra a mulher, e de preservar a memória histórica desses eventos.

Este caso específico culminou no Tema de repercussão geral n. 786 perante o Supremo Tribunal Federal ("STF"), que trata sobre o direito ao esquecimento no Brasil:

> "**É incompatível com a Constituição Federal a ideia de um direito ao esquecimento**, assim entendido como o poder de obstar, em razão da passagem do tempo, a divulgação de fatos ou dados verídicos e licitamente obtidos e publicados em meios de comunicação social — analógicos ou digitais. **Eventuais excessos ou abusos no exercício da liberdade de expressão e de informação devem ser analisados caso a caso, a partir dos parâmetros constitucionais, especialmente os relativos à proteção da honra, da imagem, da privacidade e da personalidade em geral, e as expressas e específicas previsões legais nos âmbitos penal e cível**."

O STF concluiu que a ideia de um direito ao esquecimento, entendido como o poder de impedir a divulgação de fatos ou dados verídicos e legalmente obtidos, em decorrência da passagem do tempo, é incompatível com a Constituição Federal. A decisão ressalta que a liberdade de expressão e de informação são valores fundamentais protegidos pela Constituição, tanto em meios de comunicação analógicos quanto digitais. Em vez de estabelecer um direito ao esquecimento como princípio geral, o STF determina que eventuais excessos ou abusos no exercício dessas liberdades devem ser avaliados caso a caso.

Para tal avaliação, devem ser considerados os parâmetros constitucionais, especialmente no que diz respeito à proteção da honra, da imagem, da privacidade e da personalidade em geral, bem como as disposições legais específicas nos âmbitos penal e civil. Em outras palavras, a proteção desses direitos deve ser equilibrada com a garantia da liberdade de expressão e de imprensa, sem estabelecer uma regra geral de esquecimento automático de informações com o passar do tempo.

4.4. Direito ao esquecimento nas relações de trabalho

O ambiente de trabalho desempenha um papel crucial na formação da personalidade de uma pessoa e na sua integração social. O significativo tempo despendido no trabalho, permeado por integrações com colegas e enfrentamento de desafios, desempenha papel relevante na formação da moralidade do indivíduo.

Diante dessa expressiva influência que o trabalho exerce sobre a vida das pessoas, torna-se primordial assegurar a proteção dos direitos fundamentais dos trabalhadores ao longo de toda sua relação laboral. Isso abrange não apenas o período de vigência do contrato de trabalho, mas também as fases prévias e posteriores a ele.

Na fase pré-contratual, é essencial garantir que os direitos dos candidatos a emprego sejam respeitados, incluindo aqui o direito ao esquecimento de informações sensíveis ou irrelevantes para a posição almejada. Isso significa que os candidatos têm o direito de não ter informações antigas ou irrelevantes trazidas à tona durante o processo de seleção, especialmente se essas informações não forem pertinentes para o cargo em questão. Essa prática contribui para um processo seletivo justo e equitativo.

Uma prática muito comum nos dias de hoje durante os processos de entrevistas e seleção de candidatos para vagas de empregos é a verificação de antecedentes, também conhecido como *background check*, que levanta questões legais importantes. Embora não exista legislação específica que regulamente essa prática, os tribunais do trabalho têm estabelecido certos parâmetros para sua realização.

Em geral, os tribunais do trabalho têm reconhecido a validade do *background check*, desde que (i) a verificação seja pertinente ao cargo em questão; e (ii) o candidato conceda autorização e esteja ciente da investigação. No entanto, a condução desse tipo de investigação não está isenta de controvérsias e desafios, especialmente quando se trata de equilibrar a necessidade de informações com a proteção dos direitos individuais, a privacidade e a proteção de dados dos candidatos.

Nesse contexto, os tribunais trabalhistas têm reiterado que, durante o processo de recrutamento e seleção de candidatos, as empresas devem concentrar-se exclusivamente em suas habilidades e experiências técnicas, como experiência profissional anterior, formação acadêmica, certificações e fluência em idiomas estrangeiros. Isso implica evitar investigações sobre a vida pessoal dos candidatos que não sejam diretamente relevantes para as funções que serão desempenhadas no cargo em questão, a menos que haja uma justificativa adequada.

Assim, a análise do histórico criminal, histórico de crédito, solicitação de exames toxicológicos e até mesmo o acesso a lista de processos trabalhistas ("listas sujas"), em regra, são práticas consideradas reprováveis pelos tribunais, que frequentemente impõem condenações pelo pagamento de danos morais em ações individuais e coletivas.

Portanto, é fundamental que esse procedimento seja conduzido de forma objetiva e transparente, evitando qualquer forma de discriminação, a fim de garantir a equidade e imparcialidade no processo de recrutamento e seleção e, posteriormente, no próprio ambiente de trabalho.

Por outro lado, em setores sensíveis — relacionados a saúde e segurança pública, por exemplo — ou em cargos específicos, o *background check*, além de justificável, é essencial para garantir a segurança da própria empresa, dos clientes e da comunidade em geral, desde que sejam conduzidas de forma ética, transparente e respeitosa.

A verificação de antecedentes criminais é um ponto sensível no processo do *background check*. Em situações em que há uma relação direta entre a função a ser ocupada e a vida pregressa criminal do candidato, é justificável sacrificar parte da privacidade em prol da proteção de interesses relevantes, como a segurança e a integridade física. Isso é especialmente verdadeiro quando amparado por disposições legais específicas ou quando o cargo requer um alto grau de confiança.

O Tribunal Superior do Trabalho ("TST"), em julgamento de Recurso de Revista Repetitivo, abordou a discussão sobre a solicitação de certidão de antecedentes criminais por parte dos empregadores, fixando o Tema Repetitivo 001[(14)], no qual concluiu, em síntese, que a solicitação de certidão de antecedentes criminais pelo empregador só é admissível em casos excepcionais, nos quais a natureza da atividade a ser desempenhada pelo candidato justifique tal exigência.

A solicitação de exames toxicológicos é outro aspecto do *background check* que levanta questões éticas e legais. Embora geralmente não seja permitido que as empresas realizem esses exames sem o consentimento do candidato, devido à violação da intimidade e da privacidade, existem exceções. Em casos específicos, como o de motoristas profissionais de transporte rodoviário ou cargos que envolvam atividades de risco à segurança, saúde ou integridade física, esses exames podem ser justificados em razão de preocupação legítima com a segurança e bem-estar pessoal e social.

Findo o processo de recrutamento e seleção, é fundamental que os direitos individuais dos trabalhadores continuem sendo resguardados durante a vigência do contrato

---

(14) "I) não é legítima e caracteriza lesão moral a exigência de Certidão de Antecedentes Criminais de candidato a emprego quando traduzir tratamento discriminatório ou não se justificar em razão de previsão de lei, da natureza do ofício ou do grau especial de fidúcia exigido. Vencidos parcialmente os Exmos. Ministros João Oreste Dalazen, Emmanoel Pereira e Guilherme Augusto Caputo Bastos;

II) a exigência de Certidão de Antecedentes Criminais de candidato a emprego é legítima e não caracteriza lesão moral quando amparada em expressa previsão legal ou justificar-se em razão da natureza do ofício ou do grau especial de fidúcia exigido, a exemplo de empregados domésticos, cuidadores de menores, idosos ou deficientes (em creches, asilos ou intuições afins), motoristas rodoviários de carga, empregados que laboram no setor da agroindústria no manejo de ferramentas de trabalho perfurocortantes, bancários e afins, trabalhadores que atuam com substâncias tóxicas, entorpecentes e armas, trabalhadores que atuam com informações sigilosas. Vencidos parcialmente os Exmos. Ministros Augusto César de Carvalho, relator, Aloysio Corrêa da Veiga, Walmir Oliveira da Costa e Cláudio Mascarenhas Brandão, que não exemplificavam;

III) a exigência de Certidão de Antecedentes Criminais, quando ausente alguma das justificativas de que trata o item II, supra, caracteriza dano moral in re ipsa, passível de indenização, independentemente de o candidato ao emprego ter ou não sido admitido. Vencidos, parcialmente, os Exmos. Ministros João Oreste Dalazen, Emmanoel Pereira e Guilherme Augusto Caputo Bastos e, totalmente, os Exmos. Ministros Aloysio Corrêa da Veiga, Renato de Lacerda Paiva e Ives Gandra Martins Filho. Situação do Tema: Transitado em Julgado (15.03.2022)." (Processos n. 184400-89.2013.5.13.0008/243000-58.2013.5.13.0023)

de trabalho. Um ambiente de trabalho digno e respeitoso não apenas promove o bem--estar dos colaboradores, mas também contribui significativamente para a produtividade e o engajamento no ambiente profissional.

Um exemplo concreto que ilustra o direito ao esquecimento no contexto do ambiente de trabalho é o caso de uma funcionária dos Correios que participou da 5. edição do programa *"Big Brother Brasil"* e foi eliminada em 2005, registrando o maior índice de rejeição já visto no *reality show*. Apesar de mais de uma década ter se passado desde o ocorrido, vários sites de notícias continuaram a relembrar o episódio, invadindo assim a esfera do ambiente laboral da trabalhadora.

Diante dessa situação, a trabalhadora decidiu buscar amparo judicial e ajuizou uma ação para requerer a exclusão dos *links* da internet que abordavam o assunto. O núcleo de seu argumento residia na defesa do direito fundamental ao esquecimento, sustentando que a perpetuação dessas informações prejudicava não apenas sua integridade pessoal, mas também seu desempenho e integração no ambiente de trabalho.

O caso, que tramitou perante o Tribunal de Justiça do Estado de São Paulo, destaca a importância de se respeitar os limites éticos e legais no tratamento de informações passadas dos trabalhadores, especialmente quando estas podem afetar sua dignidade, privacidade e bem-estar no ambiente profissional[15].

Na fase pós-contratual, o direito ao esquecimento ganha relevância, pois informações relacionadas ao trabalhador podem continuar circulando mesmo após o término do contrato de trabalho. É essencial garantir que o trabalhador não seja prejudicado por informações desatualizadas ou irrelevantes em futuras oportunidades de emprego ou em sua vida pessoal. Isso contribui para preservar a dignidade e a privacidade do indivíduo, além de evitar possíveis discriminações.

---

(15) "EMENTA: DANO MORAL – Direito à Intimidade – Vida privada que deve ser resguardada – Participante do programa 'Big Brother Brasil — BBB', edição do ano de 2005, que em 2016 teria recusado o convite da Rede Globo, por meio de seu Departamento de Comunicação, para voltar a participar do Programa em sua versão atual e não autorizou qualquer divulgação de sua vida privada — Matéria divulgada relacionada a sua participação no Programa televisivo e sua atual vida pessoal e profissional — Autora que abdicou da vida pública, trabalha atualmente como carteira e se opôs a divulgação de fatos da vida privada, teve fotografias atuais reproduzidas sem autorização, extraídas de seu Facebook, sofrendo ofensa a sua autoestima, uma vez que a matéria não tinha interesse jornalístico atual, e não poderia ser divulgada sem autorização, caracterizando violação ao art. 5º, inciso V e X, da Constituição Federal e arts. 186, 187 e 927 do Código Civil, uma vez que lhe desagrada a repercussão negativa de sua atuação no *Reality Show*, resultante da frustrada estratégia que engendrou, buscando alcançar a cobiçada premiação — Livre acesso às páginas do Facebook que não autoriza a livre reprodução de fotografias, por resguardo tanto do direito de imagem, quanto do direito autoral — Obrigação de retirar as matérias de seus respectivos sites, mediante o fornecimento pela autora das URLs — O compartilhamento de matérias e fotografias nada mais é do que uma forma de 'publicação', qualificando-se apenas pelo fato de que seu conteúdo, no todo ou em parte, é extraído de outra publicação já existente — Quem compartilha também contribui para a disseminação de conteúdos pela rede social, devendo, portanto, responder pelos danos causados — Dano moral caracterizado — Responsabilidade solidária de quem publicou e compartilhou a matéria, com exclusão da provedora de hospedagem, que responde apenas pela obrigação de fazer — Recurso provido em relação à Empresa Bahiana de Jornalismo, *RBS — Zero Hora e Globo Comunicações e Participações* e provido em parte no tocante à *Universo On-line*." (Processo n. 1024293-40.2016.8.26.0007)

Nesse contexto, a prática das "listas sujas" de ex-empregados levanta importantes questões éticas e legais. Tais listas consistem em registros mantidos pelas empresas, contendo informações sobre o desempenho, conduta ou outras características dos ex-empregados que podem influenciar decisões futuras de contratação ou recomendações profissionais. No entanto, a utilização dessas listas pode violar o direito ao esquecimento se contiver informações desatualizadas, irrelevantes ou imprecisas sobre os ex-empregados.

É importante ressaltar que o direito ao esquecimento não implica na exclusão absoluta de todas as informações sobre um ex-empregado, mas sim na garantia de que informações irrelevantes ou desatualizadas não sejam continuamente acessíveis ao público. Portanto, as empresas devem ter cautela ao manter e utilizar "listas sujas" de ex-empregados, garantindo que apenas informações pertinentes e atualizadas sejam incluídas, pois referida prática pode resultar em ações judiciais por danos morais, violação de privacidade ou discriminação.

Nesse sentido, o art. 29, § 4º, da CLT[(16)], por exemplo, veda a inclusão de informações desabonadoras sobre a conduta profissional do empregado em sua carteira de trabalho ("CTPS"). Tal dispositivo reflete a preocupação em não perpetuar informações que possam prejudicar o trabalhador indefinidamente.

Assim, a aplicação do direito ao esquecimento nas relações de trabalho visa proteger a dignidade, a privacidade e a integridade dos trabalhadores ao longo de toda sua trajetória profissional, garantindo um ambiente laboral justo e respeitoso.

É essencial encontrar um equilíbrio entre a obtenção de informações pertinentes e a proteção dos direitos fundamentais e individuais dos trabalhadores. Ao realizar *background check* de forma ética e responsável, os empregadores não apenas cumprem com suas obrigações legais, mas também promovem um ambiente de trabalho que valoriza a integridade e a dignidade de todos os envolvidos.

5. Conclusão

À medida que surgem os desafios e oportunidades dos ambientes virtuais, é essencial lembrar que a liberdade de expressão e a proteção dos direitos individuais não são conceitos antagônicos. Para alcançar esse equilíbrio, é necessário um compromisso contínuo com legislações e jurisprudências que reflitam os valores fundamentais da sociedade, colocando a dignidade humana como prioridade em todas as interações, tanto *offline* quanto *online*.

Em um contexto em que as informações são facilmente acessíveis, a questão do direito ao esquecimento assume cada vez mais relevância, especialmente nas relações de

(16) "Art. 29, § 4º, CLT: É vedado ao empregador efetuar anotações desabonadoras à conduta do empregado em sua Carteira de Trabalho e Previdência Social."

trabalho. Proteger os direitos da personalidade dos trabalhadores, incluindo o direito ao esquecimento, é essencial para preservar sua dignidade e privacidade.

No entanto, esse direito deve ser equilibrado com a liberdade de expressão e informação, especialmente no ambiente de trabalho, onde a transparência e responsabilidade são fundamentais. É necessário encontrar um ponto de equilíbrio que respeite tanto os direitos individuais dos trabalhadores quanto a necessidade legítima das empresas de avaliar e proteger seus interesses.

Nesse sentido, as empresas devem adotar políticas e práticas que garantam a proteção dos direitos da personalidade de seus empregados, ao mesmo tempo em que respeitem os limites da liberdade de expressão e informação. Ao promover um ambiente de trabalho justo, transparente e respeitoso, as empresas não apenas cumprem com seu dever legal e função social, mas também cultivam uma cultura organizacional baseada no respeito mútuo e na valorização dos direitos humanos.

Referências

ALVARENGA, Rúbia Zanotelli de. *Direitos da personalidade do trabalhador e poder empregatício.* São Paulo: LTr, 2013.

AMARAL, Francisco. *Direito civil:* introdução. 4. ed., rev. e atual. Rio de Janeiro: Renovar, 2002.

BATISTA FILHO, Luiz Carlos. *Direito ao esquecimento: um estudo comparativo internacional e sobre a evolução do tema.* São Paulo: Editora Dialética, 2022.

BITTAR, Carlos Alberto. *Os direitos da personalidade.* 2. ed. Rio de Janeiro: Forense Universitária, 1995.

BRANCO, Sérgio. *Memória e esquecimento na internet.* Porto Alegre: Arquipélago Editorial, 2017. p. 179-180.

COSTA, Celia Leite. *Intimidade* versus *interesse público: a problemática dos arquivos.* Disponível em: http://bibliotecadigital.fgv.br/ojs/index.php/reh/article/view/2066/1205. Acesso em: 12 jun. 2024. REALE. Miguel. *Lições preliminares de direito.* 27. ed. São Paulo: Saraiva, 2015.

FERRIANI, Luciana de Paula Assis. *Direito ao esquecimento.* São Paulo: Instituto dos Advogados de São Paulo, 2017.

MARTINEZ, Pablo Dominguez. *Direito ao esquecimento: a proteção da memória individual na sociedade da informação.* Rio de Janeiro: Lumen Juris, 2014.

MONCAU, Luiz Fernando Marrey. *Direito ao esquecimento:* entre a liberdade de expressão, a privacidade e a proteção de dados pessoais. São Paulo: RT, 2020.

MIZIARA, Rafael; PESSOA, André; MOLLICONE, Bianca Medalha (Coords.). *Reflexos da LGPD no direito e no processo do trabalho.* São Paulo: Thomson Reuters Brasil, 2022.

PINHEIRO, Iuri; BONFIM, Vólia. A Lei Geral de Proteção de Dados e seus impactos nas relações de trabalho. *Instituto Trabalho em Debate.* 1º out. 2020. Disponível em: http://trabalhoemdebate.com.br/artigo/detalhe/a-leigeral-de-proteção-de-dados-e-seis-impactos-nasrelacoes-detrabalho#sdfootnote5anc. Acesso em: 18 de maio de 2022.

PINHEIRO, Patrícia Peck. *Proteção de Dados Pessoais:* comentários à Lei n. 13.709/2018. LGPD. São Paulo: Saraiva, 2018.

SARLET, Ingo Wolfgang. *Dignidade da pessoa humana e direitos fundamentais na Constituição Federal de 1988*. 7. ed. Porto Alegre: Livraria do Advogado, 2009.

TEIXEIRA, Ana Carolina Brochado; LEAL, Livia Teixeira (Coords.). *Herança digital:* controvérsias e alternativas. Indaiatuba: Editora Foco, 2021.

Calamidade Pública e *Factum Principis:* Extinção de Empresas nas Áreas Gaúchas Alagadas e a Responsabilidade do Governo pelo Pagamento de Verbas Rescisórias

Arthur Felipe das Chagas Martins(1)

Resumo: O presente estudo tem por fim relatar os fatos ocorridos no mês de maio de 2024 no Estado do Rio Grande do Sul e mais especificamente no município de Porto Alegre, ligados às enchentes do Guaíba e suas consequências; bem como avaliar, do ponto de vista do Direito do Trabalho, a possibilidade de imputar ao Estado o pagamento das indenizações devidas aos empregados cujos contratos de trabalho foram — ou venham a ser — encerrados em decorrência da extinção de atividades empresariais fatalmente atingidas pelos alagamentos causados por referidas enchentes.

Palavras-chave: Rio Grande do Sul — Porto Alegre — Enchente — Rescisão de contrato de trabalho — *Factum principis* — Extinção de estabelecimento — Verbas rescisórias.

Abstract: The following essay aims to describe facts happened on May of 2024 in the state of Rio Grande do Sul and most specifically at Porto Alegre, related to Guaíba's flood and its consequences; as well as evaluate, from the Labor Law perspective, whether such Government can be held responsible for the severance payments due to employees whose labor contracts were — or shall be — terminated due to the extinction of companies lethally hit by such floods.

Keywords: Rio Grande do Sul — Porto Alegre — Flood — Employment — Termination — Severance pay — *Factum principis* — Extinction of companies.

---

(1) Mestrando em Direito do Trabalho pela Pontifícia Universidade Católica de São Paulo. Especialista em Direito do Trabalho e Processual do Trabalho pela Escola Paulista de Direito (2012). Especialista em Direito Acidentário pela Universidade Cândido Mendes (2018). Graduado em Direito pela Faculdade de Direito de São Bernardo do Campo (2007). Advogado. Currículo lattes: https://lattes.cnpq.br/2450907655090088. LinkedIn: https://www.linkedin.com/in/arthurfelipecm. E-mail: arthur_felipe@aasp.org.br.

1. Introdução

Nas últimas semanas, o país testemunhou o povo gaúcho vivenciar inacreditáveis e lamentáveis momentos. Com a invasão das águas da bacia do Guaíba provocando registros de inundações superiores a cinco metros de altura, mais da metade dos municípios gaúchos ficaram — e alguns ainda estão, à época da redação do presente artigo — debaixo d'água.

O Guaíba, por ter características tanto de lago quanto de rio, é definido por especialistas como um *corpo d'água híbrido*, e neste ensaio será endereçado apelas pelo seu nome, visando evitar polêmicas. Localizado entre o Delta do Jacuí e a Lagoa dos Patos, trata-se de elemento hídrico de extrema importância ambiental e econômica para a região, banhando os municípios de Porto Alegre, Eldorado do Sul, Guaíba, Barra do Ribeiro e Viamão.

Até então, a marca histórica de cheias no Guaíba fora registrada em 1941, quando seu nível de água chegou a 4,75 metros e deixou diversas ruas do Centro Histórico de Porto Alegre debaixo d'água por mais de vinte dias — em alguns locais, a água levou quarenta dias para baixar. Houve outra cheia em 1967, quando a água atingiu 3,13m e também avançou sobre o Centro Histórico.

Exatamente por isso, desde a década de 1970 foram adotadas medidas de contenção: foi elaborado e executado o projeto denominado "Sistema de Proteção Contra Cheias", consistente em extensa rede de muros, diques, casas de bombas e comportas, com mais de 60 quilômetros de extensão ao redor de toda a capital.

Construído com a missão de impedir que as águas do Guaíba invadissem a cidade, a primeira vez em que todas as comportas foram fechadas foi em 1984. Ou quase: uma das comportas emperrou, e a solução encontrada à época foi empilhar sacos de areia no local. Após isso, o próximo fechamento ocorreu somente em 2015, quando o nível da água se aproximou dos três metros de altura.

Entretanto, o que se presenciou neste 2024 foi algo que mais se assemelhava um sistema de *retardamento* do que de proteção de entrada d'água. Frente a chuvas que, em algumas regiões, provocaram volumes hídricos de 60% do esperado para um ano em apenas uma semana, o sistema falhou: com o nível do Guaíba superando absurdos cinco metros de altura, estações de bombeamento não funcionaram, comportas se romperam e a água tomou toda a capital, atingindo locais de extrema importância, tais como o Aeroporto Salgado Filho, a Estação Rodoviária e os estádios dos dois grandes times da cidade, a Arena do Grêmio e o Beira-Rio.

Em um evento onde mais de metade do Estado do Rio Grande do Sul foi atingido por cheias, causando perdas materiais, fechamento de estabelecimentos comerciais e perecimento de vidas humanas e animais, a primeira sensação da população era a da ocorrência de uma grande catástrofe climática. Contudo, com o passar dos dias, estudos e depoimentos vêm sugerindo que tal lamentável episódio não se tratou unicamente de uma força da natureza, mas contou especialmente com a omissão do Estado para a consolidação do resultado, com a ausência de manutenção do Sistema de Proteção Contra Cheias.

Os impactos da catástrofe ainda estão sendo mensurados. Especialistas, que ainda em 2022 tentavam alertar sobre os riscos das mudanças climáticas na região, já arriscam afirmar até mesmo que municípios terão de ser realocados. Por outro lado, sabe-se que prédios que estão submersos há muitos dias terão suas estruturas seriamente prejudicadas em decorrência do encharcamento do concreto que não era adequado para tal situação, visto que a construção submarina demanda tantas outras providências e materiais específicos — o que certamente não foi considerado, eis que tais construções foram erigidas originalmente em terra firme.

Seja por um motivo ou por outro, há uma certeza: empresas que em dado momento garantiam o emprego de milhares de gaúchos deixarão de existir. E acreditamos que nem mesmo o auxílio de recomposição de receita a ser pago pelo Governo Federal será suficiente para salvar o ganha-pão desses trabalhadores, visto que as empresas mais atingidas não terão como garantir o emprego pelo tempo proposto. O destino provável, assim, é a rescisão desses contratos.

Estudos já indicam que 87% dos empregos do setor industrial foram impactados pelas enchentes. Afirmam que cerca de 70% das empresas do setor de serviços tiveram suas atividades interrompidas, e ainda aguardam a água baixar para avaliar prejuízos. E preveem, naturalmente, que o impacto das enchentes nas empresas deve influenciar negativamente os níveis de emprego.

Se esta tendência se confirmar, ao empresário que até o mês de abril de 2024 tinha sua empresa aberta, funcionando, gerando lucro e empregos, e um mês depois se vê sem empresa, sem operação e sem sede, restarão ainda rescisões a custear — e sem atividade empresarial para financiá-las, diga-se de passagem.

Mas não é justo que o empregador arque com indenizações inerentes a uma demissão "sem justa causa" se a rescisão do contrato não foi por sua vontade. A lei socorre o estabelecimento empresarial que sofre interrupção na sua atividade empresária em decorrência de eventos fora de seu controle, e ainda garante um dispositivo jurídico adicional para situações em que a interrupção se deu por ato (ou, como se verá neste ensaio, por omissão) do Ente Público.

É o que veremos mais adiante.

2. Relato fático: Um retrato da calamidade gaúcha

Um estudo[2] elaborado pela consultoria Bateleur e publicado pela FEDERASUL — Federação de Entidades Empresariais do Rio Grande do Sul indica que *o Rio Grande do Sul é caracterizado por sofrer com desastres climáticos frequentes ao longo de sua história, somando quase 20% de todos os prejuízos com extremos naturais que a economia brasileira sofreu nas últimas três décadas* — um total de **cem bilhões de reais** em prejuízos acumulados.

Contudo, desde o final do mês de abril de 2024, em áreas onde nascem grandes rios do Estado, como o Taquari, o Guaíba e o Caí, foram registradas chuvas jamais vistas.

Iniciadas no dia 27 de abril, provocadas pelo fenômeno climático *El Niño*, impulsionadas por um bloqueio atmosférico e com a colaboração das mudanças climáticas do mundo, as chuvas presenciadas no Estado do Rio Grande do Sul corresponderam a volume muito superior ao esperado para o período. Com volumes de água que variaram entre um e sete meses de chuva **em uma única semana**[3], foram dias a fio de tempestades que superaram qualquer expectativa razoável.

Segundo dados da Prefeitura de Porto Alegre divulgados na rede social X (antigo Twitter) no dia 07 de maio[4], a medição do Guaíba já era de 5,28 metros, sendo que a cota de inundação era[5] de 3 metros. Isso é quase o dobro da quantidade de água que já deixaria o Sistema de Proteção Contra Cheias em alerta.

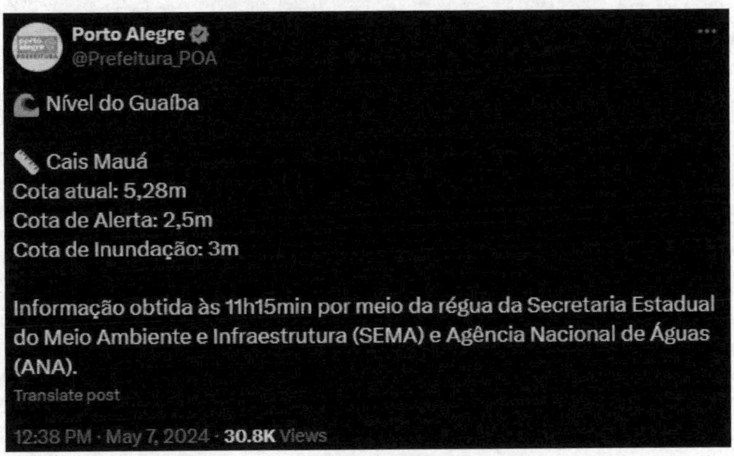

---

(2) Macro Impactos Econômicos das Enchentes no Rio Grande do Sul. Maio/2024.

(3) "Já choveu o volume esperado para seis meses em algumas cidades neste curto período. "Os valores observados em alguns locais equivalem ao esperado para um mês. Nós observamos alguns locais que choveu 60% do esperado para o ano todo em uma semana", diz Fernando Mainardi Fan, professor do Instituto de Pesquisas Hidráulicas (IPH) da UFRGS, especialista em previsão de vazões e hidrologia e integrante do Grupo de Pesquisa em Desastres Naturais (GPDEN)." Entenda por que o Rio Grande do Sul inundou. Valor Econômico, 06/05/2024.

(4) Disponível em: https://x.com/Prefeitura_POA/status/1787869649884811454.

(5) Verifica-se reajuste desta cota para 3,15 metros a partir da postagem de 29.05.2024. Disponível em: https://x.com/Prefeitura_POA/status/1795796058133434761.

Um *dashboard*[6] elaborado pela SMAMUS — Secretaria Municipal de Meio Ambiente, Urbanismo e Sustentabilidade de Porto Alegre apresentava aquilo que era chamado de *real situação* da cidade: mais de **150 mil pessoas** afetadas, contabilizando quase **40 mil edificações**, **45 mil empresas** e mais de **mil quilômetros** de vias públicas, entre outros indicadores[7].

Entre as áreas atingidas, estão hospitais, o Aeroporto Salgado Filho, estádios de futebol, estações de tratamento de água, a rodoviária, o Mercado Público e tantas outras construções de imensa importância à cidade. Foram mais de 600 mil pessoas desabrigadas em todo o Estado.

Há, inclusive, a expectativa[8] de que algumas áreas sequer possam voltar a ser habitadas.

3. Cessação de contrato de trabalho: Força maior e *factum principis*

A CLT — Consolidação das Leis do Trabalho traz duas hipóteses de cessação da atividade empresarial, com consequências específicas, as quais serão apresentadas em ordem invertida neste trabalho.

---

(6) Disponível em: https://painelrs.maps.arcgis.com/apps/dashboards/2e2b4247389d44c1b49b26b50d1e10b3.

(7) Note o leitor a menção a "EBAPs": são as Estações de Bombeamento de Água Pluvial, parte importante do sistema de proteção contra cheias.

(8) "'Cidades inteiras vão ter que mudar de lugar. É preciso afastar as infraestruturas urbanas desses ambientes de maior risco, que são as áreas mais baixas, planas e úmidas, as áreas de encostas, as margens de rios e as cidades que estão dentro de vales', diz." 'Cidades inteiras do RS terão que mudar de lugar', diz pesquisador que alertou para despreparo contra chuvas. *BBC News Brasil*, 08 maio 2024.

Falaremos inicialmente da *força maior*, prevista no art. 501 da CLT.

> "Art. 501 – Entende-se como força maior todo acontecimento inevitável, em relação à vontade do empregador, e para a realização do qual este não concorreu, direta ou indiretamente.
>
> § 1º A imprevidência do empregador exclui a razão de força maior.
>
> § 2º À ocorrência do motivo de força maior que não afetar substâncialmente, nem for suscetível de afetar, em tais condições, a situação econômica e financeira da empresa não se aplicam as restrições desta Lei referentes ao disposto neste Capítulo.
>
> Art. 502 – Ocorrendo motivo de força maior que determine a extinção da empresa, ou de um dos estabelecimentos em que trabalhe o empregado, é assegurada a este, quando despedido, uma indenização na forma seguinte:
>
> I – sendo estável, nos termos dos arts. 477 e 478;
>
> II – não tendo direito à estabilidade, metade da que seria devida em caso de rescisão sem justa causa;
>
> III – havendo contrato por prazo determinado, aquela a que se refere o art. 479 desta Lei, reduzida igualmente à metade."

O Código Civil identifica os institutos do caso fortuito e da força maior em um único conceito: *"O caso fortuito, ou de força maior, verifica-se no fato necessário, cujos efeitos não era possível evitar, ou impedir"* (art. 393, parágrafo único).

Washington de Barros Monteiro admite que os institutos são efetivamente similares, causando alguma celeuma:

> "Entendem uns que essas expressões são sinônimas, ou, pelo menos, equivalentes, do ponto de vista de suas consequências jurídicas. Afirmam outros, ao inverso, que não se confundem os conceitos, divergentes entre si por elementos próprios e específicos." (MONTEIRO, Washington de Barros; 1995)

De toda forma, o conceito trabalhista de "força maior" no Direito do Trabalho brasileiro reúne na mesma figura tanto a própria força maior quanto o caso fortuito previstos na legislação civil. Funda-se na ideia de *inevitabilidade do acontecimento*[9], podendo com isso abarcar especialmente fenômenos naturais e atos humanos. E precisa ser grave o suficiente para inviabilizar financeiramente a operação, não configurando-se quando verificada eventual falta de planejamento do empregador.

---

(9) "No caso, o fato inevitável significa aquele cuja ocorrência não está ao alcance do empregador (ou seja, de sua vontade), o qual não tem participação, direta ou indireta, na sua verificação no plano dos fatos." (GARCIA, Gustavo Filipe Barbosa, 2009)

Jorge Neto e Cavalcante (2009), ainda, definem que "*força maior é todo acontecimento **inevitável**, em relação à vontade do empregador, e para a realização do qual este não concorreu, direta ou indiretamente*".

Em restando comprovada a ocorrência de força maior, há uma redução na verba rescisória devida. Falando especificamente de contratos por prazo indeterminado, o empregado é intitulado ao recebimento integral de 13º salários, férias acrescidas de terço legal e saldo de salário; e, pela metade, a multa de 40% sobre depósitos de FGTS.

O aviso prévio desperta divergência doutrinária: alguns falam do pagamento integral, outros defendem sua redução proporcional (relacionando-o como uma das *indenizações* previstas no art. 502 da CLT), e outros ainda entendem que o mesmo não seria devido.

A segunda hipótese, e efetivamente a que interessa a este ensaio, é o que se chama na doutrina de *factum principis*.

> Art. 486 – No caso de paralisação temporária ou definitiva do trabalho, motivada por ato de autoridade municipal, estadual ou federal, ou pela promulgação de lei ou resolução que impossibilite a continuação da atividade, prevalecerá o pagamento da indenização, que ficará a cargo do governo responsável.
>
> § 1º Sempre que o empregador invocar em sua defesa o preceito do presente artigo, o tribunal do trabalho competente notificará a pessoa de direito público apontada como responsável pela paralisação do trabalho, para que, no prazo de 30 (trinta) dias, alegue o que entender devido, passando a figurar no processo como chamada à autoria.
>
> § 2º Sempre que a parte interessada, firmada em documento hábil, invocar defesa baseada na disposição deste artigo e indicar qual o juiz competente, será ouvida a parte contrária, para, dentro de 3 (três) dias, falar sobre essa alegação.
>
> § 3º Verificada qual a autoridade responsável, a Junta de Conciliação ou Juiz dar-se-á por incompetente, remetendo os autos ao Juiz Privativo da Fazenda, perante o qual correrá o feito nos termos previstos no processo comum.

O art. 486 da CLT fala sobre a paralisação das atividades da empresa **motivada** por ato de autoridade municipal, estadual ou federal, ou pela promulgação de dispositivo de lei. Seria uma paralisação em decorrência do chamado *fato do príncipe*, que nada mais é do que a prática de um ato pelo ente público que afeta indiretamente o ente privado.

Diferente da hipótese de *força maior*, a figura do art. 486 refere-se à inviabilização da atividade econômica por um ato específico do Governo. Por *ato*, aqui, não se fala unicamente do "fazer", mas sim da **decisão**(10) do Poder Público em fazer ou não fazer, que deveria sempre estar calcada na Supremacia do Interesse Público sobre o Privado.

---

(10) Neste sentido, ensina Odete Medauar (2015) que "a expressão ato administrativo surge, pela primeira vez, como verbete, introduzido por Merlin, na 3ª edição do *Repertório Guyot*, de 1812, onde aparece, também, o que poderia ser um primeiro conceito ou descrição, nos termos a seguir: 'uma decisão de autoridade administrativa ou uma ação, um fato da administração que tenha relação com suas funções'."

> "A supremacia do interesse público sobre os interesses dos privados justifica uma série de prerrogativas, vantagens e poderes de que desfruta o agente público no relacionamento jurídico com os particulares. Por outro lado, a indisponibilidade dos interesses públicos limita a liberdade do agente público, que não pode abrir mão daquilo que a ordem jurídica qualifica como sendo de interesse público." (DALLARI, Adilson Abreu, 2021)

O termo "Fato do Príncipe" remete à obra de Nicolau Maquiavel, "O Príncipe", texto clássico sobre o pensamento político onde o objetivo principal é abordar as virtudes que o governante deve adquirir e os vícios que deve evitar para se manter no poder. Nele, defende-se a presença de um Estado forte, com atitudes sempre legítimas como sinal de autoridade.

Por essência, o fato do príncipe é uma ação necessariamente imprevista, formalmente regular, mas que indiretamente afeta o equilíbrio econômico. Nas palavras de José Cretella Júnior (2012):

> "Ao passo que a teoria de imprevisão está subordinada a fatos independentes da vontade da Administração e do concessionário e que originam a álea econômica, o fato do príncipe pressupõe um ato voluntário da Administração e que nos coloca em face da álea administrativa." (CRETELLA JUNIOR, José, 2012)

Assim, um fato do príncipe que justificasse a aplicação do art. 486 da CLT seria quando o Governo, por sua própria vontade ou opção, instituísse medidas que inviabilizassem um negócio. Citamos como exemplo a proibição, pelo Município de São Paulo, da divulgação de propagandas em *outdoors* instituída pela Lei n. 14.223/2006[(11)]: se falássemos de uma empresa que trabalhava exclusivamente com esse produto e com clientes apenas na cidade de São Paulo, estaria caracterizado o *factum principis*.

Observe-se que medidas que são adotadas em crises de saúde, por não se enquadrarem na categoria de ato **de vontade** do Estado, mas mais como medidas urgentes voltadas à preservação da vida, também não se enquadram na figura do *factum principis*. Neste sentido, a lição do Prof. Homero Batista, ao falar sobre as restrições aplicadas ao comércio durante a pandemia da Covid-19:

> "Assentada um pouco a poeira, revela-se muito difícil equiparar os cenários de estatização ou intervenção em empresas com as circunstâncias excepcionais de preservação da saúde pública. As diretivas de isolamento social nem

(11) *Lei n. 14.223, de 26 de setembro de 2006*. Dispõe sobre a ordenação dos elementos que compõem a paisagem urbana no Município de São Paulo.

sequer podem ser consideradas no âmbito do juízo de oportunidade e conveniência que preside o direito administrativo e tampouco se inserem no contexto das decisões do administrador em torno da liberação de um alvará de funcionamento, proibição de atividades nocivas ou alteração de zoneamento municipal, que são exemplos frequentes deste debate. Adicionalmente se deve lembrar que as ordens eram genéricas, para toda a sociedade e para todos os empregadores daquela localidade, sem guardar nenhum nexo com o bom ou mau funcionamento de uma empresa." (SILVA, Homero Batista Mateus da, 2022)

Vale citar que a maioria dos doutrinadores cita, com muita frequência[12], que a responsabilização do Estado pelo pagamento da indenização decorrente da rescisão de um contrato de trabalho pelo Fato do Príncipe é um evento de difícil constatação e razoável raridade. Pode-se resumir tal observação à lição de Mauricio Godinho Delgado:

> "De todo modo, a prática jurisprudencial raramente tem acolhido essa modalidade de ruptura do contrato, uma vez que considera as modificações e medidas legais e administrativas do Estado, que possam afetar a empresa, mesmo gravemente, como parte inerente do risco empresarial." (DELGADO, 2019)

Quanto às verbas rescisórias devidas, há aqui uma questão relacionada à nossa Octogenária Consolidação. O art. 486 está no Título IV, Capítulo V da CLT, que trata da rescisão do contrato de trabalho; e situa-se no mesmo capítulo o art. 478, que diz exatamente o que seria a "indenização": a que era aplicável à estabilidade decenal, existente somente a empregados que adquiriram tal direito antes do advento da Constituição Federal de 1988.

Na falta dela, a jurisprudência tem decidido[13] no sentido de que caberá ao Governo arcar com as indenizações típicas a uma dispensa sem justa causa — a saber, a multa de 40% sobre depósitos de FGTS e o aviso prévio.

---

(12) Por exemplo:

"Sendo o acontecimento previsível, ainda que aproximadamente, não há que se falar em força maior." (MARTINS, Sergio Pinto, 1998)

"(...) instituto de difícil tipificação, posto que não abrange aquelas situações que se enquadrarem no risco do próprio empreendimento e cuja previsibilidade era razoável." (OLIVEIRA, Francisco Antonio de, 2000)

"Na realidade, como o empregador é quem corre os riscos do empreendimento (art. 2º, *caput*, da CLT), a força maior como gênero, e especialmente o fato do príncipe, são de difícil constatação em concreto." (GARCIA, Gustavo Filipe Barbosa, 2009)

"O instituto se esvaziou no decorrer do tempo, se é que já não nasceu morto; (...)" (CARRION, Valentim; 2009)

(13) "1. Tema: *"FACTUM PRINCIPIS"*. DESAPROPRIAÇÃO. RESCISÃO DO CONTRATO DE TRABALHO. RESPONSABILIDADE. AVISO PRÉVIO INDENIZADO. MULTA DE 40% DO FGTS. ADMINISTRAÇÃO PÚBLICA.

Quanto ao acerto na escolha do termo *indenização* e à possibilidade de sua interpretação extensiva, ressalta-se a lição de Eduardo Gabriel Saad (2002), quando diz que *"o vocábulo 'indenização', no dispositivo sob análise, não tem o significado restrito que lhe empresta o direito do trabalho, mas o do direito comum e, portanto, mais abrangente"*.

Vale, ainda, observar que a previsão, no parágrafo terceiro, de remessa dos autos para um *Juiz Privativo da Fazenda* reflete uma época de competências restritas da Justiça do Trabalho: a Emenda Constitucional 45, de 2004, trouxe grande alargamento da competência da justiça especializada, sendo, nos dias de hoje, desnecessária tal medida.

4. A omissão na prevenção contra cheias

Durante o evento aqui referido, verificou-se intensa atividade da Prefeitura de Porto Alegre em seu perfil no X. Entretanto, o mesmo volume de atividades revelava outras reclamações dos cidadãos: as de que falhas no sistema de proteção já verificadas em eventos anteriores haviam se repetido nesta ocasião.

Muitas dessas reclamações faziam menção a falhas verificadas durante o ano de 2023, onde outros três eventos climáticos — similares, mas de menores proporções — foram registrados, sendo um em junho, outro em setembro e o terceiro em novembro.

Nesses eventos, onde a água chegou a atingir 3,46 metros, muro e comportas impediram a água de avançar pelas ruas do Centro Histórico, mas falhas nos equipamentos de bombeamento já haviam sido verificadas: bocas de lobo e bueiros devolveram água às ruas, o que, conforme entrevista(14) concedida pelo ex-diretor do DEP — Departamento de Esgotos Pluviais Carlos Todeschini, era sinal de que algo estava errado.

2.Tese: Deve ser admitida a ocorrência do *"factum principis"* quando a rescisão do contrato de trabalho decorrer de ato da administração pública que não pode ser evitado pelo empregador, que se vê obrigado a encerrar suas atividades econômicas.

3.Síntese da Fundamentação: Nos termos do art. 486 da CLT, *"factum principis"* (fato do príncipe) caracteriza-se pela paralisação temporária ou definitiva da prestação de serviços, em virtude da prática de ato administrativo por autoridade pública federal, estadual ou municipal. Trata-se de uma espécie do gênero força maior, sendo necessária para sua evidência a presença dos seguintes requisitos: ato administrativo inevitável praticado por autoridade competente; interrupção temporária ou definitiva da prestação dos serviços e não concorrência, direta ou indireta, do empregador para a prática do ato. Restou evidenciado que os empregadores não praticaram condutas capazes de configurar o aproveitamento inadequado do imóvel em epígrafe, o que não evitou, contudo, a declaração de desapropriação da propriedade pelo Poder Público, que se valeu do juízo de conveniência e oportunidade para praticar ato administrativo discricionário. Assim, deve ser admitida a ocorrência do *"factum principis"*, uma vez que a rescisão do contrato de trabalho decorreu de ato da administração pública que não poderia ser evitado pelos proprietários do imóvel, que se viram obrigados a encerrar suas atividades econômicas. Deste modo, a responsabilidade da Administração Pública está limitada à indenização adicional do FGTS (40%) e ao aviso prévio indenizado, sendo as demais verbas de responsabilidade dos empregadores, na medida em que a norma prevista no art. 486 da CLT dispõe expressamente que o pagamento de "indenização" ficará a cargo da Administração Pública, o que não se confunde com a totalidade das verbas rescisórias, que permanecerá sob a responsabilidade dos recorrentes. (TRT 3ª Região – RO: 0001757-58.2013.5.03.0036. Julgamento: 19.02.2015. Turma Recursal de Juiz de Fora/MG)

(14) "O sistema anti-enchente falhou por falta de manutenção", avaliam especialistas. *Matinal Jornalismo*, 06 maio 2024.

> "O fato de os esgotos estarem vertendo significava que as comportas de gravidade não deveriam estar funcionando. Quando o esgoto verte pelas bocas de lobo, é retorno da casa de bombas ao sistema de drenagem."

A dificuldade da Prefeitura de Porto Alegre em fechar as comportas também sugere isso: originalmente, o sistema não demandaria retroescavadeiras para tal execução.

Após tal evento, especialistas disseram(15) com todas as letras, que *"basta conflitarem os ventos, a conversão dos rios da Serra, uma série de fatores climáticos"* e a enchente de 1941 poderia se repetir.

A reportagem da Folha de São Paulo teve acesso a diversas notas técnicas emitidas pelo CEMADEM (Centro Nacional de Monitoramento e Alertas de Desastres Naturais), publicando seu conteúdo em matéria(16) própria. Nelas, verificavam-se as seguintes observações:

— grandes cidades não estariam preparadas para *extremos climáticos* como os ocorridos em 2023, que seriam vivenciados nas próximas décadas;

— chuvas fortes poderiam *"deflagrar alagamentos em áreas urbanizadas e com drenagem deficiente"*;

— após o início das inundações de 2024, indicando que a tragédia que assolava o Estado já era previsível, em razão dos mesmos fenômenos observados um ano antes;

— que *"estruturas hidráulicas que protegem a cidade de Porto Alegre não resistiram às ondas de inundações e se romperam, **o que sugere que foram subdimensionadas ou que não se consideraram que os volumes de chuvas poderiam aumentar com o tempo**"*.

Ou seja: já havia o alerta às autoridades de que o risco de cheias nas regiões gaúchas — entre elas, a capital do Estado — era elevado. Até mesmo porque, originalmente projetado para suportar níveis de água de até seis metros, o sistema já teria apresentado dificuldade em conter a inundação presenciada em 2023, que apenas aproximou-se da marca de 4,5 metros.

Contudo, na contramão das advertências climáticas, o que se presenciava era a redução de verbas e a ausência de manutenção da estrutura existente para combate a enchentes. O encargo foi do DEP desde 1970, sendo incorporado ao DMAE — Departamento Municipal de Água e Esgoto após aprovação pela Câmara em dezembro/2018 — e, a partir daí, progressivamente reduzidos.

---

(15) 'Porto Alegre poderá ter uma enchente igual a de 1941 a qualquer momento', afirma pesquisadora. *Brasil de Fato*, 07 out. 2023.

(16) Risco de tragédia por chuvas em Porto Alegre foi detectado em 2023. *Folha de S. Paulo*, 11 maio 2024.

Tal ausência de manutenção foi extensamente divulgada por inúmeros veículos de mídia. Eis trechos:

> "Parte da tragédia que atingiu 446 municípios gaúchos foi causada pela ação do homem, que construiu em locais onde não deveria construir, em áreas de alagamento, e não fez as manutenções corretas nos diques de contenção e nas barreiras anti-alagamento.
>
> (...)
>
> Reis lembrou que, em setembro do ano passado, o estado enfrentou grande enchente. 'Aí se viu que as comportas e parte dos diques não estavam funcionando. Era hora de ter arrumado. Foi uma mega-enchente. A grande veio agora. Deveríamos ter arrumado tudo de setembro para cá. Espero que desta vez aprendam, porque o custo está sendo muito alto'."(17)
>
> "Desde 2008 estava comprovado que se poderia ter uma inundação igual ou maior do que a de 1941. E me assustei porque não vi nenhuma menção a projetos de prevenção de inundações ou (para enfrentar) as mudanças climáticas. Como se Porto Alegre não tivesse chance de sofrer uma inundação.
>
> (...)
>
> Além do mais, vemos que casas de bombas não tinham manutenção desde 2018. Que as comportas do muro não tinham manutenção e restauro havia anos. E colocam sacos de areia nas comportas para elas aguentarem as águas do Guaíba. O tamanho descaso com que é tratado esse assunto. Coloca-se a vida das pessoas em risco, optando-se por um saco de areia como solução."(18)
>
> "'As falhas se deram nos pontos de abertura do muro. A água passou por cima em alguns pontos. As comportas não foram bem vedadas. E no momento crucial não teve energia elétrica para bombear água de dentro para fora do sistema. Foi um descuido de décadas', analisa Collischonn.
>
> Botta lamenta o descaso e a falta de confiança na ciência. 'Lamentavelmente, todo o sistema não teve uma manutenção adequada. As comportas já estavam bastante abauladas. Faltavam parafusos. Um dos portões veio abaixo com a força da água', diz."(19)

---

(17) Parte da tragédia no Rio Grande do Sul foi causada por ação humana. *Agência Brasil*, 16 maio 2024.

(18) 'Tragédia gaúcha é consequência de um plano de Estado mínimo', aponta pesquisadora. *Brasil de Fato*, 17 maio 2024.

(19) 'Por que sistema contra cheias não funcionou em Porto Alegre'. *Portal G1*, 18 maio 2024.

> "A estrutura foi insuficiente para proteger a capital gaúcha das chuvas fortes. O Poder360 apurou que a água driblou o sistema de 3 formas diferentes:
>
> — vazamento em comportas — falta de vedação fez a água vazar pelas frestas laterais e por debaixo das estruturas de aço. Uma delas colapsou;
>
> — falhas nas bombas — a maioria das estações de bombeamento não conseguiu se contrapor à força da água; as bombas ficaram submersas e precisaram ser desligadas por risco de choque elétrico;
>
> — extravasamento de diques — a água passou por cima dos barramentos de terra, como no dique do bairro Sarandi, onde há risco de a estrutura se romper."[20]
>
> "Enquanto parte de Porto Alegre continua embaixo d'água há 19 dias, documentos da prefeitura mostram que técnicos já alertavam para a manutenção urgente do sistema anti-cheia da cidade. Os equipamentos fazem parte de um sistema construído na década de 1970, que inclui também diques, um muro e comportas.
>
> Documentos internos da Secretaria Municipal de Serviços Urbanos e do Departamento de Água e Esgotos mostram que, em 2018, engenheiros pediram análise do projeto de duas estações de bombeamento da capital gaúcha para 'avaliar a falha na proteção em relação às cheias do rio a níveis superiores à cota de três metros até o nível de seis metros'."[21]

Some-se a tais artigos o trecho, abaixo reproduzido, de matéria[22] publicada em 21.05.2024 pelo Grupo de Investigações do portal GHZ, marca de jornalismo digital do Grupo RBS:

> "**Em 29 de novembro do ano passado, um engenheiro do Departamento Municipal de Águas e Esgotos (Dmae) emitiu um aviso** depois das fortes chuvas que atingiram o Estado em setembro e naquele mês. O recado era claro: **problemas nas casas de bomba 13, 17 e 18 poderiam, em caso de nova e maior subida do nível do Guaíba, causar grande alagamento nas áreas centrais de Porto Alegre**.
>
> (...)

(20) 'Entenda as falhas do sistema antienchente de Porto Alegre'. *Poder 360*, 12 maio 2024.

(21) 'Engenheiros alertaram sobre deficiências em casas de bombas de Porto Alegre em 2018 e 2023'. *SBT News*, 21 maio 2024.

(22) 'Em 2018 e 2023, engenheiros da Prefeitura alertaram sobre deficiências em casas de bombas que poderiam contribuir para inundações em Porto Alegre'. *GZH Grupo de Investigação*, 20 maio 2024.

> **Pelo menos em relação às estações 17 e 18, os problemas já estavam registrados em documentos que tramitavam em secretarias municipais desde 2018**, quando um aviso em 5 de setembro foi assinado pelo mesmo engenheiro que retomou o assunto em novembro de 2023." (g.n.)

Se cinco meses (entre o aviso de novembro/2023 e o fatídico evento) já seriam tempo bastante suficiente para manutenções corretivas em um sistema de emergência, caso as falhas das estações 17 e 18 efetivamente já existissem desde 2018, falaríamos de **mais de cinco anos** sem manutenção apropriada. Houve claríssima omissão do Município em tal obrigação.

Registra-se, ainda, que os eventos de abril e maio de 2024 deram causa até mesmo a um pedido de *impeachment* contra o atual prefeito de Porto Alegre, Sebastião Melo, fundado em alegada *negligência com o sistema de drenagem*(23). O pedido foi fundado — sem surpresas — na alegação de falta de manutenção do Sistema de Proteção Contra Cheias. Eis trecho do pedido(24) em questão:

> "Restou comprovado, por meio de documentos extraídos do próprio sistema da prefeitura e a partir das denúncias do Deputado Matheus Gomes (PSOL) e do jornalista Lennon Haas (em anexo) que **o poder público de Porto Alegre foi alertado sobre as deficiências críticas nas Estações de Bombeamento desde o ano de 2018**, quando o engenheiro Marcos Goulart Machado trouxe à atenção a possibilidade de falhas no sistema de descarga dentro do prédio das casas de bombas. Este alerta prévio deveria ter sido o catalisador para ação imediata por parte da administração municipal, visando garantir a segurança e bem-estar dos cidadãos de Porto Alegre, mas infelizmente não foi. O que se assistiu, nos últimos anos, pelo contrário, foi a extinção do DEP — Departamento de Esgotos Pluviais, o sucateamento do DMAE, que hoje possui 2.577 cargos vagos e apenas 1.055 funcionários ativos (menos de 1/3 do total), heróis que estão todo dia na rua tentando remediar a situação. Ainda o que se assistiu foi a perda de 124 milhões do PISA para obras de macrodrenagem e denúncias de corrupção no DMAE, inclusive com a contratação de empresas já denunciadas pelo Ministério Público anteriormente e a nomeação de fiscais que depois foram trabalhar nas empresas fiscalizadas no melhor estilo do conceito de '*revolving door*'."

---

(23) 'Pedido de *impeachment* contra prefeito de Porto Alegre é protocolado'. *Poder 360*, 24 maio 2024.

(24) Disponível em: https://www.camarapoa.rs.gov.br/arquivos/8181/download. Acesso em: 09 jun. 2024.

Tal pedido foi rejeitado[25] em 29.05.2024.

Ao Estado do Rio Grande do Sul cabe também responsabilização. Caberia ao Governo Estadual o mapeamento de áreas de risco para desastres. A destinação[26] de mais recursos para compra de equipamentos pela Defesa Civil. Até mesmo o reforço de estruturas de engenharia, especialmente quando chuvas anteriores, de menor intensidade, já mostraram potencial de danificá-las.

Tantos são os órgãos da mídia e indícios que apontam para a falta de manutenção preventiva do sistema de bombeamento que até mesmo S. Exa., o Presidente da República, em pronunciamento[27] dias após a inundação atingir Porto Alegre, teceu críticas (não tão) veladas ao Governo gaúcho:

> "O presidente Luiz Inácio Lula da Silva afirmou, na abertura de uma reunião ministerial nesta segunda-feira, que **as enchentes** que impactam 85% do território do Rio Grande do Sul **não são apenas 'o fenômeno da chuva', mas que também há responsabilidade de quem deveria ter cuidado 'das comportas'**. Ele não citou nomes."

Contudo, melhor sorte não socorre a União, eis que também lhe cabe parcela de culpa.

Instituído em 1969 e regulamentado em 2014, o Fundo Nacional para Calamidades Públicas, Proteção e Defesa Civil (Funcap) tinha, gravada no art. 8º da Lei n. 12.340/2010[28], a seguinte missão:

> Art. 8º **O Funcap**, de natureza contábil e financeira, vinculado ao Ministério da Integração Nacional, **terá como finalidade custear, no todo ou em parte**:

---

(25) 'Rejeitada a abertura de impeachment do prefeito Sebastião Melo'. Câmara Municipal de Porto Alegre, 29 maio 2024.

(26) Sobre o tema:
"Leite sofre críticas de gaúchos por causa dos cortes no orçamento da Defesa Civil nos últimos anos. Em 2022, o orçamento da área era de R$ 1 milhão. Em 2023, passou para R$ 100 mil e, para 2024, o aprovado foi R$ 50 mil. Já o orçamento para gestão de projetos e respostas a desastres naturais caiu de R$ 6,4 milhões em 2022 para R$ 5 milhões em 2023, e voltou a subir para R$ 117 milhões neste ano – embora ainda seja considerado baixo, já que a previsão de gastos totais do governo para 2024 é de R$ 83 bilhões." Leite fala em 'Plano Marshall' para reconstruir RS: 'medidas excepcionais'. *UOL*, 04 maio 2024.

(27) Lula diz que enchente no Rio Grande do Sul 'parece que não foi só o fenômeno da chuva'. *O Globo*, 13 maio 2024.

(28) *Lei n. 12.340, de 1º de dezembro de 2010*. Dispõe sobre as transferências de recursos da União aos órgãos e entidades dos Estados, Distrito Federal e Municípios para a execução de ações de prevenção em áreas de risco de desastres e de resposta e de recuperação em áreas atingidas por desastres e sobre o Fundo Nacional para Calamidades Públicas, Proteção e Defesa Civil; e dá outras providências.

> I – **ações** de apoio emergencial, **de prevenção e gestão do risco** à população atingida por desastres, **incluídos o monitoramento em tempo real em áreas de risco alto e muito alto e a produção de alertas antecipados de desastres**; (...)

Contudo, o Funcap **não funciona até hoje**[29]. Não há regulamentação, nem da forma de captação dos recursos, tampouco de como a verba arrecadada seria repassada a estados e municípios.

Da mesma forma, notícia[30] do Jornal Nacional, ainda em 2022, já dava conta de que o investimento da União para a prevenção de desastres naturais acumulava quedas nos últimos dez anos. A redução é expressiva: saímos de R$ 3,41 bilhões de verba destinada em 2013, para R$ 1,13 bilhões em 2021, uma redução de **mais de 66%**.

Há, no mínimo, *fortes indícios* de que a omissão de todo o poder público em investir, monitorar, manter e atualizar colaborou fortemente com o resultado final — atingindo diretamente a vida de milhares de cidadãos e deixando claramente de atender ao interesse público.

> "O Estado, com a realização das ações de seus agentes públicos, atua diretamente na vida das pessoas. Levando-se em consideração a imensa variedade de situações passiveis de afetar os administrados, percebe-se a importância e o interesse público no estudo da Responsabilidade Civil do Estado." (ROCHA, Ricardo Cortes da; 2022)

5. Omissão do Estado e responsabilidade objetiva

Como visto linhas acima, toda a conduta do Ente Público deve sempre primar pela Primazia do Interesse Coletivo sobre o Privado. Certamente, a prevenção contra desastres naturais é de interesse coletivo.

A Lei Orgânica do Município de Porto Alegre dispõe que é responsabilidade do Município, juntamente ao Estado, a *conservação e proteção das águas superficiais e subterrâneas*, bem como a *delimitação de áreas destinadas à habitação popular* em condições *acima de quota máxima das cheias*.

> Art. 212. O Plano Diretor de Desenvolvimento Urbano é peça fundamental da gestão do Município e tem por objetivo definir diretrizes para a execução de programas que visem

---

(29) "Ainda falta uma lei específica para tornar o Funcap viável". "A regulamentação foi acontecendo de maneira parcial, por diferentes alterações legislativas, mas ainda é preciso mais para que o fundo efetivamente funcione", diz a advogada Fernanda Damacena, pesquisadora e especialista em direito em desastres. Criado em 2012, fundo nacional para desastres não funciona até hoje. *UOL Política*, 19 maio 2024.

(30) 'Investimento do governo federal em prevenção de desastres naturais tem caído há dez anos'. *G1 – Jornal Nacional*, 23 fev. 2022.

> à redução da segregação das funções urbanas e ao acesso da população ao solo, à habitação e aos serviços públicos, observados os seguintes princípios:
>
> (...)
>
> III – **delimitação de áreas destinadas à habitação popular, atendendo aos seguintes critérios mínimos**:
>
> *a)* dotação de infraestrutura básica;
>
> *b)* **situação acima de quota máxima das cheias**.
>
> (...)
>
> Art. 226. **A conservação e proteção das águas superficiais e subterrâneas são tarefa do Município, em ação conjunta com o Estado**.
>
> Parágrafo único. No aproveitamento das águas superficiais e subterrâneas, é prioritário o abastecimento às populações.

Por sua vez, à União caberia a regular destinação de recursos para tais providências. Nas palavras de Juliano Benetti Timm:

> "Embora os estados e municípios afetados precisem demonstrar a necessidade dos recursos demandados e planos de trabalho ao órgão responsável, é necessário que a União disponibilize os recursos em seu orçamento, conforme previsão legal textual." (TIMM, 2024)

Nos termos do art. 21, XVIII da Constituição Federal, compete à União o dever de *"planejar e promover a defesa permanente contra as calamidades públicas, especialmente as secas e as inundações"*; e, no mesmo sentido, o art. 1º-A da supramencionada Lei n. 12.340/2010, ao definir a forma de repasse de recursos aos entes públicos, estatui claramente que uma das funções deste repasse é exatamente a *execução de ações de prevenção.*

> Art. 1º-A. **A transferência de recursos financeiros para a execução de ações de prevenção em áreas de risco de desastres** e de resposta e de recuperação em áreas atingidas por desastres aos órgãos e entidades dos Estados, Distrito Federal e Municípios observará as disposições desta Lei e poderá ser feita por meio:
>
> (...)
>
> § 1º **Será responsabilidade da União**, conforme regulamento:
>
> I – **definir as diretrizes e aprovar os planos de trabalho de ações de prevenção em áreas de risco** e de recuperação em áreas atingidas por desastres;
>
> (...)

Postas tais premissas, ao menos em uma primeira análise, nenhum dos entes governamentais cumpriu com seu papel de prevenção à contento.

No corpo do presente estudo, foram citados diversos estudos, notícias e até mesmo notas técnicas que passam a impressão de que o Sistema de Proteção Contra Cheias não recebeu, com o passar dos anos, a devida manutenção. Mesmo após três eventos similares em 2023, de menores proporções, mas que já evidenciaram falhas na operação dos sistemas, nenhuma medida efetiva foi adotada para que falhas fossem corrigidas: se algo tivesse feito, o Sistema teria efetivamente protegido(31), e não simplesmente retardado(32) o avanço das cheias.

Também não houve efetivo monitoramento ou mesmo mapeamento das regiões submetidas à risco de inundações, não obstante, no caso de Porto Alegre, tal risco já seja conhecido há mais de oitenta anos.

E tampouco houve a destinação apropriada de recursos pelo Governo Federal, não obstante essa seja sua obrigação constitucional: não somente pela expressiva redução de valores repassados com o passar dos anos, mas especialmente pela ausência de efetiva regulamentação do Funcap. A proposta(33) de pagamento de pequena parcela de auxílio, com a contrapartida de obrigar empresas a manter os empregos por período específico, certamente não socorre a questão de forma apropriada.

Já é admitida pela doutrina e pela jurisprudência a chamada Responsabilidade Civil do Estado quando há **omissão** no cumprimento de suas obrigações.

Nas palavras de Hely Lopes Meirelles (2016), *"Responsabilidade Civil da Administração é, pois, a que impõe à Fazenda Pública a obrigação de compor o dano causado a terceiros por agentes públicos, no desempenho de suas atribuições ou a pretexto de exercê-las"*. Já para Gabriel Lino de Paula Pires (2021), *"a responsabilidade civil do Estado é o dever que se atribui, a alguma pessoa jurídica integrante da Administração Pública, de reparar os danos causados a terceiros pela atuação dos agentes públicos"*.

---

(31) "Pesquisadores e políticos ouvidos pelo *UOL* reconhecem que a tragédia de agora não tem precedentes, mas dizem que poderia ter sido feito mais para evitá-la. Isso porque não é a primeira vez que o estado é atingido por fenômenos do gênero." Na tragédia do RS, culpa recai sobre prefeitos, governador e União. *UOL Cotidiano*, 25 maio 2024.

(32) "Essa também é a opinião do professor da UFRGS Fernando Mainardi Fan, do Instituto de Pesquisas Hidráulicas (IPH). Em entrevista ao *G1 RS*, o pesquisador informou que o mecanismo vem enfrentando falhas. 'O sistema de proteção de cheias de Porto Alegre está operando mais como um sistema de retardamento da entrada da água do que como um sistema de proteção efetivamente. Claro que isso já está sendo muito bom porque o principal da inundação até o momento está sendo barrado pelo sistema de proteção. Mas agora estamos sentindo os impactos dentro da cidade, em função do sistema não ter funcionado a pleno', disse." Como funcionam as comportas do Guaíba. *Portal G1*, 08 maio 2024.

(33) "O governo federal anunciou nesta quinta-feira (6) um programa para pagar duas parcelas de salário mínimo aos trabalhadores formais de cidades atingidas pelas enchentes no Rio Grande do Sul. (...) Em contrapartida ao pagamento dos salários, as empresas têm de se comprometer a não demitir os funcionários por quatro meses." RS: Após pedido de Leite, governo pagará 2 salários a 434 mil trabalhadores. *UOL Economia*, 06 jun. 2024.

Quando se adota o termo "atuação", a doutrina entende, de forma unânime, que o mesmo refere-se à obrigação do Estado **de se abster ou de agir para evitar determinados danos**.

Quanto à hipótese de responsabilização — se objetiva ou subjetiva, especificamente —, a doutrina é unânime ao entender que a disposição presente no § 6º do art. 37 da Constituição Federal de 1988, que utiliza-se da teoria objetiva, é aplicável quando recai sobre casos de danos decorrentes de uma **ação** estatal.

A incerteza surge diante de casos **omissivos**, tendo em vista que, no texto legal, não existe nenhuma previsão que diferencie a aplicação da responsabilidade civil do Estado entre atos comissivos ou omissivos. Assim, enquanto alguns autores inclinam-se à necessidade de demonstração, por quem alega a omissão do Estado, da inobservância de um dever legal pelo ente público, outros entendem que a mera existência de nexo causal entre o dano e a omissão já é suficiente para a responsabilização estatal.

Pessoalmente, filiamo-nos à ideia de que a responsabilidade do Estado por omissão no cumprimento de suas obrigações é objetiva: se sua conduta deve sempre prestigiar o bem comum sobre o privado, deixar de cumprir com seu papel é fator suficiente para atrair sua responsabilização. Neste sentido, vale mencionar a lição de Fábio Ulhoa Coelho, que resume adequadamente a divergência doutrinária quanto à questão:

> "A responsabilidade do Estado é objetiva em qualquer hipótese, independentemente da natureza do ato que deu ensejo ao prejuízo. Para Oswaldo Aranha Bandeira de Mello, contudo, ela tem lugar apenas se os danos decorrem de atos comissivos. Pelas omissões, a responsabilidade da pessoa jurídica de direito público seria ainda subjetiva (1974:487). No mesmo sentido é o entendimento de Celso Antônio Bandeira de Mello (1980:822/823; 1981:149). **Essa distinção, note-se, não tem sido aceita pelos tribunais, que responsabilizam o Estado independentemente de culpa do agente tanto no caso de ação como de omissão danosa na prestação do serviço público** (Gonçalves, 2003:290). E ela, realmente, não tem sentido. A rigor, como já assentado, **ação e omissão são apenas modos diferentes de descrever a mesma conduta**. Se o motorista do carro oficial não detém o veículo a tempo de evitar o choque, sua conduta pode ser descrita como ato omissivo (deixou negligentemente de frear) ou comissivo (continuou acelerando imprudentemente). Não há, desse modo, fundamento na proposição tecnológica referida." (COELHO, 2016)

6. Conclusão

No caso em tela sequer seria necessária qualquer discussão quanto à responsabilização objetiva ou subjetiva do ente público.

Seja porque **optou** por não realizar as manutenções necessárias no sistema de proteção, seja porque **se omitiu** em tal manutenção, a responsabilidade do Município de Porto Alegre é latente: ainda que os equipamentos não fossem plenamente suficientes para a proteção da cidade — não obstante o sistema tenha sido projetado para proteção de **até seis metros de altura**, como visto acima —, a capital gaúcha teria oportunidade de se defender mais adequadamente, minimizando os danos a seus munícipes.

Seja porque **optou** por não instituir sistemas de monitoramento aos níveis pluviais do Estado, seja porque **se omitiu** no mapeamento das áreas de risco, o Estado do Rio Grande do Sul, claramente conhecedor de sua hidrografia e fluxos de correnteza, contribuiu para que a população não fosse adequadamente alertada quanto ao risco.

E, finalmente, seja porque **optou** por destinar a verba pública a outras pastas, seja porque **se omitiu** na regulamentação do Funcap mesmo após mais de uma década de sua existência, a União é também detentora de parcela de culpa.

Apesar dos doutrinadores mencionarem que em raras ocasiões se presenciou a responsabilização do Estado pelo pagamento da indenização decorrente da rescisão de um contrato de trabalho pelo Fato do Príncipe, infelizmente, neste momento estamos frente a uma situação de idêntica excepcionalidade: a invasão do Centro Histórico de Porto Alegre pelas águas do Guaíba, da forma que presenciamos entre abril e maio de 2024, mesmo após o advento do Sistema de Proteção Contra Cheias, é evento inimaginável, e que deveria ter sido evitado a todo custo.

Não há, aqui, o que se falar em acontecimento "inevitável". Está mais do que demonstrado que mera manutenção adequada no Sistema de Proteção Contra Cheias seria suficiente para diminuir, senão evitar completamente, o cenário caótico instalado em solo gaúcho.

Por óbvio, seria muito melhor que nenhuma empresa ou empregador abandonasse a atividade empresarial. No mundo ideal, seria possível manter todos os empregos. Contudo, a expectativa é contrária — e, se esvaziada a capacidade do empregador em arcar com as verbas rescisórias decorrentes das rescisões contratuais, não pode o trabalhador ficar sem o recebimento de seus haveres, especialmente quando tais rescisões decorreram de uma omissão muito, muito infeliz.

Ao estudioso do Direito do Trabalho cabe o enquadramento do tema proposto dentro do contexto que se apresenta, avaliando suas origens e quais consequências decorreram do fato. Inexistente experiência quanto ao tema, somente a propositura da discussão com a comunidade acadêmica trará resposta adequada àquilo que nunca antes foi visto.

Muitas vezes o consequencialismo econômico deturpa os fatos, em nome de não desfalcar o Estado de seus recursos. Que esta não seja uma dessas ocasiões. Oxalá tal resposta incentive nossa sociedade a vigiar com mais eficácia a sua própria segurança. Que seja esta a última vez em que tenhamos de pensar na responsabilização do Estado pelo pagamento de rescisões decorrentes de calamidades públicas que poderiam ter sido evitadas, ou ao menos minimizadas.

Referências

BRASIL. Constituição (1988). *Constituição da República Federativa do Brasil.* Brasília, DF: *Diário Oficial da União* de 05.10.1988, p. 1.

______. *Decreto-lei n. 5.452, de 1º de maio de 1943.* Aprova a Consolidação das Leis do Trabalho. *Diário Oficial da União* de 09.08.1943, p. 11.937.

______. *Lei n. 10.406, de 10 de janeiro de 2002.* Institui o Código Civil. *Diário Oficial da União* de 11.01.2002, p. 1.

______. *Lei n. 12.340, de 1º de dezembro de 2010.* Dispõe sobre as transferências de recursos da União aos órgãos e entidades dos Estados, Distrito Federal e Municípios para a execução de ações de prevenção em áreas de risco de desastres e de resposta e de recuperação em áreas atingidas por desastres e sobre o Fundo Nacional para Calamidades Públicas, Proteção e Defesa Civil; e dá outras providências. *Diário Oficial da União* de 02.12.2010, p. 1.

BUBLITZ, Juliana. Pela primeira vez desde a década de 1970, Cais Mauá tem todas as comportas fechadas. *GZH Geral*, 12 out. 2015. Disponível em https://gauchazh.clicrbs.com.br/geral/noticia/2015/10/pela-primeira-vez-desde-a-decada-de-1970-cais-maua-tem-todas-as-comportas-fechadas-4876352.html. Acesso em: 08 jun. 2024.

CAMPOS JUNIOR, Geraldo; VINICIUS, Caio. Entenda as falhas do sistema antienchente de Porto Alegre. *Poder 360*, 12 maio 2024. Disponível em https://www.poder360.com.br/infraestrutura/entenda-as-falhas-do-sistema-antienchente-de-porto-alegre/. Acesso em: 09 jun. 2024.

CARRION, Valentim. *Comentários à Consolidação das Leis do Trabalho.* 31. ed. São Paulo: Saraiva, 2006.

CENTENO, Ayrton. 'Tragédia gaúcha é consequência de um plano de Estado mínimo', aponta pesquisadora. *Brasil de Fato Rio Grande do Sul*, 17 maio 2024. Disponível em: https://www.brasildefators.com.br/2024/05/17/tragedia-gaucha-e-consequencia-de-um-plano-de-estado-minimo-aponta-pesquisadora. Acesso em: 09 jun. 2024.

COLOMBO, Giulia. Pedido de *impeachment* contra prefeito de Porto Alegre é protocolado. *Poder 360*, 24 maio 2024. Disponível em: https://www.poder360.com.br/brasil/pedido-de-impeachment-contra-prefeito-de-porto-alegre-e-protocolado/. Acesso em: 09 jun. 2024.

COELHO, Fábio Ulhoa. *Curso de direito civil:* obrigações, responsabilidade civil. São Paulo: Revista dos Tribunais, 2016.

COMO funcionam as comportas do Guaíba. *G1 Meio Ambiente*. Disponível em https://g1.globo.com/meio-ambiente/noticia/2024/05/08/como-funcionam-as-comportas-do-guaiba.ghtml. Acesso em: 09 jun. 2024.

DALLARI, Adilson Abreu. Ato administrativo, processo e presunção de legalidade. *Cadernos Jurídicos*, São Paulo, ano 22, n. 58, p. 9-21, abr./jun. 2021.

DELGADO, Mauricio Godinho. *Curso de Direito do Trabalho*. 18. ed. São Paulo: LTr, 2019.

ENGENHEIROS alertaram sobre deficiências em casas de bombas de Porto Alegre em 2018 e 2023. *SBT News*, 21 maio 2024. Disponível em: https://sbtnews.sbt.com.br/noticia/brasil/engenheiros-alertaram-sobre-deficiencias-em-casas-de-bombas-de-porto-alegre-em-2018-e-2023. Acesso em: 11 jun. 2024.

GABRIEL, João. Risco de tragédia por chuvas em Porto Alegre foi detectado em 2023. *Folha de S. Paulo*, 11 maio 2024. Disponível em: https://www1.folha.uol.com.br/cotidiano/2024/05/risco-de-tragedia-por-chuvas-em-porto-alegre-foi-detectado-em-2023.shtml. Acesso em: 09 jun. 2024.

GANDRA, Alana. Parte da tragédia no Rio Grande do Sul foi causada por ação humana. *Agência Brasil*, 16 mao 2024. Disponível em: https://agenciabrasil.ebc.com.br/geral/noticia/2024-05/rs-professor-diz-que-parte-da-tragedia-foi-causada-por-acao-humana. Acesso em: 09 jun. 2024.

GARCIA, Gustavo Filipe Barbosa. *Curso de direito do trabalho*. 3. ed., rev., atual. e ampl.. Rio de Janeiro: Forense; São Paulo: Método, 2009.

GULARTE, Jennifer. Lula diz que enchente no Rio Grande do Sul 'parece que não foi só o fenômeno da chuva'. *O Globo*, 13 maio 2024. Disponível em: https://oglobo.globo.com/brasil/sos-rio-grande-do-sul/noticia/2024/05/13/lula-diz-que-enchentes-no-rio-grande-do-sul-parece-que-nao-foi-so-o-fenomeno-da-chuva.ghtml. Acesso em: 09 jun. 2024.

INVESTIMENTO do governo federal em prevenção de desastres naturais tem caído há dez anos. *G1 Jornal Nacional*, 23 fev. 2022. Disponível em: https://g1.globo.com/jornal-nacional/noticia/2022/02/23/investimento-do-governo-federal-em-prevencao-de-desastres-naturais-tem-caido-ha-dez-anos.ghtml. Acesso em: 11 jun. 2024.

IRION, Adriana. Em 2018 e 2023, engenheiros da prefeitura alertaram sobre deficiências em casas de bombas que poderiam contribuir para inundações em Porto Alegre. *GZH Grupo de Investigação*, 20 maio 2024. Disponível em: https://gauchazh.clicrbs.com.br/grupo-de-investigacao/noticia/2024/05/em-2018-e-2023-engenheiros-da-prefeitura-alertaram-sobre-deficiencias-em-casas-de-bombas-que-poderiam-contribuir-para-inundacoes-em-porto-alegre-clwfoldvk00fb012wy0pq01vw.html. Acesso em: 11 jun. 2024

JORGE NETO, Francisco Ferreira; CAVALCANTE, Jouberto de Quadros Pessoa. Curso de direito do trabalho. São Paulo: Atlas, 2009.

LEITE fala em 'Plano Marshall' para reconstruir RS: 'medidas excepcionais'. *UOL Cotidiano*, 04 maio 2024. Disponível em: https://noticias.uol.com.br/cotidiano/ultimas-noticias/2024/05/04/leite-fala-em-plano-marshall-para-reconstruir-rs-medidas-excepcionais.htm. Acesso em: 11 j 2024.

LOPES, Luiza. Porto Alegre: o que se sabe sobre a histórica enchente de 1941? *Terra Agora*, 08 maio 2024. Disponível em: https://www.terra.com.br/noticias/porto-alegre-o-que-se-sabe-sobre-a-historica-enchente-de-1941,4666603fddd69d063fd844a5996fb9edgkqb7q1m.html. Acesso em: 08 jun. 2024.

MAIA, Larissa. Entenda por que o Rio Grande do Sul inundou. *Valor Econômico*, 06 maio 2024. Disponível em: https://valor.globo.com/brasil/noticia/2024/05/06/entenda-por-que-o-rio-grande-do-sul-inundou.ghtml. Acesso em: 09 jun. 2024.

MAIS chuva, galerias entupidas, bombas danificadas: o que provocou novas inundações em Porto Alegre. *G1 Rio Grande do Sul*, 24 maio 2024. Disponível em: https://g1.globo.com/rs/rio-grande-do-sul/noticia/2024/05/24/nao-houve-colapso-diz-prefeitura-sobre-sistema-de-drenagem-de-porto-alegre-saiba-o-que-provocou-inundacoes.ghtml. Acesso em: 09 jun. 2024.

MARTINS, Sergio Pinto. *Direito do trabalho*. 9. ed. São Paulo: Atlas, 2008.

MEDAUAR, Odete. Conceito de ato administrativo. *Revista do Tribunal de Contas do Estado do Rio de Janeiro*. 9. ed, 1º sem. 2015.

MEDINA, Tiago. "O sistema anti-enchente falhou por falta de manutenção", avaliam especialistas. *Matinal*, 06 maio 2024. Disponível em: https://www.matinaljornalismo.com.br/matinal/reportagem-matinal/falta-manutencao-sistema-causou-inundacao-enchente-porto-alegre/. Acesso em: 09 jun. 2024.

MEIRELLES, Hely Lopes. *Direito administrativo brasileiro*. 36. ed. São Paulo: Malheiros, 2010.

MONTEIRO, Washington de Barros. *Curso de direito civil*. 28. ed. São Paulo: Saraiva, 1995.

OLIVEIRA, Francisco Antonio de. *Consolidação das Leis do Trabalho comentada*. 2. ed. São Paulo: RT, 2000.

PIRES, Gabriel Lino de Paula. *Manual de Direito Administrativo*. São Paulo: Revista dos Tribunais. 2021.

PONTES, Nádia. Por que sistema contra cheias não funcionou em Porto Alegre. *G1 Meio Ambiente*, 18 maio 2024. Disponível em: https://g1.globo.com/meio-ambiente/noticia/2024/05/18/por-que-sistema-contra-cheias-nao-funcionou-em-porto-alegre.ghtml. Acesso em: 09 jun. 2024.

PORTO Alegre: enchente de 1941 durou 22 dias e deixou 70 mil desabrigados. *UOL Cotidiano*, 09 maio 2024. Disponível em: https://noticias.uol.com.br/cotidiano/ultimas-noticias/2024/05/09/como-foi-enchente-historica-porto-alegre-1941.htm. Acesso em: 10 jun. 2024.

PORTO ALEGRE. *Lei Orgânica n. 1, de 03 de abril de 1990*. Lei Orgânica do Município de Porto Alegre. *Diário Oficial Legislativo* de 04.04.1990, p. 23.

PREFEITURA de Porto Alegre. Nível do Guaíba – Cais Mauá – Cota atual: 5,28m – Cota de Alerta: 2,5m – Cota de Inundação: 3m – Informação obtida às 11h15min por meio da régua da Secretaria Estadual do Meio Ambiente e Infraestrutura (SEMA) e Agência Nacional de Águas (ANA). 07 maio 2024, 12:38. *X* (*Twitter*): @Prefeitura_POA. Disponível em: https://x.com/Prefeitura_POA/status/1787869649884811454. Acesso em: 09 jun. 2024.

PREFEITURA de Porto Alegre. Bom dia, Porto Alegre. Mais um dia de muito trabalho para recuperar a Capital de todos os gaúchos. – Cais Mauá – Cota atual: 3,87m – Cota de Alerta: 3,15m – Cota de Inundação: 3,60m – Informação obtida às 8h15 pela régua da SEMA e ANA. 29 maio 2024, 9:35. *X* (*Twitter*): @Prefeitura_POA. Disponível em: https://x.com/Prefeitura_POA/status/1795796058133434761. Acesso em: 09 jun. 2024.

REJEITADA a abertura de impeachment do prefeito Sebastião Melo. *Câmara Municipal de Porto Alegre*, 29 maio 2024. Disponível em: https://www.camarapoa.rs.gov.br/noticias/rejeitada-a-abertura-de-impeachment-do-prefeito-sebastiao-melo. Acesso em: 09 jun. 2024.

ROCHA, Ricardo Cortes da. A Responsabilidade Civil do Estado por Omissão. *Repositório Institucional do Ministério Público Federal.* 2022. Disponível em: http://hdl.handle.net/11549/241984 e https://biblioteca.mpf.mp.br/server/api/core/bitstreams/04193ebd-bcaa-4fa1-9384-95a46fa0ab8a/content. Acesso em: 11 jun. 2024.

SAAD, Eduardo Gabriel. *Consolidação das Leis do Trabalho:* comentada. 35. ed. São Paulo: LTr, 2002.

SÃO PAULO. *Lei n. 14.223, de 26 de setembro de 2006.* Dispõe sobre a ordenação dos elementos que compõem a paisagem urbana no Município de São Paulo. *Diário Oficial da Cidade de São Paulo* de 27 set. 2006, p. 1 e 3.

SILVA, Homero Batista Mateus da. *CLT comentada.* 4. ed. São Paulo: Revista dos Tribunais, 2022.

SOBRINHO, Wanderley Preite. Criado em 2012, fundo nacional para desastres não funciona até hoje. *UOL Política*, 19 maio 2024. Disponível em: https://noticias.uol.com.br/politica/ultimas-noticias/2024/05/19/funcap-fundo-desastres-decreto-regulamnetacao-tragedias-rio-grande-do-sul.htm. Acesso em: 11 jun. 2024.

SOLDERA, Bruna. Enchentes Devastadoras: O Que Acontece no Rio Grande do Sul. *Instituto Água Sustentável*, 13 maio 2024. Disponível em: https://aguasustentavel.org.br/conteudo/blog/242-enchentes-devastadoras-rs. Acesso em: 09 jun. 2024.

STAUDT, Leandro. Entenda por que a nova enchente do Guaíba já é histórica em Porto Alegre. *GZH*, 20 nov. 2023. Disponível em: https://gauchazh.clicrbs.com.br/colunistas/leandro-staudt/noticia/2023/11/entenda-por-que-a-nova-enchente-do-guaiba-ja-e-historica-em-porto-alegre-clp6zp9at001h01598srzyp84.html. Acesso em: 09 jun. 2024.

TEIXEIRA, Lucas Borges. RS: Após pedido de Leite, governo pagará 2 salários a 434 mil trabalhadores. *UOL Economia*, 06 jun. 2024. Disponível em: https://economia.uol.com.br/noticias/redacao/2024/06/06/lula-rio-grande-do-sul-enchentes-salario-trabalhadores.htm. Acesso em: 09 jun. 2024.

TIMM, Juliano Benetti. Enchente no RS: o que diz o Direito e seus reflexos na litigância pública e privada? *Jota*, 07 jun. 2024. Disponível em https://www.jota.info/opiniao-e-analise/artigos/enchente-no-rs-o-que-diz-o-direito-e-seus-reflexos-na-litigancia-publica-e-privada-07062024. Acesso em: 09 jun. 2024.

TREVISAN, Henrique; HRUBY, Guilherme B.; BAMMANN, Rodrigo. Macro impactos econômicos das enchentes no Rio Grande do Sul. *Bateleur*, 31 maio 2024. Disponível em: https://www.bateleur.com.br/relatorio-selecionado/relatorio-bateleur-impactos-economicos-enchentes-rio-grande-do-sul-1. Acesso em: 08 jun. 2024.

TRINDADE, Pedro. Rio, lago ou estuário? Especialistas explicam a polêmica em volta da designação do Guaíba. *G1 Rio Grande do Sul*, 23 nov. 2023. Disponível em: https://g1.globo.com/rs/rio-grande-do-sul/noticia/2023/11/23/rio-lago-ou-estuario-especialistas-explicam-a-polemica-em-volta-da-designacao-do-guaiba.ghtml. Acesso em: 09 jun. 2024.

VASCONCELLOS, Hygino. Na tragédia do RS, culpa recai sobre prefeitos, governador e União. *UOL Cotidiano*, 25 maio 2024. Disponível em: https://noticias.uol.com.br/cotidiano/ultimas-noticias/2024/05/25/o-que-nao-foi-feito-enchentes-rio-grande-do-sul.htm. Acesso em: 09 jun. 2024.

O Tratamento Jurídico de Trabalhadores Diferenciados. Conceito Jurídico de Igualdade Trabalhista, Desigualdade nas Relações de Trabalho e Vulnerabilidade. Liberdade Contratual Perante a Lei n. 13.429/17. Efeitos sobre a Súmula n. 331 do TST

Camilla Talaqui Cruz[1]

Resumo: Trabalhadores diferenciados necessitam de tratamento jurídico especial para garantir igualdade de oportunidades. A Constituição da República Federativa do Brasil tem como um de seus pilares o princípio da igualdade, porém os trabalhadores vulneráveis (abrangidos nesse conceito as pessoas com deficiência, negras, idosas e trans, entre outros) não são tratados de forma igualitária se comparados aos trabalhadores não vulneráveis. Inobstante a legislação brasileira oferecer garantias a alguns tipos de trabalhadores vulneráveis, como exigir a contratação de pessoas com deficiência, a discriminação persiste, resultando em altas taxas de desemprego e salários desiguais, dentre outros problemas tratados nesse artigo.

A inserção e retenção de pessoas vulneráveis em empregos é um desafio, exigindo proteção e medidas para garantir a igualdade de oportunidades. Questões legais, como a terceirização, tornam-se desafios para equilibrar a liberdade contratual e os direitos trabalhistas.

(1) Mestranda em Direito pela Pontifícia Universidade Católica de São Paulo (PUC-SP).

Como enfrentar a discriminação no ambiente de trabalho? Quais medidas podem ser adotadas para proteger os direitos dos trabalhadores vulneráveis? Como garantir a inclusão e igualdade para trabalhadores diferenciados no mercado de trabalho? São perguntas que o presente artigo pretende responder.

Palavras-chave: Trabalhadores diferenciados — Igualdade trabalhista — Vulnerabilidade — Discriminação — Direitos trabalhistas — Terceirização — Inclusão — Diversidade — Proteção legal — justiça social.

Abstract: Differentiated workers require special legal treatment to guarantee equal opportunities. The Constitution of the Federative Republic of Brazil has as one of its pillars the principle of equality, but vulnerable workers (covered in this concept are people with disabilities, black people, elderly people and trans people, among others) are not treated equally compared to workers not vulnerable. Despite Brazilian legislation offering guarantees to some types of vulnerable workers, such as requiring the hiring of people with disabilities, discrimination persists, resulting in high unemployment rates and unequal wages, among other problems addressed in this article.

Keywords: Differentiated workers — Labor equality — Vulnerability — Discrimination — Labor rights — Outsourcing — Inclusion — Diversity — Legal protection — Social justice.

Trabalhadores diferenciados são aqueles que, por alguma condição a eles inerente, divergem dos demais trabalhadores, necessitando de tratamento jurídico especial para terem acesso às mesmas oportunidades e condições de trabalho. A título exemplificativo, podemos citar como trabalhadores diferenciados: pessoas com deficiência; pessoas negras e pardas; idosos; e pessoas trans[(2)].

Nesse sentido, a Constituição Federal da República Federativa do Brasil (CRFB) dispõe, em seu art. 5º, *caput*, o princípio da igualdade, preceito fundamental de todo Estado de Direito, estabelecendo que todo cidadão merece tratamento igualitário, isto é, sem distinção de qualquer natureza. Em atenção ao princípio da igualdade, os trabalhadores diferenciados devem ser tratados diferenciadamente, na medida de sua desigualdade, a fim de serem igualados aos demais trabalhadores.

O art. 7º, incisos XXX e XXXI da CRFB, proíbem a "diferença de salários de exercício de funções e de critério de admissão por motivo de sexo, idade, cor ou estado civil", além de "qualquer discriminação no tocante a salário e critérios de admissão do trabalhador portador de deficiência".

Mais além, a Lei Maior cataloga o trabalho como direito social (art. 6º) e fundamento da ordem econômica (art. 170), sendo que para Süssekind (2006), o trabalho é o mais importante veículo de afirmação comunitária da grande maioria dos indivíduos que

(2) Pelos termos "população trans", "pessoas trans" ou "população T" a autora refere-se às pessoas transexuais, transgêneros e travestis.

compõem a sociedade capitalista, além de representar um dos mais relevantes instrumentos de afirmação da democracia na vida social.

Quanto aos trabalhadores diferenciados, além da Constituição Federal, a legislação esparsa igualmente traz garantias e proteções. A Lei n. 8.213/1991 estabelece, no *caput* do art. 93, que empresas com 100 (cem) ou mais empregados são obrigadas a preencher de 2% (dois por cento) a 5% (cinco por cento) dos seus cargos com beneficiários reabilitados ou pessoas portadoras de deficiência. Em continuação, o parágrafo primeiro do referido artigo prevê que a dispensa, ao final de contrato por prazo determinado de mais de 90 (noventa) dias e a dispensa imotivada em contrato por prazo indeterminado de pessoa com deficiência somente poderá ocorrer após a contratação de outro trabalhador com deficiência.

Também nesse diapasão, o art. 3º da Lei n. 10.741/03 (Estatuto do Idoso) prevê que:

> "É obrigação da família, da comunidade, da sociedade e do poder público assegurar à pessoa idosa, com absoluta prioridade, a efetivação do direito à vida, à saúde, à alimentação, à educação, à cultura, ao esporte, ao lazer, **ao trabalho**, à cidadania, à liberdade, à dignidade, ao respeito e à convivência familiar e comunitária."

Em continuação, o Capítulo IV (Da Profissionalização e do Trabalho) da referida Lei estabelece diretrizes a serem seguidas pelo Poder Público e pela iniciativa privada, a fim de assegurar o direito ao exercício de atividade profissional pela pessoa idosa.

Igualmente com o escopo de trazer garantias e proteções aos trabalhadores negros, o art. 2º do Estatuto da Igualdade Racial (Lei n. 12.288/2010) dispõe que:

> "É dever do Estado e da sociedade garantir a igualdade de oportunidades, reconhecendo a todo cidadão brasileiro, independentemente da etnia ou da cor da pele, o direito à participação na comunidade, especialmente nas atividades políticas, econômicas, empresariais, educacionais, culturais e esportivas, defendendo sua dignidade e seus valores religiosos e culturais."

Em complementação, o Capítulo V (Do Trabalho) do Estatuto da Igualdade Racial também estabelece diretrizes a serem seguidas pelo Poder Público e pela iniciativa privada, a fim de assegurar o direito ao trabalho pela população negra.

Ainda quanto à legislação infraconstitucional, a Lei n. 9.029/95 proíbe qualquer prática discriminatória quanto a admissão, manutenção ou rompimento do vínculo laboral, por sexo, origem, raça, cor, estado civil, situação familiar ou idade, a realidade demonstra a existência e a perpetuação de práticas discriminatórias de inúmeras espécies.

No âmbito do Direito Internacional, o art. 2º da Convenção n. 111 da Organização Internacional do Trabalho (OIT), ratificada pelo Brasil, dispõe que:

> "Todo País-membro, no qual vigore esta Convenção, compromete-se a adotar e seguir uma política nacional destinada a promover, por meios adequados às condições e à prática nacionais, a igualdade de oportunidade e de tratamento em matéria de emprego e profissão, objetivando a eliminação de toda discriminação nesse sentido".

Entretanto, apesar da consagrada igualdade formal e de o trabalho ser considerado direito social, as relações de trabalho ainda são desiguais, ao passo que a inserção e manutenção no trabalho varia entre os trabalhadores, dependendo de uma série de fatores, como gênero, classe social, cor, idade, orientação sexual e identidade de gênero.

Em estudo realizado pela Fundação de Amparo à Pesquisa do Estado de São Paulo (FAPESP), com dados levantados em 2020, evidenciou-se que apenas 13,9% das mulheres trans e travestis possuem empregos formais. Já entre os homens trans o percentual é de 59,4%(3), evidenciando também a discriminação de gênero entre os trabalhadores, além de identidade de gênero.

A discriminação também é suportada pelos trabalhadores negros e pardos. De acordo com o Instituto Brasileiro de Geografia e Estatística (IBGE), em 2021 mais da metade dos trabalhadores brasileiros (53,8%) era formada por pretos e pardos, mas os dois grupos, somados, ocupavam apenas 29,5% dos cargos gerenciais. Ainda, o rendimento médio dos trabalhadores brancos (R$ 3.099,00) superava muito o de pretos (R$ 1.764,00) e pardos (R$ 1.814,00) em 2021(4).

Quanto às pessoas com deficiência, de acordo com dados do IBGE(5), em 2022 somente 5,1 milhões de pessoas com deficiência trabalhavam, enquanto 12 milhões não integravam o mercado de trabalho. Se não bastasse, os homens com deficiência receberam mensalmente cerca de 27% a menos que os homens sem deficiência. E, as mulheres com deficiência receberam cerca de 34% a menos do que as sem deficiência.

Diante de tais dados, ainda que meramente exemplificativos, resta evidente que trabalhadores diferenciados não têm acesso às mesmas condições de trabalho dos demais trabalhadores, ficando à margem da sociedade.

Além de marginalizados, a maioria dos trabalhadores diferenciados é também vulnerável. Claudia Lima Marques e Bruno Miragem definem vulnerabilidade como "um estado da pessoa, um estado inerente de risco ou um sinal de confrontação excessiva de interesses identificado no mercado, é uma situação permanente ou provisória, individual ou coletiva, que fragiliza, enfraquece o sujeito de direitos, desequilibrando a relação"(6).

---

(3) Disponível em: https://namidia.fapesp.br/mercado-de-trabalho-para-pessoas-trans/388294.

(4) Disponível em: https://agenciadenoticias.ibge.gov.br/agencia-noticias/2012-agencia-de-noticias/noticias/35467-pessoas-p.retas-e-pardas-continuam-com-menor-acesso-a-emprego-educacao-seguranca-e-saneamento

(5) Disponível em: https://agenciadenoticias.ibge.gov.br/agencia-noticias/2012-agencia-de-noticias/noticias/37317-pessoas-com-deficiencia-tem-menor-acesso-a-educacao-ao-trabalho-e-a-renda#:~:text=Em%202022%2C%205%2C1%20milh%C3%B5es,significativamente%20para%2029%2C2%25.

(6) MARQUES, Cláudia Lima; MIRAGEM, Bruno. *O Novo Direito Privado e a Proteção dos Vulneráveis*. 2. ed. São Paulo: Revista dos Tribunais, 2014.

No âmbito legal, o Código de Defesa do Consumidor (CDC) dispõe, em seu art. 4º, inciso I, sobre o princípio da vulnerabilidade, o qual presume que todo consumidor é vulnerável em uma relação de consumo, por ser a parte mais fraca na relação consumerista.

De acordo com Amauri Cesar Alves(7), no âmbito trabalhista, "vulnerabilidade é situação de inferioridade contratual agravada por fatores de risco laboral ou pela condição pessoal do trabalhador, seja ele empregado ou não, que poderá resultar em lesão em sua esfera patrimonial ou existencial".

Por exemplo, no de 2022, dos 2.575 trabalhadores que foram resgatados em condições análogas à escravidão, 83% se autodeclararam negros, 15% brancos e 2% indígenas. O que corrobora o entendimento de que a maioria dos trabalhadores diferenciados é também vulnerável.

Os trabalhadores vulneráveis têm, ainda, maior probabilidade de ficar sem renda e maior dificuldade de obtenção de rendimentos, eis que possuem dificuldades (de natureza física, financeira, intelectual, dentre outras) para trabalhar, seja como empregado ou por conta própria.

Dados da Fundação Getúlio Vargas (FGV) apontam que entre os 9,5 milhões de desempregados registrados no 3º trimestre de 2022, mais de 6,1 milhões (64,9%) eram pretos/pardos, enquanto os brancos e amarelos totalizavam 3,3 milhões(8).

Além da Constituição Federal de 1988 e da legislação supramencionada, diversas outras fontes normativas versam sobre a necessidade de proteção dos trabalhadores, especialmente os vulnerários, bem como medidas a serem adotadas para erradicar a desigualdade nas relações de trabalho.

Dentre tais fontes normativas, destacamos a Lei n. 9.029/1995 e algumas Convenções da Organização Internacional do Trabalho (OIT) que o Brasil é signatário: a Convenção n. 100 da OIT a respeito da "Igualdade de Remuneração para a Mão de Obra Masculina e a Mão de Obra Feminina por um Trabalho de Igual Valor"; Convenção n. 105 da OIT sobre a abolição do trabalho forçado; e a Convenção n. 111 da OIT sobre "Discriminação em Matéria de Emprego e Profissão".

A Lei n. 9.029, de 13 de abril de 1995, proíbe a adoção de práticas discriminatórias para admissão de trabalhadores, por motivo de sexo, origem, raça, cor, deficiência, idade, entre outros, bem como estipula que constituem crimes práticas discriminatórias como exigência de qualquer procedimento relativo à esterilização ou a estado de gravidez ou controle de natalidade.

---

(7) Disponível em: https://juslaboris.tst.jus.br/bitstream/handle/20.500.12178/196875/2021_alves_amauri_direito_trabalho.pdf?sequence=1&isAllowed=y.

(8) Disponível em: https://portal.fgv.br/artigos/negros-ainda-sao-maioria-rendimento-ate-2-salarios-minimos.

A Convenção n. 100, OIT, em seu art. 2º, estabelece que os Estados-membros devem "assegurar a aplicação a todos os trabalhadores do princípio de igualdade de remuneração para a mão de obra masculina e a mão de obra feminina por um trabalho de igual valor". Em complementação, a Convenção n. 105, do mesmo órgão, dispõe que "Qualquer Membro da Organização Internacional do Trabalho que ratifique a presente convenção se compromete a adotar medidas eficazes, no sentido da abolição imediata e completa do trabalho forçado ou obrigatório". E, a Convenção n. 111 disciplina que os Estados signatários devem criar e aplicar política nacional com o escopo de "promover, por métodos adequados às circunstâncias e aos usos nacionais, a igualdade de oportunidade e de tratamento em matéria de emprego e profissão, com objetivo de eliminar toda discriminação nessa matéria" (art. 2º).

Inobstante nossa Carta Magna ser pautada no princípio da dignidade da pessoa humana e assegurar a igualdade entre todos os indivíduos, além de existirem inúmeras previsões legais nesse sentido (como visto acima), ainda assim é evidente a discriminação sofrida pelos trabalhadores, principalmente os vulneráveis, em nosso país.

Ressaltamos que a discriminação, especificamente no âmbito laboral, pode ser tanto direta, quanto indireta. Por discriminação direta entende-se o uso de critérios como gênero, cor, orientação sexual, nacionalidade, idade, entre outros, para tratamento de forma menos favorável do que outro trabalhador receberia em situação similar.

Alguns exemplos de discriminação direta são: pagamento de salários inferiores a pessoas trans, não contratação de determinada pessoa apenas por ela ser idosa, demissão de emprego em razão de sua orientação sexual.

Já a discriminação indireta compreende critério aparentemente neutro, "mas que tenha por efeito colocar pessoas com determinada característica em situação de desvantagem em relação a outras."[9]

Por exemplo, exigir aprovação em teste de força física para vaga em que não há necessidade do uso de força, o que obstaria a contratação de pessoas com deficiência.

Especificamente no que concerne à população T, o preconceito enraizado na sociedade brasileira obsta não só a permanência, mas também a contratação de empregados trans, ao passo que a maior parte dos empregadores não possui processos seletivos inclusivos ou políticas internas que visem a manutenção do emprego de indivíduos transexuais, transgêneros e travestis.

A título exemplificativo, formas de tornar o processo seletivo mais inclusivo seriam: divulgar vagas utilizando linguagem inclusiva de gênero; evidenciar no anúncio que a vaga é destinada a toda e qualquer pessoa, independentemente de sua identidade de

(9) CF. Brasil, Ministério do Trabalho e Secretaria de Inspeção do Trabalho. *Perguntas e respostas sobre a discriminação no trabalho*. Brasília, 2018. p. 15.

gênero; utilizar o nome que a pessoa candidata deseja ser chamada durante as etapas seletivas; instruir os empregados que irão interagir com os(as) candidatos(as) para tratá-los(as) corretamente etc.

A fim de tornar o ambiente de trabalho mais inclusivo, empregadores devem adotar medidas como: usar apenas o nome social da pessoa em seu crachá e demais documentos que outros empregados tenham acesso; permitir que a pessoa utilize o banheiro de acordo com sua identidade de gênero; promover palestras sobre o tema; oferecer canais de denúncia para comunicação de práticas discriminatórias, dentre outras práticas.

Além da iniciativa privada, cabe também ao Poder Público incentivar e criar oportunidades de emprego e meios para que a população T seja inserida e se mantenha, a longo prazo, em empregos públicos e privados.

Nesse sentido, destacamos o Projeto de Lei (PL) n. 144/2021[(10)], de autoria do Deputado Federal Alexandre Padilha, que propõe que 3% do total dos empregados das empresas que gozam de incentivos fiscais, que participem de licitação ou que mantenham contrato ou convênio com o Poder Público Federal e que tenham mais de 100 empregados, seja composto por pessoas autodeclaradas travestis e transexuais.

Também nessa linha há a proposta legislativa n. 354/2014[(11)], de autoria da Deputada Federal Erika Hilton, a qual propõe a reserva de 2% das vagas em concursos públicos para pessoas trans e travestis.

Todavia, inobstante existirem empresas que prezam pela diversidade e inclusão da população em seu quadro de empregados,

Dados da TransEmpregos (projeto de empregabilidade de pessoas trans no Brasil)[(12)] indicam que a área de tecnologia é a que mais contratou profissionais trans em 2023. Apesar das iniciativas e vagas neste segmento, é uma área em que o trabalho se dá majoritariamente por *home office*, fator que invisibiliza os empregados trans, ao passo que não incentiva a diversidade no ambiente laboral.

A discriminação e a inércia do Poder Público em combatê-la resultam nas altas taxas de desemprego e na marginalização laboral dos vulneráveis, os quais são obrigados a aceitar empregos em condições desiguais aos dos trabalhadores menos vulneráveis, ou ainda, a aceitar trabalhos informais.

Dentre os empregos em condições desiguais, os quais são majoritariamente ocupados por pessoas em situação de vulnerabilidade, destacamos aqueles ofertados por empresas

---

(10) Disponível em: https://www.camara.leg.br/proposicoesWeb/prop_mostrarintegra?codteor=1989655.

(11) Disponível em: https://www.camara.leg.br/proposicoesWeb/prop_mostrarintegra?codteor=2388165#:~:text=DAS%20VAGAS%20RESERVADAS-,Art.,na%20forma%20do%20respectivo%20edital.

(12) Disponível em: https://www.transempregos.com.br/dados2023.

terceirizadas, as quais fornecem a mão de obra de seus empregados para empresas contratantes (normalmente nas áreas de limpeza, recepção, portaria, segurança e vigilância).

Ressalta-se que até a promulgação da Lei n. 13.429, de 31 de março de 2017, a terceirização não era regrada por nosso ordenamento jurídico. Com o advento da referida Lei, a qual alterou a Lei n. 6.019/74, que dispõe sobre o trabalho temporário nas empresas urbanas e as relações de trabalho na empresa de prestação de serviços a terceiros,

Posteriormente, a Lei n. 13.467, de 13 de julho de 2017, ampliou a possibilidade de terceirização, permitindo às empresas terceirizarem também suas atividades fim, e não apenas atividades meio.

A regulamentação dos trabalhadores diferenciados, a busca pela igualdade trabalhista e a gestão das desigualdades nas relações de trabalho continuam sendo desafios importantes no direito do trabalho brasileiro. A Lei n. 13.429/17 e seus efeitos sobre a Súmula n. 331 do TST refletem uma mudança significativa na forma como a terceirização é tratada, proporcionando maior flexibilidade para as empresas, mas também levantando questões sobre a proteção dos direitos dos trabalhadores terceirizados.

É essencial que o equilíbrio entre a liberdade contratual e a garantia de direitos trabalhistas sejam constantemente avaliados para assegurar a justiça social no ambiente de trabalho.

Referências

ALVES, Amauri Cesar. Direito, trabalho e vulnerabilidade. Curitiba: *Revista Eletrônica do TRT-PR*. 2021. Disponível em: https://juslaboris.tst.jus.br/bitstream/handle/20.500.12178/196875/2021_alves_amauri_direito_trabalho.pdf?sequence=1&isAllowed=y. Acesso em: 31 maio 2024.

DELGADO, Gabriela Neves; DELGADO, Mauricio Godinho. A reforma trabalhista no Brasil: com os comentários à Lei n. 13.467/2027. São Paulo: LTr. 2017.

______; ______. *Estado democrático de direito e direito fundamental ao trabalho digno*. São Paulo: LTr, 2012.

MARQUES, Cláudia Lima; MIRAGEM, Bruno. *O Novo Direito Privado e a Proteção dos Vulneráveis*. 2. ed. São Paulo: Revista dos Tribunais, 2014.

SÜSSEKIND, Arnaldo *et. al. Instituições de Direito do Trabalho*. 21. ed. São Paulo: LTr, 2003.

A Ineficácia das Sentenças Homologatórias Trabalhistas no Direito Previdenciário Brasileiro: Desafios e Perspectivas

Carla Caroline Lopes Andrade(1)

Resumo: O artigo analisa a ineficácia da sentença trabalhista homologatória de acordo no Direito Previdenciário, explorando a dissonância entre as áreas trabalhista e previdenciária na comprovação do vínculo empregatício e o impacto da informalidade laboral no reconhecimento judicial desse vínculo. Aborda a importância do recolhimento das contribuições previdenciárias, a responsabilidade do empregador nesse processo e os reflexos da informalidade na busca pelo reconhecimento judicial do vínculo empregatício. Discute os requisitos legais para a comprovação do tempo de contribuição na esfera previdenciária, com ênfase na necessidade de início de prova material e na vedação da prova exclusivamente testemunhal. Examina os limites e possibilidades das sentenças homologatórias de acordo na Justiça do Trabalho para o reconhecimento do tempo de serviço na Previdência Social.

Palavras-chave: Sentença trabalhista — Homologatória — INSS — Benefício previdenciário.

Abstract: The article analyzes the inefficacy of the homologatory labor sentence agreement in Social Security Law, exploring the dissonance between labor and social security fields in proving the employment relationship and the impact of labor informality on judicial recognition of this relationship. It addresses the importance of collecting social security contributions, the employer's responsibility in this process, and the effects of informality in the quest for judicial recognition of the employment relationship. It discusses the legal requirements for proving the contribution period in the social security sphere,

---

(1) Mestranda em Direito Previdenciário pela Pontifícia Universidade Católica de São Paulo — PUC-SP. Especialista em Direito Previdenciário pela Faculdade Legale. Especialista em Direito Processual Cível na Pontifícia Universidade Católica de São Paulo — PUC-SP. Bacharela em Direito pela Universidade Paulista. E-mail: carlaandradeadvogada@gmail.com.

emphasizing the need for initial material evidence and the prohibition of exclusively testimonial evidence. It examines the limits and possibilities of homologatory sentences in Labor Justice for the recognition of service time in Social Security.

Keywords: labor court ruling; Homologatory; INSS; Social security benefit.

Introdução

A intersecção entre o direito do trabalho e o direito previdenciário constitui um campo vasto e complexo, cuja compreensão é fundamental para garantir a proteção integral dos direitos dos trabalhadores e efetivar a justiça social.

No âmbito do direito do trabalho, as sentenças proferidas em processos trabalhistas, especialmente no que tange ao reconhecimento de garantias que repercutem nos direitos previdenciários do trabalhador, desempenham um papel crucial na efetivação de garantias sociais, inclusive no sentido de assegurar a estabilidade das expectativas dos cidadãos em relação ao estado.(2)

Contudo, apesar da intersecção entre as áreas, existe uma dissonância na comprovação do vínculo empregatício para determinados fins. O direito previdenciário exige um início de prova material para o reconhecimento do tempo de contribuição, enquanto no direito do trabalho o vínculo pode ser reconhecido sem essa condicionante.

Para tanto, inicialmente será apresentado sobre a importância do reconhecimento das contribuições previdenciários para o sistema previdenciário e para os trabalhadores.

Após, será tratado os desafios do reconhecimento de vínculo na esfera judicial trabalhista, e logo após na esfera previdenciária.

Em continuidade, se traçar-se-á um panorama do debate sobre o tema em comento no âmbito do Direito Previdenciário para, em seguida, se apresentar alguns possíveis caminhos para o cenário delineado.

Este artigo se propõe a analisar os impactos das sentenças trabalhistas no âmbito previdenciário, a partir de uma análise crítica da jurisprudência e da legislação, busca-se compreender como as decisões as judiciais trabalhistas influenciam o reconhecimento de direitos previdenciários, especialmente no que tange à comprovação do vínculo empregatício e ao tempo de contribuição.

1. A importância do recolhimento das contribuições previdenciárias: Responsabilidades e impactos no sistema e nos trabalhadores

O sistema previdenciário brasileiro, regido pela Constituição Federal de 1988 e pela Lei n. 8.213, de 24 de julho de 1991 (Lei de Benefícios da Previdência Social —

---

(2) SOUZA, Victor. *Proteção e promoção da confiança no Direito previdenciário*. Curitiba: Alteridade Editora, 2018. p. 145.

LBPS), tem como objetivo assegurar aos seus segurados a proteção social em diversas contingências sociais, como doença, invalidez, idade avançada, morte, desemprego involuntário, maternidade etc.

Para garantir o acesso aos benefícios previdenciários, é essencial que haja participação no custeio do sistema. De acordo com Miguel Horvath Júnior essas contribuições são fundamentais para sustentar o sistema e garantir que ele funcione de maneira adequada, proporcionando proteção social aos trabalhadores e seus dependentes.(3)

A responsabilidade pelo pagamento das contribuições previdenciárias varia conforme a categoria do segurado, pois não se limita apenas àqueles que exercem atividade remunerada. Como bem explica Sergio Pinto Martins, donas de casa e síndicos de condomínio, por exemplo, não recebem remuneração por suas atividades, mas são considerados segurados. Ser segurado não se resume a receber benefícios, mas também a contribuir para o sistema.(4)

Em relação ao empregador, o art. 30, inciso I, da Lei n. 8.212/91 estipula que as contribuições dos empregados, empregados domésticos, trabalhadores avulsos e contribuintes individuais que prestam serviço a empresas são se sua responsabilidade, sendo operacionalizada por meio do desconto direto na folha de pagamento do trabalhador.

Diferentemente dos contribuintes individuais, popularmente conhecidos como autônomos que prestam serviços a pessoas físicas, a Lei n. 8.212/91, em seu art. 30, inciso I, estabelece que os contribuintes individuais são responsáveis pelo recolhimento de suas próprias contribuições previdenciárias, assim como ocorre com os contribuintes facultativos.

A distinção entre os responsáveis pelas contribuições previdenciárias é de suma importância para o segurado empregado, pois, visa garantir que este trabalhador não seja prejudicado por uma obrigação que não lhe cabe, protegendo seu salário e seus direitos trabalhistas, garantindo também o acesso aos benefícios previdenciários no futuro, como aposentadoria, auxílio-doença e pensão por morte, claro, se houve fiscalização do responsável por essas contribuições.

Sergio Pinto Martins relata em seu artigo intitulado "Execução da contribuição previdenciária – fato gerador e consequência nos benefícios", sobre sua experiência em computar como tempo de contribuição os recolhimentos previdenciários, devidamente descontados pela Escola em que deu aula, porém, não repassado para a Autarquia Previdenciária. O Artigo traz com detalhes a dificuldade que atual Ministro do Tribunal Superior do Trabalho teve em ter suas contribuições devidamente averbadas em seu cadastro nacional

---

(3) HORVATH JÚNIOR, Miguel. *Direito Previdenciário.* 13. ed. São Paulo: Rideel, 2022. p. 126.

(4) MARTINS, Sergio Pinto. *Direito da Seguridade Social.* 42. ed. São Paulo: SaraivaJur, 2024. p. 70.

de informações sociais para fins previdenciários, tendo como consequência a necessidade de ingresso com ação contra o INSS na Justiça Federal.[5]

Portanto, é importante a distinção do responsável pelas contribuições sociais de acordo com cada categoria de contribuinte, e como visto, o empregado é responsável pela contribuição social do trabalhador, contudo, quando esta obrigação não é efetivada da maneira correta, ou ainda, quando este empregado não tem seu vínculo empregatício formalizado de maneira devida, surgem problemas tanto para o sistema previdenciário, impactando seu custeio, quanto para o trabalhador, que pode enfrentar dificuldades ao buscar os benefícios da Previdência Social.

2. Informalidade, reconhecimento judicial do vínculo empregatício e seus reflexos na previdência social: desafios e perspectivas

Mauricio José Godinho Delgado entende que a relação de trabalho é um conceito genérico que engloba qualquer situação em que uma pessoa realiza uma atividade consubstanciada em *labor humano*. Essa relação engloba todos os tipos de relação de trabalho, como o trabalho autônomo, eventual, relação de emprego, bem como outras modalidades de pactuação de prestação de labor (como estágio etc.).[6]

Explica ainda o autor que a relação de emprego é um tipo específico de relação de trabalho com algumas características importantes como subordinação, onerosidade, pessoalidade e não eventualidade.[7]

A Lei de benefícios (Lei n. 8.213/91) em seu art. 11 estipulou os segurados obrigatórios para fins de contribuição para Previdência Social, sendo eles os empregados, empregados domésticos, contribuintes individuais, trabalhadores avulsos e trabalhadores especiais.

Quanto aos empregados, importante distinção deverá ser feita, pois, de acordo com o artigo acima citado, empregado é "*aquele que presta serviço de natureza urbana ou rural à empresa, em caráter não eventual, sob sua subordinação e mediante remuneração, inclusive como diretor empregado*".

Dentro do contexto da relação de emprego, uma das características cruciais diz respeito às contribuições previdenciárias. Nestes casos, é fundamental compreender que o ônus do recolhimento e repasse dessas contribuições recai sobre o empregador, conforme estipulado no art. 30, inciso I, alínea "*a*", da Lei n. 8.212/91.

---

(5) MARTINS, Sergio Pinto. Execução da contribuição previdenciária – fato gerador e consequência nos benefícios. Aspectos teóricos e práticos. *Revista do Tribunal Regional do Trabalho da 15ª Região*, Campinas, n. 35, 2009, p. 27.

(6) DELGADO, Mauricio José Godinho. *Curso de direito do trabalho*. 20. ed. São Paulo: JusPodivm, 2023. p. 331.

(7) *Ibidem*, p. 333.

Este aspecto é de suma importância tanto para o empregador quanto para o empregado, pois garante a proteção social do trabalhador por meio do financiamento da Previdência Social. O recolhimento das contribuições previdenciárias pelo empregador é uma obrigação legal que visa assegurar benefícios como aposentadoria, auxílio-doença, pensão por morte, entre outros, aos trabalhadores e seus dependentes.

Dessa forma, o correto cumprimento dessa obrigação por parte do empregador não apenas atende às exigências legais, mas também contribui para a segurança previdenciária e o bem-estar dos empregados, garantindo-lhes uma rede de proteção social em momentos de necessidade.

No Brasil, a informalidade no mercado de trabalho persiste como um desafio significativo, impactando negativamente a vida de milhões de brasileiros. A pesquisa divulgada pelo Instituto Brasileiro de Geografia e Estatística (IBGE) em 2024 revela que a taxa de informalidade laboral atingiu alarmantes 39,2% em 2023, evidenciando a precariedade e a vulnerabilidade a que muitos trabalhadores estão submetidos.(8)

Essa realidade se reflete diretamente no aumento da demanda por ações judiciais que buscam o reconhecimento do vínculo empregatício. De acordo com o ranking de assuntos mais recorrentes na Justiça do Trabalho até abril de 2024, o reconhecimento de emprego ocupava a 16ª posição, com um total de 91.921 processos em trâmite.(9)

A informalidade nas relações de trabalho frequentemente priva os trabalhadores de provas materiais que comprovem a existência do vínculo empregatício. Diante dessa dificuldade, ao buscarem a Justiça do Trabalho para o reconhecimento de seus direitos, a prova testemunhal se torna fundamental para comprovar a relação de trabalho.

Além disso, muitos processos trabalhistas que envolvem o reconhecimento de vínculo empregatício são resolvidos ainda na fase de conhecimento por meio de acordos judiciais. Esses acordos geralmente incluem o reconhecimento do vínculo, a anotação na Carteira de Trabalho e Previdência Social (CTPS) e o pagamento de verbas rescisórias.

As reclamações trabalhistas que buscam reconhecer uma relação de emprego, é uma importante ferramenta para a efetivação dos direitos dos trabalhadores, mas nem sempre essa sentença que reconhece o vínculo ou que homologa acordo com reconhecimento do vínculo é bem recebida na seara previdenciária, como será explorado a seguir.

---

(8) IBGE. PNAD. Contínua trimestral: em 2023, taxa anual de desocupação cai em 26 UFs. *Agência de Notícias IBGE*, 28 fev. 2024. Disponível em: https://agenciadenoticias.ibge.gov.br/agencia-sala-de-imprensa/2013-agencia-de-noticias/releases/39206-pnad-continua-trimestral-em-2023-taxa-anual-de-desocupacao-cai-em-26 . Acesso em: 1º jun. 2024.

(9) TRIBUNAL SUPERIOR DO TRABALHO (TST). *Assuntos mais recorrentes*. Disponível em: https://www.tst.jus.br/web/estatistica/jt/assuntos-mais-recorrentes. Acesso em: 1º jun. 2024.

3. Análise dos requisitos legais para comprovação de tempo de contribuição na seara previdenciária

A temática essencial da prova no contexto do direito previdenciário tem seu ponto crítico na validação do tempo de serviço ou contribuição, especialmente na comprovação do exercício de uma atividade remunerada enquadrada pelo Regime Geral da Previdência Social (RGPS).(10)

A Lei n. 8.213/91 (Lei de Benefícios da Previdência Social — LBPS), em seu art. 55, § 3º, subordina a comprovação do tempo de serviço à existência de um início de prova material:

> § 3º A comprovação do tempo de serviço para os fins desta Lei, inclusive mediante justificativa administrativa ou judicial, observado o disposto no art. 108 desta Lei, só produzirá efeito quando for baseada em início de prova material contemporânea dos fatos, não admitida a prova exclusivamente testemunhal, exceto na ocorrência de motivo de força maior ou caso fortuito, na forma prevista no regulamento.

Assim como o Decreto n. 3.049/99 que regulamenta a Previdenciária Social anda no mesmo sentido:

> Art. 143. A justificação administrativa ou judicial, para fins de comprovação de tempo de contribuição, dependência econômica, identidade e relação de parentesco, somente produzirá efeito quando for baseada em início de prova material contemporânea dos fatos e não serão admitidas as provas exclusivamente testemunhais.

As disposições acima transcritas são aplicadas tanto no processo administrativo previdenciário, quanto no processo judicial, inclusive, a Lei n. 9.784/99 que rege o processo administrativo no âmbito da Administração Pública Federal direta e indireta, traz em seu art. 38, § 2º a disposição que "*somente poderão ser recusadas, mediante decisão fundamentada, as provas propostas pelos interessados quando sejam ilícitas, impertinentes, desnecessárias ou protelatórias*", demonstrando que as provas são importantes para análise previdenciária.

Outro ponto importante é quanto à necessidade de processo administrativo antes de ingresso na via judicial, conforme ficou estabelecido pelo Superior Tribunal Federal em sede de repercussão geral (RE 631.240/MG — Tema n. 350), a tese da necessidade prévio requerimento administrativo do benefício previdenciário como pressuposto para o ajuizamento de ação.

---

(10) "Indubitavelmente, a questão mais delicada no que concerne ao tempo de serviço diz respeito a sua prova" (ROCHA, Daniel Machado; BALTAZAR JUNIOR, José Paulo. *Comentários à Lei de Benefícios da Previdência Social*, 6. ed. Porto Alegre: Livraria do Advogado. p. 229.

Como destaca José Antonio Savaris "*uma vez que o chamado processo administrativo previdenciário tenha verdadeiramente compreendido seu conteúdo processual, é pertinente invocar-se que sua condução se opere com respeito ao devido processo legal*"(11), logo, o processo administrativo também está adstrito ao princípio constitucional.

Porém, no processo administrativo previdenciário, as oportunidades de contra-argumentação são escassas, já que raramente são apresentadas testemunhas para contestar as alegações do segurado. Portanto, o órgão responsável pela gestão da Previdência Social, que atua tanto como parte interessada quanto como julgador, geralmente se concentra em verificar a consistência (ou falta dela) das provas fornecidas pelo segurado.

Diferentemente no processo judicial previdenciário, que segue, mormente, o Código de Processo Civil, que esculpe em seu no art. 369 do CPC/2015, a premissa permitindo o direito de empregar todos os meios legais, bem como os moralmente legítimos. E, ainda, a prova testemunhal é admitida pelo CPC/2015, em seu art. 442, quando não existir lei que dispõe o contrário.

É claro que, o art. 55, § 3º, da Lei de benefícios deixa claro a vedação de prova exclusivamente testemunhal, porém, a necessidade de apresentação de prova material contemporânea citada no artigo não necessariamente precisa ser referente a todo o período em que se pretende comprovar, podendo a prova testemunhal ser comprovar de forma mais ampla.

Nesse passo, o doutrinador Marcelo Leonardo Tavares anota que "*A prova de tempo de contribuição é feita mediante documentos que comprovem o exercício da atividade nos períodos a serem contados, devendo os documentos serem contemporâneos aos fatos a comprovar*"(12), contudo, como visto na letra fria da lei, é vedado a utilização de prova exclusivamente testemunhal.

A legislação veda a utilização de prova exclusivamente testemunhal, e impõe a necessidade de apresentação de prova material *contemporânea* aos fatos que se pretende comprovar, contudo, a prova não precisa ser necessariamente de todo o período, podendo a prova testemunhal cumprir as lacunas deixadas pela prova material ou até mesmo confirmar o início do labor.

Neste sentido o Superior Tribunal de Justiça firmou o seu entendimento, conforme tese firmada no Tema 638, sendo "*Mostra-se possível o reconhecimento de tempo de serviço rural anterior ao documento mais antigo, desde que amparado por convincente prova testemunhal, colhida sob contraditório*".

---

(11) SAVARIS, José A. *Direito Processual Previdenciário*. 10. ed. Curitiba: Alteridade, 2022. p. 211.

(12) TAVARES, Marcelo Leonardo. *Direito Previdenciário*. 6. ed. Rio de Janeiro: Lúmen Juris, 2005. p. 155.

3.1. Reconhecimento judicial do vínculo empregatício: Implicações previdenciárias e os desafios da informalidade laboral

Como bem explica Mauricio José Godinho Delgado, para que uma relação de emprego seja considerada é necessário cumprir alguns elementos fáticos jurídicos, como a pessoalidade, a não eventualidade, a subordinação e a onerosidade.(13)

Em situações em que o vínculo empregatício entre empregador e empregado é informal, este último muitas vezes recorre à Justiça do Trabalho buscando o reconhecimento dessa relação de emprego. Independentemente do tempo decorrido desde o término do vínculo até o início da ação judicial, o art. 11, § 1º, da CLT traz consigo o caráter declaratório das ações eu possuem por objeto anotações para fins de prova junto à Previdência Social, não se sujeitando aos efeitos da prescrição.

Uma vez reconhecida a relação de emprego, distingue-se quem é o responsável pela contribuição previdenciária, conforme discutido anteriormente, nos casos em que o segurado é empregado, recai sobre o empregador a responsabilidade do recolhimento das contribuições previdenciárias do empregado.

Devido a informalidade dos vínculos e a dificuldade de os trabalhadores conseguirem provas documentais para embasar suas alegações, ou até mesmo pela facilidade do empregador de manipular os documentos que ficam sob seu comando, o direito do trabalho tem como base o princípio da primazia da realidade, que é um instrumento que buscar avaliar o que de fato aconteceu, não levando como base somente o que diz os documentos, como bem assevera Vólia Bomfim:

> O que importa é o que aconteceu e não o que está escrito (...). O princípio da primazia da realidade destina-se a proteger o trabalhador, já que seu empregador poderia com relativa facilidade, obrigá-lo a assinar documentos contrários aos fatos e aos seus interesses. Ante o estado de sujeição permanente que o empregado se encontra durante o contrato de trabalho, algumas vezes submete-se às ordens do empregador, mesmo que contra sua vontade.(14)

Este princípio possui uma força exponencial no Direito do Trabalho, inclusive sendo aplicado pelo Tribunal Superior do Trabalho, que assevera que a prova testemunhal se sobrepõe a prova documental.

Como demonstrado em pesquisa, existe uma alta quantidade de ações que buscam o reconhecimento de vínculo empregatício na Justiça do Trabalho. O Conselho Nacional

(13) TAVARES, Marcelo Leonardo. *Direito Previdenciário*. 6. ed. Rio de Janeiro: Lúmen Juris, 2005. p. 335.

(14) BOMFIM, Vólia. *Direito do Trabalho*. 13. ed. Rio de Janeiro: Forense; São Paulo: Método, 2017. p. 187.

de Justiça publicou o relatório justiça em números 2024, demonstrando que a Justiça do Trabalho é a que mais faz conciliações, sendo um total de 36,5% das ações apenas na fase de conhecimento.(15)

Assim, após terem seus direitos trabalhistas reconhecidos, inclusive com vínculos anotados em sua Carteira de trabalho, geralmente, esses trabalhadores irão buscar seus efeitos desejados na seara previdenciária.

No entanto, essa expectativa muitas vezes se choca com a realidade imposta pelo art. 55, § 3º, da Lei n. 8.213/1991. Esse dispositivo legal, em muitos casos, impede o reconhecimento do tempo de serviço, mesmo aqueles reconhecidos em juízo para fins previdenciários, gerando frustração e insegurança jurídica para os trabalhadores que lutaram por seus direitos.

3.2. Sentenças homologatórias de acordo na justiça do trabalho: Limites e possibilidades para o reconhecimento de tempo de serviço na Previdência Social

A prova exclusivamente testemunhal não é suficiente para reconhecer vínculo no Direito Previdenciário, além da vedação imposta na legislação, a própria jurisprudência do Superior Tribunal de Justiça, também firmou entendimento neste sentido através da Súmula n. 149(16), sendo necessário, portanto, a apresentação de ao menos uma prova material contemporânea aos fatos que se pretende comprovar.

Muito se discute na seara previdenciária se a sentença trabalhista que reconhece vínculo empregatício pode ser utilizada como prova para reconhecimento de direito ao benefício previdenciário. A posição do Superior Tribunal de justiça sempre foi no sentido de admitir a sentença trabalhista como início de prova material, desde corroborada pelo conjunto probatório carreado aos autos, não apenas em testemunhas.(17)

---

(15) CONSELHO NACIONAL DE JUSTIÇA. *Justiça em Números 2024*. Brasília, 2024. Disponível em: https://www.cnj.jus.br/wp-content/uploads/2024/05/justica-em-numeros-2024.pdf. Acesso em: 31 maio 2024.

(16) *Súmula n. 149 do STJ:* "A prova exclusivamente testemunhal não basta à comprovação da atividade rurícola, para efeito da obtenção de benefício previdenciário".

(17) *Ementa AgRg no Ag 1.405.520/SP:* "PREVIDENCIÁRIO. PROCESSUAL CIVIL. INOVAÇÃO RECURSAL. SENTENÇA TRABALHISTA MERAMENTE HOMOLOGATÓRIA DE ACORDO. IMPRESTABILIDADE DE UTILIZAÇÃO COMO INÍCIO DE PROVA MATERIAL. JURISPRUDÊNCIA CONSOLIDADA DO STJ. 1. A jurisprudência desta Corte está firmada no sentido de que a sentença trabalhista pode ser considerada como início de prova material, desde que prolatada com base em elementos probatórios capazes de demonstrar o exercício da atividade laborativa, durante o período que se pretende ter reconhecido na ação previdenciária. 2. Na espécie, ao que se tem dos autos, a sentença trabalhista está fundada apenas nos depoimentos das partes, motivo pelo qual não se revela possível a sua consideração como início de prova material para fins de reconhecimento da qualidade de segurado do instituidor do benefício e, por conseguinte, como direito da parte autora à pensão por morte. 3. Agravo interno a que se nega provimento" (BRASIL, 2019).

Por outro lado, a Justiça do Trabalho é amplamente conhecida pela facilidade de acordo entre as partes para pôr fim ao litígio, inclusive acordos estes incentivados por instituições como o próprio Conselho Superior da Justiça do Trabalho com campanhas para este fim. [18]

Ocorre que as sentenças trabalhistas homologatórias de acordo, embora reconheçam vínculo empregatício havido entre as partes, com anotação em CTPS, muitas não mencionam com base em quais provas chegou-se naquela conclusão, apenas reconhecendo a transação entre as partes, e é neste ponto que existe uma dificuldade no reconhecimento dessa decisão no âmbito previdenciário.

A Turma Nacional de Uniformização havia firmado consoante Súmula n. 31, no sentido de que "*A anotação na CTPS decorrente de sentença trabalhista homologatória constitui início de prova material para fins previdenciários*"[19], todavia, tendo sido revogada, após o julgamento do pedido de uniformização de interpretação de Lei n. 293 – DF, quando o Superior Tribunal de Justiça reforçou o seu entendimento de que a sentença trabalhista homologatória de acordo somente produzirá efeitos na esfera previdenciária se fundada em elementos probatórios contemporâneos dos fatos alegados, e que possam evidenciar o exercício da atividade laboral.

O voto da Ministra Assusete Magalhães, no Pedido de Uniformização de Interpretação de Lei (PUIL) acima mencionado, é no sentido de reforçar a necessidade de apresentação de prova material contemporânea: "*em regra, a sentença trabalhista homologatória de acordo não é, por si só, contemporânea dos fatos que provariam o tempo de serviço, referindo-se ela a fatos pretéritos*".

Um dos grandes pontos que precisa ser levado em consideração pela justiça previdenciária é a realidade vivida pelos trabalhadores no Brasil, que muitas vezes não possui acesso a nenhuma prova matéria, pois necessita daquele trabalho informal e muitas vezes precarizados para sobreviver.

Como última esperança dos trabalhadores que apenas tiveram seus vínculos reconhecidos na Justiça do Trabalho através de acordo o Superior Tribunal de Justiça afetou o Tema 1188 que julgará: "*definir se a sentença trabalhista homologatória de acordo, assim como a anotação na CTPS e demais documentos dela decorrentes, constitui início de prova material para fins de reconhecimento de tempo de serviço*", porém, sabendo que a decisão da corte pode continuar mantendo sua posição como no PUIL 293-DF.

---

(18) ST. *É conciliando que a gente se entende:* Semana da Conciliação Trabalhista 2024 será em maio. 28 fev. 2024. Disponível em: https://www.tst.jus.br/not%C3%ADcias/semana-da-conciliacao-trabalhista-2024-sera-em-maio. Acesso em: 1º jun. 2024

(19) TURMA NACIONAL DE UNIFORMIZAÇÃO (TNU). *Súmula n. 31.* A anotação na CTPS decorrente de sentença trabalhista homologatória constitui início de prova material para fins previdenciários *(Revogada em 22 de novembro de 2023).*

Adoção de medidas urgentes são necessárias para equilibrar a segurança jurídica com a realidade da informalidade laboral, além de proteger a expectativa dos cidadãos em relação ao Estado, neste sentido, o ordenamento jurídico como um todo deveria criar mecanismos de proteção ao trabalhador, de forma a facilitar a obtenção de prova material, uma atuação de forma mais proativa do INSS na fiscalização das relações de trabalho e orientação a fim de ao menos garantir o recolhimento das contribuições sociais.

Poderia haver um provimento que determinasse a constatação em ata de audiência que aquele trabalhador ou trabalhadora que está aceitando um acordo com reconhecimento de vínculo, mesmo com anotação em sua CTPS, não haverá efeitos para fins previdenciários, a menos que conste algum documento.

Assim, este trabalhador seria cientificado dos riscos daquele acordo para fins previdenciário ou até mesmo, seria uma forma de fazer com que empresas apresentassem documentações juntamente com o acordo, para que porventura pudesse ajudar com o reconhecimento daquele período junto a Previdência Social.

Como já citado em tópico anterior, o atual Ministro do Tribunal Superior do Trabalho, Sergio Pinto Martins, ainda em 2009 deixou sua opinião quanto a resistência do reconhecimento do período conhecido na Justiça do Trabalho perante a Previdência Social, mais precisamente à Justiça Federal, e, apesar do lapso temporal transcorrido, suas palavras continuam atuais, sendo de suma importância para o atual contexto relembrá-las:

> Ressalte-se, ainda, que a Justiça Federal só considera o tempo reconhecido na Justiça do Trabalho como início de prova material. Parece absurdo isso, pois a Justiça do Trabalho pertence ao Poder Judiciário desde a Constituição de 1946. A Justiça do Trabalho não é mais administrativa e não pertence ao Poder Executivo, ao Ministério do Trabalho, Indústria e Comércio. Terá o trabalhador testemunha para provar depois de 30 ou 35 anos que aquele período que trabalhou sem registro, que foi reconhecido pela Justiça do Trabalho e anotado na sua CTPS, é válido e deve ser considerado para sua aposentadoria? Não será esse tempo contado? Isso tudo parece absurdo e injusto. O INSS é que deve provar que houve fraude perante a Justiça do Trabalho e não o trabalhador, que vai a juízo reconhecer seu tempo de serviço e ainda é prejudicado quando da concessão do benefício.[20]

Por fim, o STJ, ao julgar o Tema 1.188, poderia adotar uma postura mais sensível à realidade social e às dificuldades enfrentadas pelos trabalhadores informais, buscando soluções que garantam a proteção dos seus direitos previdenciários.

---

(20) MARTINS, Sergio Pinto. Execução da contribuição previdenciária — Fato gerador e consequência nos benefícios. Aspectos teóricos e práticos. *Revista do Tribunal Regional do Trabalho da 15ª Região*, Campinas, n. 35, 2009, p. 31.

4. Conclusão

Em suma, a comprovação do vínculo empregatício, especialmente em face das transformações sociais e tecnológicas, exige uma análise crítica e contextualizada. A necessidade de prova material, consolidada na jurisprudência, não pode se tornar um obstáculo intransponível para o reconhecimento de relações laborais legítimas, especialmente quando amparadas por acordos trabalhistas formalizados.

As mudanças na sociedade e nas relações de trabalho demanda uma justiça atenta e capaz de interpretar as novas dinâmicas, sem se prender a formalismos excessivos. O Direito Previdenciário deve identificar e incluir segurados que porventura estejam desprotegidos diante dos riscos sociais, em obediência ao princípio constitucional da Universalidade da Cobertura e do Atendimento (art. 194, parágrafo único, I).

A prova material, embora fundamental, deve ser analisada em conjunto com outros elementos, como os acordos firmados entre as partes, a fim de garantir a efetiva proteção dos direitos dos trabalhadores e a justiça social.

Portanto, a busca por um equilíbrio entre a segurança jurídica e a realidade social é essencial para que o Direito do Trabalho continue a cumprir seu papel de promover a justiça e a equidade nas relações laborais. O ordenamento jurídico deve acompanhar a evolução da sociedade, adaptando-se às novas formas de trabalho e garantindo que os direitos dos trabalhadores sejam protegidos, independentemente da forma como o vínculo empregatício se manifesta.

Referências

BALERA, Wagner. *Noções preliminares de direito previdenciário*. 2. ed. São Paulo: Quartier Latin, 2010.

BOMFIM, Vólia. *Direito do Trabalho*. 13. ed. Rio de Janeiro: Forense; São Paulo: Método, 2017.

BRASIL. Superior Tribunal de Justiça (STJ). *AgInt no Agravo em Recurso Especial n. 1.405.520 – SP.* Relator: Ministro Sérgio Kukina. Brasília, DF, 2019. Disponível em: https://processo.stj.jus.br/processo/revista/documento/mediado/?componente=ITA&sequencial=1886318&num_registro=201803128461&data=20191112&peticao_numero=201900347630&formato=PDF. Acesso em: 4 maio 2024.

CONSELHO NACIONAL DE JUSTIÇA (CNJ). *Justiça em Números 2024*. Brasília, DF, 2024. Disponível em: https://www.cnj.jus.br/wp-content/uploads/2024/05/justica-em-numeros-2024.pdf. Acesso em: 31 maio 2024.

DELGADO, Mauricio José Godinho. *Curso de direito do trabalho*. 20. ed. São Paulo: JusPodivm, 2023.

HORVATH JÚNIOR, Miguel. *Direito Previdenciário*. 13. ed. São Paulo: Rideel, 2022.

______. *A Policrise e os Sistemas de Proteção Social:* Desafios da Preservação dos Sistemas Protetivos no Século XXI. Belo Horizonte: IEPREV, 2024.

IBGE. PNAD Contínua trimestral: em 2023, taxa anual de desocupação cai em 26 UFs. *Agência de Notícias IBGE*, 28 fev. 2024. Disponível em: https://agenciadenoticias.ibge.gov.br/agencia-sala-de-imprensa/2013-agencia-de-noticias/releases/39206-pnad-continua-trimestral-em-2023-taxa-anual-de-desocupacao-cai-em-26. Acesso em: 1º jun. 2024.

MARTINS, Sergio Pinto. *Direito da Seguridade Social.* 42. ed. São Paulo: SaraivaJur, 2024.

ROCHA, Daniel Machado; BALTAZAR JUNIOR, José Paulo. *Comentários à Lei de Benefícios da Previdência Social.* 6. ed. Porto Alegre: Livraria do Advogado, 2006.

SAVARIS, José Antonio. *Direito Processual Previdenciário.* 10. ed. Curitiba: Alteridade, 2022.

SOUZA, Victor. *Proteção e promoção da confiança no Direito previdenciário.* Curitiba: Alteridade Editora, 2018.

TAVARES, Marcelo Leonardo. *Direito Previdenciário.* 6. ed. Rio de Janeiro: Lúmen Juris, 2005.

Artigos em periódicos:

MARTINS, Sergio Pinto. Execução da contribuição previdenciária — Fato gerador e consequência nos benefícios. Aspectos teóricos e práticos. *Revista do Tribunal Regional do Trabalho da 15ª Região*, Campinas, n. 35, 2009.

TURMA NACIONAL DE UNIFORMIZAÇÃO (TNU). *Súmula n. 31.* A anotação na CTPS decorrente de sentença trabalhista homologatória constitui início de prova material para fins previdenciários *(Revogada em 22 de novembro de 2023).*

Jornada de Trabalho é Norma de Saúde e Segurança do Empregado: A Polêmica do Parágrafo Único do Art. 611-B da CLT

Dorival da Silva Santos[1]

1. Um breve histórico acerca da jornada de trabalho

A limitação da duração do trabalho é considerada uma das principais conquistas dos trabalhadores na história mundial e do Brasil. A partir da Revolução Industrial, o trabalho ganhou outra configuração com a introdução das máquinas na produção, com a célebre campanha dos ingleses por "8 horas de trabalho, 8 horas de descanso e 8 horas de lazer".

A exploração do trabalho humano caracterizada na primeira metade do século XIX, infundiu aos trabalhadores a necessidade de criarem uniões e sindicatos para defesa dos interesses. A partir desse momento, as *trade-unions,* inspiradas na Inglaterra por Robert Owen, iniciaram movimento operário com a finalidade de fixação do dia de trabalho em 8 horas.

Em 1847, o Parlamento inglês, aprovou a primeira lei impondo um limite imperativo à vontade do patrão e do operário, ao fixar em 10 horas o máximo da jornada de trabalho. Na França, em 1848, seguiu o mesmo exemplo em Paris e, em 11 horas nas demais províncias.

Em 1891, o Papa Leão XIII, publicou a Encíclica *"Rerum Novarum"*[2], exercendo grande influência, para os trabalhadores, aos governantes e aos legisladores, propiciando medidas de proteção ao trabalho humano. Vejamos um trecho dessa Encíclica:

---

(1) Mestrando e Especialista em Direito do Trabalho pela Pontifícia Universidade Católica de São Paulo-PUC/SP. Advogado Militante desde 2014.

(2) Disponível em: https://www.vatican.va/content/leo-xiii/pt/encyclicals/documents/hf_l-xiii_enc_15051891_rerum-novarum.html. Acesso em: jun. 2024.

> "Não é justo nem humano exigir do homem tanto trabalho a ponto de fazer pelo excesso da fadiga embrutecer o espírito e enfraquecer o corpo. A atividade do homem é limitada como a sua natureza. O exercício e o uso a aperfeiçoam, mas é preciso que, de quando em quando, se suspenda para dar lugar ao repouso. Por conseguinte, não deve o trabalho prolongar-se por mais tempo do que as forças permitem. Determinar a quantidade do repouso depende da qualidade do trabalho, das circunstâncias do tempo e do lugar, da compleição e saúde dos operários. O trabalho, por exemplo, de extrair pedra, ferro, chumbo e outros materiais escondidos debaixo da terra, sendo mais pesado e nocivo à saúde, deve ser compensado com uma duração mais curta."

A Primeira Revolução Industrial foi iniciada na segunda metade do século XVIII, na Inglaterra e causou profundas transformações para a humanidade, por meio do surgimento da indústria e do capitalismo.

Invenções como ferrovias e máquinas a vapor transformaram o mundo, indústrias passaram a emergir, produções ficaram muito mais eficientes e pela primeira vez na história os países que dominavam o mundo passaram a ser aqueles que tinham as melhores e mais modernas fábricas.

Caracterizando-se por uma exploração dos trabalhadores, com jornadas longas de trabalho com o pagamento de baixos salários utilizando homens, mulheres e até crianças, que chegavam a trabalhar 10, 12 14 horas diárias. Esses trabalhadores passaram a produzir e ser explorados de uma forma desumana, para aumentar os lucros dos donos dos meios de produção.

No Brasil, o processo de industrialização começou a se instalar a partir do final do século XIV e início século XX e para conter as longas jornadas de trabalho que as crianças eram submentidas, o Governo editou um decreto que limitava a jornada de trabalho, o Decreto n. 313, de 17.01.1891[(3)]:

> "Estabelece providencias para regularisar o trabalho dos menores empregados nas fabricas da Capital Federal.
>
> O Generalissimo Manoel Deodoro da Fonseca, Chefe do Governo Provisorio da Republica dos Estados Unidos do Brazil, attendendo à conveniencia e necessidade de regularisar o trabalho e as condições dos menores empregados em avultado numero de fabricas existentes na Capital Federal, afim de impedir que, com prejuizo proprio e da prosperidade futura da patria, sejam sacrificadas milhares de crianças, Decreta:
>
> (...)

(3) Disponível em: https://www2.camara.leg.br/legin/fed/decret/1824-1899/decreto-1313-17-janeiro-1891-498588-publicacaooriginal-1-pe.html. Acesso em: jun. 2024.

> Art. 2º Não serão admittidas ao trabalho effectivo nas fabricas crianças de um e outro sexo menores de 12 annos, salvo, a titulo de aprendizado, nas fabricas de tecidos as que se acharem comprehendidas entre aquella idade e a de oito annos completos.
>
> (...)
>
> Art. 4º Os menores do sexo feminino de 12 a 15 annos e os do sexo masculino de 12 a 14 só poderão trabalhar no maximo sete horas por dia, não consecutivas, de modo que nunca exceda de quatro horas o trabalho continuo, e os do sexo masculino de 14 a 15 annos até nove horas, nas mesmas condições.
>
> Dos admittidos ao aprendizado nas fabricas de tecidos só poderão occupar-se durante tres horas os de 8 a 10 annos de idade, e durante quatro horas os de 10 a 12 annos, devendo para ambas as classes ser o tempo de trabalho interrompido por meia hora no primeiro caso e por uma hora no segundo.
>
> Art. 5º É prohibido qualquer trabalho, comprehendido o da limpeza das officinas, aos domingos e dias de festa nacional, bem assim das 6 horas da tarde ás 6 da manhã, em qualquer dia, aos menores de ambos os sexos até 15 annos.
>
> (...)

O que vigorava nesta época, eram os regulamentos de cada fábrica, e alguns trabalhadores chegavam a trabalhar entre 14 e 18 horas por dia, no entanto, a matéria levou algum tempo até ser regulamentada na Constituição de 1934, que passou a prever que a duração do trabalho seria de oito horas diárias, entre outros direitos:

> "Art. 121 – A lei promoverá o amparo da produção e estabelecerá as condições do trabalho, na cidade e nos campos, tendo em vista a proteção social do trabalhador e os interesses econômicos do País.
>
> § 1º A legislação do trabalho observará os seguintes preceitos, além de outros que colimem melhorar as condições do trabalhador:
>
> *a)* proibição de diferença de salário para um mesmo trabalho, por motivo de idade, sexo, nacionalidade ou estado civil;
>
> *b)* salário mínimo, capaz de satisfazer, conforme as condições de cada região, às necessidades normais do trabalhador;
>
> ***c)* trabalho diário não excedente de oito horas, reduzíveis, mas só prorrogáveis nos casos previstos em lei;**
>
> **d) proibição de trabalho a menores de 14 anos; de trabalho noturno a menores de 16 e em indústrias insalubres, a menores de 18 anos e a mulheres;"** (Grifamos).

No século XX, sobretudo, na primeira Conferência Internacional do Trabalho, realizada em 1919, a OIT adotou seis convenções. A primeira delas respondia a uma das principais reivindicações do movimento sindical e operário do final do século XIX e começo do século XX: a limitação da jornada de trabalho a 8 horas diárias e 48 horas semanais. As outras convenções adotadas nessa ocasião referem-se à proteção à maternidade, à luta contra o desemprego, à definição da idade mínima de 14 anos para o trabalho na indústria e à proibição do trabalho noturno de mulheres e menores de 18 anos.

Com o advento da Constituição de 1937, foi fixada a jornada de 5 horas para os jornalistas profissionais Decreto-lei n. 910, de 30.11.1938 e Decreto-lei n. 2.028, de 22.02.1940, estatuiu que o professor não poderia dar mais de 6 aulas por dia no mesmo estabelecimento., em 13 de junho de 1940, foi publicado o Decreto-Lei n. 2.308, que unificou num só diploma geral os regimes de duração de trabalho, excluindo, contudo, as categorias profissionais com normas mais benéficas.

As Constituições de 1946, art. 157, V, de 1967, art. 158, VI, e a Emenda Constitucional n. 1/69, art. 165, VI, trataram do mesmo assunto.

Por fim, a Constituição Federal Brasileira prevê em seu art. 7º os direitos dos trabalhadores urbanos e rurais, e dentre eles consta no incisoXIII a duração do trabalho normal não superior a oito horas diárias e quarenta e quatro semanais, vejamos:

> "Art. 7º São direitos dos trabalhadores urbanos e rurais, além de outros que visem à melhoria de sua condição social:
>
> (...)
>
> XIII – duração do trabalho normal não superior a oito horas diárias e quarenta e quatro semanais, facultada a compensação de horários e a redução da jornada, mediante acordo ou convenção coletiva de trabalho;
>
> XIV – jornada de seis horas para o trabalho realizado em turnos ininterruptos de revezamento, salvo negociação coletiva."

Assim, referido limite diário esemanal da jornada de trabalho se revela um direito fundamental do trabalhador, pois está previsto no "Capítulo II – Dos DireitosSociais" que, por seu turno, está inserido no "Título II – Dos Direitos e Garantias Fundamentais" da Constituição Federal. E caso otrabalhador labore acima dos limites constitucionais deve ser considerado como serviço extraordinário e remunerado com adicional deno mínimo cinquenta por cento sobre a hora normal de trabalho, salvo norma mais benefica (convenção coletiva por exemplo) conforme preceitua o inciso XVI do mesmo art. 7º constitucional.Portanto, o limite constitucional da jornada de trabalho não é um direito fundamental somente do empregado vinculado pelo regimeda CLT (Consolidação das Leis do Trabalho), mas também de outros tipos de trabalhadores, entre eles os empregados domésticos e osservidores públicos.

Nesse momento, estamos passando pelas 4ª quarta e 5ª Revoluções Industriais, caracterizando-se pela redefinição da sociedade ao integrar com avançadas tecnologias, como inteligência artificial para automação avançada, realidade aumentada e virtual para transformar experiências humanas, e manufatura aditiva para produtos personalizados, ou seja, é diferente de tudo que a humanidade já experimentou antes e certamente vai mudar desde como a economia mundial, indústria e instituições funcionam até o nosso dia a dia.(4)

Para Ricardo Antunes(5), na era em que estamos vivendo, não haverá uma completa eleiminação do trabalho pelo maquinário informacional-digital, o que se vive de hoje em diante, a expansão do novo *proletariado digital*, ou proletariado de sevriços, denominado de *escravidão digital* em pleno século XXI.

As revoluções tecnológicas, trazem com elas as Teorias Disruptivas, evidentemente provocando alterações nas relações de trabalho, modificando o cenário relativo à disponibilização de vagas de trabalho clássico, estirpando atividades, porém criando outras que até então não existiam. Aliado à globalização e beneficiada do aporte tecnológico da microeletrônica e da informática, dos sistemas de comunicação e de internet, considerados como mecanismos impulsionadores das tecnologias disruptivas responsáveis pela destruição do emprego na forma institucionalizada, prodizendo efetios incluisve na jornada de trabalho.

No ordenamento jurídico brasileiro, foi a instituída aprovada pelo Congresso Nacional por meio da Lei n. 13.467/2017, formulada num contexto de instabilidade no cenário econômico, político e social em que o país ainda atravessa, visto que, mesmo depois dela, ocorreram outras tidas como "minirreformas trabalhistas" — como, por exemplo, a Lei n. 13.874/2019, conhecida como Lei da Liberdade Econômica, alterando significativamente o art. 74 da CLT, dentre outras.

Tinha como propósito trazer liberdade nas relações de trabalho visando à modernização das relações trabalhistas, trazendo em seu eixo diversas alterações significativas que modificaram o ordenamento jurídico laboral brasileiro, que, dentre muitas mudanças significativas na norma laboral, foi introduzido o parágrafo único do art. 611-B da CLT, que desagregou a jornada de trabalho ao campo da saúde e segurança do trabalhador.

2. Distinções entre de duração, jornado e horário de trabalho

Importante destacar que, existe distinção entre as três expressões, que ao mesmo tempo são correlatas sob à análise do fenômeno do tempo, ou seja, tempo de disponibilidade contratual.

2.1. Duração do trabalho

Duração do trabalho é o instituto mais amplo, abrange o lapso temporal de labor ou disponibilidade do empregado, ou seja, duração diária, semanal e mensal.

---

(4) SCHWAB, Klaus. *A Quarta Revolução Industrial*. São Paulo: Edipro, 2016. p. 11.

(5) ANTUNES, Ricardo. *O Privilégio da Servidão:* O Novo Proletariado de serviços na era digital. 2. ed., rev. e ampl. São Paulo: Boitempo, 2020. p. 32.

2.2. Jornada de trabalho

A jornada de trabalho tem um sentido mais restrito, compreende o tempo diário em que o empregado dispõe sua força de trabalho ao empregador.

2.3. Horário de trabalho

A expressão horário de trabalho, que dizer necessariamente o lapso temporal entre o início e o fim de certa jornada de trabalho, ou seja, marcos de início e fim de um dia de trabalho.

3. Os limites legais

No Brasil, a jornada de trabalho é regulamentada pela Constituição Federal e pelo art. 58 e seguintes da CLT (Consolidação das Leis do Trabalho), que estabelece que o limite de 8 horas diárias ou 44 horas semanais de trabalho.A Constituição da República, em seu art. 7º, inciso XIII, inclui, entre os direitos dos trabalhadores, a "duração do trabalho normal não superior a oito horas diárias e quarenta e quatro semanais, facultada a compensação de horários e a redução da jornada, mediante acordo ou convenção coletiva de trabalho".

Já o inciso XIV prevê a "jornada de seis horas para o trabalho realizado em turnos ininterruptos de revezamento, salvo negociação coletiva". Na Consolidação das Leis do Trabalho (CLT), o tema é tratado na Seção II, arts. 58 a 65.

Algumas categorias cumprem jornada diferenciada por terem regulamentação própria. É o caso de bancários (seis horas diárias ou 30 horas semanais), jornalistas (cinco horas diárias ou 30 horas semanais), médicos (quatro horas diárias), aeronautas (devido às peculiaridades da atividade, a jornada pode chegar a 20 horas), técnicos em radiologia médica (24 horas semanais) e advogados (quatro horas diárias ou 20 horas semanais), entre outros.

O art. 59, da CLT (até 10h):

> "Art. 59 – A duração normal do trabalho poderá ser acrescida de horas suplementares, em número não excedente de 2 (duas), mediante acordo escrito entre empregador e empregado, ou mediante contrato coletivo de trabalho."

O art. 61, da CLT (até 12h): (12h, mas somente no caso de força maior)

> "Art. 61 – Ocorrendo necessidade imperiosa, poderá a duração do trabalho exceder do limite legal ou convencionado, seja para fazer face a motivo de força maior, seja para atender à realização ou conclusão de serviços inadiáveis ou cuja inexecução possa acarretar prejuízo manifesto. "
>
> (...)

> § 2º (...) o trabalho não poderá exceder de 12 (doze)horas, desde que a lei não fixe expressamente outro limite (...).

A limitação da jornada de trabalho é imprescindível para que o trabalhador possa gozar seus direitos fundamentais. O trabalho não pode impedir ao trabalhador o seu desenvolvimento de sua personalidade e o gozo dos direitos fundamentais constitucionais, dessa forma, o constituinte balizou oito horas de trabalho, oito horas para o descanso e oito horas para a educação ou ócio.

4. A jornada de trabalho e a Reforma Trabalhista

Com as evoluções das relações na sociedade, é natural que o direito se modernize adequando esses fatos em todos os continentes e no Direito do Trabalho, não poderia ser diferente.

A duração do trabalho tem implicações relevantes nestas mudanças, pois, não se deve perder de vista, que o trabalhador, antes de mais nada, é uma pessoa e as vicissitudes da empresa são riscos da empresa.

A chamada (flexibilização do Direito do Trabalho), diga-se: Reforma Trabalhista, aprovada pela Lei n. 13.647 de 2017, modificou diversos aspectos das relações empregatícias. Um dos pontos alterados foi a jornada de trabalho.

Com a intenção de se adequar às mudanças nas prestações de serviços e até mesmo tentar regularizar situações que já aconteciam nas rotinas das empresas, a lei trouxe algumas regras com um "pano de fundo" de trazer mais segurança jurídica para os empregadores e empregados, sobretudo, combater o desemprego.

Citamos como exemplo, trecho de decisão, em que um reclamante foi contratado para exercer as funções de técnico em radiologia médica, profissional pertencente a categoria especial com jornada 24 semanais; sempre cumpriu sua jornada de trabalho em um plantão único de 24 horas, requereu a rescisão indireta do seu contrato de trabalho, alegando que sempre cumpriu sua jornada de trabalho em um único plantão de 24 horas semanais, em desacordo com os arts. 7º, da CF, 58 e 59, da CLT, Súmulas 85/444, do Colendo Tribunal Superior do Trabalho, conforme trecho de sua inicial[(6)]:

> "Conclui-se, portanto, que o recte **trabalhava 24 (vinte e quatro) horas diárias**, das quais **16 (dezesseis) extraordinárias**, sem, contudo, receber qualquer contra partida, razão pela qual credor delas, **a partir da 4ª, da 8ª, da 10ª e/ou na pior das hipóteses, da 12º diária** (**arts. 7, XVIII, da CF,** 58/59, da CLT, **Súmulas 85/444, do TST e Cláusula 14, da CCT**), referente todo o período de seu contrato, **acrescidas de 90%**, conforme a anexa Convenção Coletiva de Trabalho (**Cláusula 22**), utilizando-se para tanto o **divisor de 120 (cento e vinte) horas mensais**."

(6) Processo: 1002644-46.2015.5.02.0468.

O Juízo de primeiro grau julgou procedente o seu pedido, nesses termos:

> "Ademais, a jornada de trabalho do reclamante não foi estabelecida em acordo individual de trabalho, nos moldes do que preceitua o art. 7º, inciso XIII, da Constituição Federal, e do art. 59, da Consolidação das Leis do Trabalho, estando em conformidade com o entendimento da Súmula n. 85 do C. Tribunal Superior do Trabalho, nem mesmo autorizada através de Acordo Coletivo de Trabalho ou Convenção Coletiva de Trabalho.
>
> A Convenção Coletiva de Trabalho trazida aos autos pelas partes estabelecem apenas a jornada de trabalho em escala 12x36 como jornada especial.
>
> **O simples fato de haver autorização legal para uma jornada semanal de 24 horas, não quer dizer que o limite estabelecido pela Constituição Federal não deve ser respeitado, mesmo porque esta estabelece que a compensação e redução da jornada se dará mediante Acordo Coletivo de Trabalho ou Convenção Coletiva de Trabalho.**
>
> Assim sendo, resta claro ao juízo que a reclamante laborava acima da jornada de trabalho constitucional de 8 horas diárias.
>
> **A natureza da atividade impõe a observância da jornada constitucional quanto ao limite diário, dada a natureza peculiar e especial da atividade desempenhada pelo reclamante.**
>
> Diante do exposto, frente a inexistência de cabal comprovação da tese defensiva, prevalece a presunção de injusta ruptura do pacto laboral.
>
> Por conseguinte, impõe-se a condenação da reclamada ao pagamento dos seguintes títulos: aviso prévio, saldo de salário, férias vencidas e proporcionais + 1/3 constitucional; 13º salário proporcional; bem como, o pagamento da multa prevista no art. 477 da Consolidação das Leis do Trabalho, em razão do pagamento com atraso das verbas rescisórias. Fica desde já autorizada a dedução dos valores comprovadamente pagos a título de verbas rescisórias, para se evitar o enriquecimento sem causa.
>
> (...)
>
> A Lei n. 7.394/1985 estabelece em seu art. 14 que "a jornada de trabalho dos profissionais abrangidos por esta Lei será de 24 (vinte e quatro) horas semanais", neste mesmo diapasão o Decreto n. 92.790/86.
>
> Conforme já fundamentado no item anterior, claro restou o labor do reclamante em sobrejornada, **já que o limite constitucional deve ser respeitado**, em razão da reclamada não comprovar nos autos que havia Acordo ou Convenção Coletiva de Trabalho que autorizasse a jornada de trabalho implantada para o reclamante." (Grifamos.)

No Direito do Trabalho, a jornada de trabalho é o tema de maior impacto para as partes, pois de um lado temos um empregador que visa auferir lucro (mesmo diante de sua função social), de outro lado temos o trabalhador que vende sua mão de obra (tempo de vida).

Art. 59-A, que passa a permitir a jornada ordinária de 12hx36h até mesmo por acordo individual:

> "Art. 59-A. Em exceção ao disposto no art. 59 desta Consolidação, é facultado às partes, mediante acordo individual escrito, convenção coletiva ou acordo coletivo de trabalho, estabelecer horário de trabalho de doze horas seguidas por trinta e seis horas ininterruptas de descanso, observados ou indenizados os intervalos para repouso e alimentação."

Antes da reforma isso só era possível em casos específicos previstos em lei ou mediante acordo ou convenção coletiva de trabalho.

Jornada de trabalho parcial, o art. 58-A da CLT traz a seguinte previsão: "Considera-se trabalho em regime de tempo parcial aquele cuja duração não exceda a trinta horas semanais, sem a possibilidade de horas suplementares semanais, ou, ainda, aquele cuja duração não exceda a vinte e seis horas semanais, com a possibilidade de acréscimo de até seis horas suplementares semanais."

A reforma trabalhista também alterou a jornada de trabalho parcial, em que o empregado é contratado por um tempo reduzido e recebe o salário e demais verbas de forma proporcional aos valores pagos aos trabalhadores integrais ou ao salário mínimo.

Antes da reforma, essa jornada era limitada a 25 horas semanais e não poderia haver trabalho extraordinário. Agora o empregador tem duas opções:

— Contratar jornada de até 30 horas semanais, sem a possibilidade de horas extras;

— Contratar jornada de até 26 horas semanais, sendo permitido até 6 horas extras semanais.

E reforma trabalhista cria algumas dificuldade interpretativa, pois, ao prestigiar o "negociado sobre o legislado", estabelece em seu art. 611-A que:

> "Art. 611-A. A convenção coletiva e o acordo coletivo de trabalho têm prevalência sobre a lei quando, entre outros, dispuserem sobre: I – pacto quanto à jornada de trabalho, <u>observados os limites constitucionais</u>;(...)" (Grifamos).

O novel art. 611-A da CLT, composto por 15 incisos, nos quais abordam campos variados, ou seja, um rol exetensivo de assuntos que, o legislador reformista entendeu ser objeto de normatização por meio de negociação coletiva de trabalho, com prevalencia sobre a lei.

A grande polêmica no dispositivo atual, se dá no sentido de que com a prevalência do negociado sobre o legislado, há uma extensão extrema e desproporcional de poderes, já que estamos diante do direito fundamental, qual seja, ao trabalho digno.

A Lei n. 13.467 de 2017, em seu art. 611-B trouxe algumas limitações à negociação coleiva do trabalho, os quais, trinta no total, sendo que alguns estão citados nos diversos incisos do art. 7º da Constituição da República, tratando desses direitos como Dirietos de Indisponibilidade Absoluta. Ou seja, são normas de intersse público, por cosntituirem um patamar civilizatória mínimo, isto é, norma congente, de ordem púlblica, sua evetual redução afrontaria a própria dignidade da pessoa humana(7).

Vale lembrar os ensinamentos de MARIO GARMENDIA ARIGÓN(8), que define Ordem Pública como:

> "conjunto de valores da vida que, pela especial transcendência que assumem em determinado estágio da evolução social passam a integrar a consciência jurídica coletiva e se constituem em objetivos da tutela privilegiada por parte do Direito."

Desta forma, há uma certa subverção em toda a evolução do instituto da jornada de trabalho ao dispor, no parágrafo único do art. 611-B (que trata dos limites ao "negociado sobre o legislado") que: "Regras sobre duração do trabalho e intervalos não são consideradas como normas de saúde, higiene e segurançado trabalho para os fins do disposto neste artigo".

A referida previão, que tange a jornada do trabalho e intervalos, tem relação visceralmente direta com a saúde do trabalhador. Referem-se não só à prevenção de acidentes, mas também em todas as singularidades das condições de trabalho.

Hodiernamente, é natural, nos depararmos com notícias descrevendo casos de graves acidentes do trabalho, de lesões e incapacidades decorrentes do excesso de jornada e até mesmo casos de falecimento do trabalhador, conhecido como o fenômeno de "karoshi"(9). Entretanto, o legislador reformista, ignorou que o fundamento histórico e básico da limitação à jornada de trabalho é biológico. A jornada de trabalho é limitada com base em fundamentos físicos, fisiológicos, mentais e emocionais. Além do fundamento econômico, uma vez que o trabalhador tem que dispor de tempo livre para poder usufruir de seu salário e participar da economia.

Podemos afirmar, que se trata de um Direito Fundamental, que é o direito à vida, vinculado à realização proporcionada pelo Estado buscando igualizar situações sociais desiguais, objetivando possibilitar melhores condições de vida aos mais fracos. Direito garantido pela Constituição Federal de 1988.

---

(7) DELGADO, Mauricio Godinho. *Curso de Direito do Trabalho*. 18. ed. São Paulo: LTr, 2019. p. 84.

(8) ARIGÓN, Mario Garmendia. *Ordem Pública e Direito do Trabalho*. São Paulo: LTr, 2004. p. 29.

(9) Disponível em: https://www.bbc.com/portuguese/internacional-40140914. Acesso em: jun. 2024.

Por ocasião, ao se falar em direito à vida, numa formulação de direito social, fala-se da vida em sua inteireza, dentro de um contexto de sociedade justa e solidária. Como nos ensina Paulo Bonavides(10):

> "Os direitos sociais fizeram nascer a consciência de que tão importante quanto salvaguardar o indivíduo, conforme ocorreria na concepção clássica dos direitos da liberdade, era proteger a instituição, uma realidade social muito mais rica e aberta à participação criativa e à valoração da personalidade que o quadro tradicional da solidão individualista, onde se formara o culto liberal do homem abstrato e insulado, sem a densidade dos valores existenciais, aqueles que unicamente o social proporciona em toda plenitude."

6. Conclusão

O lesgislador reformista, esquivocou-se, pois exitem profissões perigosas, insalubres, condições de risco psicológico, resultante de stress, muito comum nos tempos atuias (contemporaniedade técnológica), que são associadas a jornadas exaustivas, como no exemplo do caso do processo do te´cnico em radilologia médica (jornada de 24 horas), ou em casos de metas estabelecidas ao empregados, além do risco ao próprio trabalhador, existem riscos à propria coletividade, que podemos chamar de risco colateral, que acomete terceiros.

Se faz necessário a preocupação com a saúde e a segurança no ambiente de trabalho. Não se pode tratar um trabalhador com se fosse coisa, afastando-se da sua condição de pessoa humana, como se pudesse decartá-lo como se faz nos tempos atuais com as mercadorias do mundo técnologico (processo de obsolescência).

Produtos (coisas) se renovam, se trocam por outras mais sofisticadas, sob outro prisma, o trabalhador teme o desemprego, por esta razão subemete a sua liberdade em prol do Capital.

Inevitávelmente, entende-se que as normas de duração do trabalho e intervalos são normas de saúde, higiene e segurança do trabalho, a referma trabalhista, no seu parágrafo único do art. 611-B, contraira a razão da proteção principiológica e constitucional ao trabalhador, visto que altera a essência do Direito do Trabalho, desprotegendo-o.

5. Referências

ANTUNES, Ricardo. *O Privilégio da Servidão:* O Novo Proletariado de serviços na era digital. 2. ed. Revista e Ampliada. São Paulo: Boitempo, 2020.

ARIGÓN, Mario Garmendia. *Ordem Pública e Direito do Trabalho*. São Paulo: LTr, 2004.

(10) BONAVIDES, Paulo, *Curso de Direito Constitucional*. 26. ed. São Paulo: Malheiros, 2011. p. 583.

BONAVIDES, Paulo. *Curso de Direito Constitucional.* 28 ed. São Paulo: Malheiros, 2013.

CORDEIRO, Antônio Menezes. *Direito do Trabalho II* — Direito Individual. Coimbra: Almedina, 2019.

DELGADO, Mauricio Godinho. *Curso de Direito do Trabalho*. 18. ed. São Paulo: LTr, 2019.

DELGADO, Mauricio Godinho; DELGADO, Gabriela Neves. *A Reforma Trabalhista no Brasil* — Com os Comentários à Lei n. 13.467/2017. São Paulo: LTr, 2017.

HOBSBAWM, Eric J. *A Era das Revoluções — 1789-1848*. 38. ed. São Paulo: Paz e Terra, 2017.

SARLET, Ingo Wolfgang. *Dignidade da Pessoa Humana e direitos fundamentais na Constituição Federal de 1988*. 10. ed. Porto Alegre: Livraria do Advogado, 2015.

SCHWAB, Klaus. *A Quarta Revolução Industrial.* São Paulo: Edipro, 2016.

SILVA, Homero Batista Mateus da. *CLT comentada*. 2. ed. São Paulo: Thomson Reuters/Revista dos Tribunais, 2018.

SILVA, José Antônio Ribeiro de Oliveira. *A Flexibilidade da Jornada de Trabalho e a Evolução do Direito à Saúde do Trabalhador*. São Paulo: LTr, 2013.

STANDING, Guy. *O precariado:* a nova classe perigosa. Trad. Cristina Antunes. Belo Horizonte: Autêntica, 2013.

SÜSSEKIND, Arnaldo. *Curso de Direito do Trabalho*. Rio de Janeiro: Editora Renovar, 2002.

A Garantia de Emprego da Gestante e a Proibição do Trabalho Insalubre, Introduzida pela Reforma Trabalhista: Como Equalizar?

Gisele Beraldo de Paiva(1)

Resumo: Este artigo cientifico, através do estudo legal, de obras doutrinárias e de decisões judiciais, analisa a garantia de emprego como coronário do princípio da dignidade da pessoa humana, nos casos de empregada gestante, bem como a proibição legal do trabalho insalubre desta categoria, introduzido pela Lei n. 13.467/2017, chamada de "Reforma Trabalhista". Por fim, analisa o afastamento do trabalho nestas situações em que há vedação legal e de quem seria a responsabilidade do pagamento pelo período de afastamento. Numa análise reflexiva, analisa também a Lei n. 8.213/91 e o papel do Estado na proteção à gestante e à maternidade. Em suas conclusões, faz uma análise crítica quanto à situação e propõe uma solução para a celeuma criada.

Palavras-chave: Garantia de emprego — Reforma trabalhista — Empregada gestante — Trabalho insalubre — Proibição.

Abstract: This scientific article, through legal study, doctrinal works and judicial decisions, analyzes the guarantee of employment as a corollary to the principle of human dignity, in cases of pregnant employees, as well as the legal prohibition of unhealthy work in this category, introduced by Law 13,467/2017, called "Labor Reform". Finally, it analyzes absence from work in these situations where there is a legal prohibition and who would be responsible for paying for the period of absence. In a reflective analysis, it also analyzes law 8213/91 and the role of the INSS and the State in protecting pregnant women and motherhood. In its conclusions, it makes a critical analysis of the situation and proposes a solution to the uproar created.

(1) Mestranda em Direito Previdenciário pela PUC-SP. Especialista em direito público pela EPD (Escola Paulista de Direito) e pela Faculdade de Direito Damásio de Jesus. Advogada. Professora convidada de Direito Previdenciário em diversas instituições de especialização *lato sensu* brasileiras. Palestrante. E-mail: gisele@giselepaiva.com.br.

Keywords: Job guarantee — Labor reform — Pregnant employee — Unhealthy work — Prohibition.

Introdução

O artigo em questão trata da proteção constitucional da maternidade e da garantia de emprego da gestante, frente à proibição da realização do trabalho insalubre por toda a gestação até o período de lactação. Trata, ainda, da inovação trazida pela reforma trabalhista quanto à criação de um benefício, denominado de "salário-maternidade", devido pela gestação considerada de risco pelo trabalho em local insalubre, sem a prévia fonte de custeio e discute de quem seria a obrigação do pagamento.

O artigo é composto de 5 capítulos, sendo que no primeiro capítulo analisar-se-á a garantia de emprego, à luz da Constituição Federal e a sua correlação com o princípio da dignidade da pessoa humana.

No capítulo 2, será tratado da garantia de emprego da gestante e dos demais direitos previstos à esta categoria de trabalhadora, sempre à luz do que determina a proteção social constitucional.

Já no capitulo 3, estudar-se-á a reforma trabalhista, introduzida pela Lei n. 13.467/2017 no aspecto da proibição do trabalho da gestante e da lactante em ambiente insalubre, suas discussões e a decisão do Supremo Tribunal Federal quanto à inconstitucionalidade da redação original do art. 394-A da CLT, dando-se uma amplitude maior à proteção inicialmente prevista.

No capítulo 4, há a reflexão a respeito da criação do salário-maternidade, na legislação trabalhista, para a gestação de risco e de quem seria a obrigação de pagamento: empregador ou Estado. No subcapitulo 4.1, demonstrar-se-á o entendimento dos tribunais a respeito do assunto e no subcapitulo 4.2, realizar-se-á análise crítica de que o benefício devido seria o auxílio por incapacidade temporária, citando situação análoga da aeronauta gestante.

Por fim, no capítulo 5, tratar-se-á do projeto de Lei n. 1.974/2021 que traz a figura da licença parentalidade para a situação do afastamento do trabalho insalubre da empregada gestante, deixando claro que é dever do INSS o pagamento da licença.

A conclusão do artigo, traz uma reflexão sobre de quem seria o dever de arcar com o afastamento da empregada gestante nos casos de proibição de trabalho insalubre, principalmente em face da regra constitucional da contrapartida, prevista para a Seguridade Social (da qual faz parte a Previdência Social), trazendo uma solução solidária: a divisão do encargo entre Estado e empregador.

1. A garantia de emprego e sua razão constitucional de existir

Para se tratar da garantia de emprego da gestante, necessário inicialmente entender o motivo da existência constitucional da garantia de emprego.

No Estado Democrático de Direito, instituído pela Magna Carta de 1988, no qual a dignidade da pessoa humana é elencada como fundamento (art. 1º, III, da Constituição Federal), o trabalho é elevado ao nível de direito social (art. 6º, CF), ao lado da previdência social, da proteção à maternidade e à infância, da moradia e de outros.

Há uma forte proteção constitucional ao trabalho, como direito social; sendo que, no art. 7º da Constituição Federal, há a previsão dos direitos dos trabalhadores urbanos e rurais e já no inciso I, o constituinte trouxe a *"relação de emprego protegida contra despedida arbitrária ou sem justa causa, nos termos de lei complementar, que preverá indenização compensatória"*, em atendimento ao art. 23 da Declaração Universal de Direitos Humanos, que determina que *"Toda a pessoa tem direito ao trabalho, à livre escolha do trabalho, a condições equitativas e satisfatórias de trabalho e à proteção contra o desemprego."*

Se entende que o trabalho é necessário para que o homem tenha o exercício pleno de sua dignidade, pois somente ele é capaz de trazer liberdade para o mesmo.

Para o doutrinador Ingo Wolfgang Sarlet, quando analisa a limitação à atuação estatal e a dignidade da pessoa humana, em sua obra "Dignidade da Pessoa Humana e Direitos Fundamentais na Constituição Federal",

> "o princípio da dignidade da pessoa impõe limites à atuação estatal, objetivando impedir que o poder público venha a violar a dignidade pessoal, mas também implica (numa perspectiva que se poderia designar de programática ou impositiva, mas nem por isso destituída de plena eficácia) que o Estado deverá ter como meta permanente, proteção, promoção e realização concreta de uma vida com dignidade para todos, podendo-se sustentar, na esteira da luminosa proposta de Clèmerson Clève, a necessidade de uma política da dignidade da pessoa humana e dos direitos fundamentais. Com efeito, de acordo com a lição de Pérez Luño, "a dignidade da pessoa humana constitui não apenas a garantia negativa de que a pessoa não será objeto de ofensas ou humilhações, mas implica também, num sentido positivo, o pleno desenvolvimento da personalidade de cada indivíduo (SARLET, 2011)."

Ele é necessário também para se garantir o chamado "mínimo existencial", que, para o autor Ricardo Lobo Torres, em sua obra "O direito ao mínimo existencial", sem o mínimo necessário à existência, o homem não sobrevive e não tem condição inicial de liberdade.

Por tal razão, verifica-se que a proteção do emprego contra a despedida arbitrária ou sem justa causa tem como finalidade garantir a aplicação do princípio da dignidade da pessoa humana, através da manutenção do trabalho, ou, ao menos, a sua estimulação.

Para o prof. Pedro Paulo Teixeira Manus, em sua obra "Direito do Trabalho, a garantia de emprego",

> "Constitui principio de grande importância no Direito do Trabalho a manutenção do vínculo entre empregado e empregador. O trabalho, além de consistir num dever do cidadão, é um direito que lhe deve ser assegurado, de modo que obtenha meios de subsistência, bem como de uma vida digna, inclusive para sua família (MANUS, 2012)."

E continua:

> "No que interessa ao Direito do Trabalho, o instituto da estabilidade consiste num dos meios eficazes de combate ao desemprego. Num sentido mais amplo, a garantia de emprego também minimiza os efeitos da despedida sem motivo, assim como o aviso-prévio atenua o impacto da ruptura do contrato de trabalho, para ambas as partes (MANUS, 2012)."

Já para a professora Lygia Maria de Godoy Batista Cavalcanti, em coautoria da obra "Direitos Humanos: Essência do Direito do Trabalho",

> "Todos os seres humanos almejam a estabilidade econômica, que representa uma das diversas formas da busca da dignidade do ser humano. Vários são os atos da sociedade, cujo objetivo é a eliminação da insegurança econômica do trabalhador. Exemplos: políticas públicas de emprego; seguro desemprego; recolocação do desempregado ao mercado de trabalho etc. Então podemos concluir afirmando que a estabilidade econômica é a estabilidade do emprego como fator da subsistência e dignidade do trabalhador (CAVALCANTI, 2007)."

Neste cenário, tem-se que a garantia de emprego como viés necessário do Estado Democrático de Direito, dentro do qual, sem tem, igualmente, a proteção à maternidade e à gestante.

2. Da garantia de emprego da gestante: Corolário constitucional da proteção à maternidade e à família

Desde a Constituição de 1934 se previu à proteção à maternidade, posto que no art. 138, nos incisos *"c"* e *"f"* dizia-se que incumbia à União, aos Estados e Municípios, nos termos das leis respectivas: c) amparar a maternidade e à infância e f) adotar medidas legislativas e administrativas tendentes a restringir a morbidade e a mortalidade infantis.

Mas, como já dito no capítulo anterior, a proteção à maternidade foi elencada como direito social, com previsão no art. 6º da Constituição Federal, então Carta Cidadã, e, portanto, um direito fundamental.

A nossa Lei Maior atribui à Previdência Social o dever da proteção à maternidade, em especial à gestante, veja-se:

> "Art. 201. A previdência social será organizada sob a forma do Regime Geral de Previdência Social, de caráter contributivo e de filiação obrigatória, observados critérios que preservem o equilíbrio financeiro e atuarial, e atenderá, na forma da lei, a:
>
> (...)
>
> II – proteção à maternidade, especialmente à gestante;"

Todavia, traz igualmente como direito social do trabalhador urbano e rural, em seu art. 7º, inciso XVIII, a proteção à gestante e sua garantia de emprego, estabelecendo a "*licença à gestante, sem prejuízo do emprego e do salário, com a duração de cento e vinte dias*".

Por fim, ainda em nível constitucional, a estabilidade da gestante — sendo ampliada, em caso de óbito da gestante, para quem detiver a guarda do filho, pela Lei Complementar n. 146/2014 — é prevista no art. 10, II, "*b*" dos Atos Constitucionais de Disposições Transitórias:

> "Art. 10. Até que seja promulgada a lei complementar a que se refere o art. 7º, I, da Constituição:
>
> (...)
>
> I – fica vedada a dispensa arbitrária ou sem justa causa:
>
> (...)
>
> *b)* da empregada gestante, desde a confirmação da gravidez até cinco meses após o parto."

Direito este, consagrado pelo Tribunal Superior do Trabalho, na Súmula n. 244:

> "GESTANTE. ESTABILIDADE PROVISÓRIA *(Redação do item III alterada na sessão do Tribunal Pleno realizada em 14.09.2012)* – Res. 185/2012, *DEJT* divulgado em 25, 26 e 27.09.2012
>
> I – O desconhecimento do estado gravídico pelo empregador não afasta o direito ao pagamento da indenização decorrente da estabilidade (art. 10, II, "*b*" do ADCT).
>
> II – A garantia de emprego à gestante só autoriza a reintegração se esta se der durante o período de estabilidade. Do contrário, a garantia restringe-se aos salários e demais direitos correspondentes ao período de estabilidade.

> III – A empregada gestante tem direito à estabilidade provisória prevista no art. 10, inciso II, alínea *"b"*, do Ato das Disposições Constitucionais Transitórias, mesmo na hipótese de admissão mediante contrato por tempo determinado."

Dentro deste cenário, a trabalhadora gestante possuirá a garantia de emprego desde a confirmação da sua gestação, portanto, até o quinto mês após o parto, sendo que, ao dar à luz, passará a receber o salário-maternidade, benefício este de natureza previdenciária, como forma de lhe garantir a dignidade da pessoa humana, pelo período em que:

1) dependerá do trabalho para sua subsistência e de seu filho; e

2) não poderá trabalhar, para criação da relação simbiótica(2).

Eis aqui uma das principais garantias constitucionais ao trabalho, embora prevista nos atos das disposições constitucionais transitórias, em razão de não haver edição de lei complementar até os dias atuais, senão para extensão do direito, em caso de óbito, ela visa, dentre outros aspectos, proteger a criança, a família e as novas gerações, além da própria gestante.

Importante frisar que a proteção à gestante e à maternidade é mais ampla na legislação infraconstitucional, principalmente para obediência ao princípio da garantia da dignidade da pessoa humana, no caso, da gestante.

Citamos, por exemplo, a previsão de intervalos para amamentação, previsto no art. 396 da CLT e a Lei n. 9.799/1999, que alterou o art. 392 da CLT, em seu § 4º e incluindo os incisos I e II, garantindo a transferência de função, após o retorno da licença-maternidade, por questões de saúde, e a dispensa do trabalho para realização de exames, *in verbis*:

> "§ 4º É garantido à empregada, durante a gravidez, sem prejuízo do salário e demais direitos:
>
> I – Transferência de função, quando as condições de saúde o exigirem, assegurada a retomada da função anteriormente exercida, logo após o retorno ao trabalho;
>
> II – Dispensa do horário de trabalho pelo tempo necessário para a realização de, no mínimo, seis consultas médicas e demais exames complementares."

Assim como a Lei n. 11.770/2008 que instituiu a prorrogação facultativa da licença-maternidade para 180 dias, com contrapartida em incentivo fiscal por meio do programa Empresa-Cidadã, alterando a Lei n. 8.212/91, que trata do plano de custeio da seguridade social.

---

(2) Em significado literal, trata-se daquele "que se refere à simbiose, à associação de dois ou mais seres que, embora sejam de espécies diferentes, vivem em conjunto, compartilham vantagens e se caracterizam como um só organismo". Disponível em: https://www.dicio.com.br/simbiotico/. Acesso em: 12 jun. 2024, as 8:36h.

3. A Lei n. 13.467 de 2017 e a proibição do trabalho insalubre da gestante

Embora seja notória que a proteção à maternidade deverá sempre ser analisada de forma ampla e à luz do princípio constitucional da dignidade da pessoa humana, questão polêmica trazida à baila foi a reforma trabalhista, traduzida pela Lei n. 13.467/2017, que trouxe a proibição do trabalho insalubre da gestante, pela introdução do art. 394-A:

> "Art. 394-A. Sem prejuízo de sua remuneração, nesta incluído o valor do adicional de insalubridade, a empregada deverá ser afastada de
>
> I – Atividades consideradas insalubres em grau máximo, enquanto durar a gestação;
>
> II – Atividades consideradas insalubres em grau médio ou mínimo, quando apresentar atestado de saúde, emitido por médico de confiança da mulher, que recomende o afastamento durante a gestação;
>
> III – atividades consideradas insalubres em qualquer grau, quando apresentar atestado de saúde, emitido por médico de confiança da mulher, que recomende o afastamento durante a lactação."

O artigo foi alvo da Ação Direta de Inconstitucionalidade de n. 5.938, proposta pela Confederação Nacional dos Trabalhadores Metalúrgicos, transitada em julgado em 12.05.2020 e tendo como relator o Ministro Alexandre de Moraes, a qual, por maioria, declarou inconstitucional trechos do citado artigo, assim tendo decidido:

> "(...) julgou procedente o pedido formulado na ação direta para declarar a inconstitucionalidade da expressão 'quando apresentar atestado de saúde, emitido por médico de confiança da mulher, que recomende o afastamento', contida nos incisos II e III do art. 394-A da Consolidação das Leis do Trabalho (CLT), inseridos pelo art. 1º da Lei n. 13.467/2017, nos termos do voto do relator, vencido o Ministro Marco Aurélio. Falaram: pelo *amicus curiae* Confederação Nacional de Saúde — CNS, o Dr. Marcos Vinicius Barros Ottoni; e, pelo *amicus curiae* Central Única dos Trabalhadores — CUT, o Dr. Ricardo Quintas Carneiro. Presidência do Ministro Dias Toffoli. Plenário 29.05.2019."

O relator entendeu que:

> "A previsão de determinar o afastamento automático da mulher gestante do ambiente insalubre, enquanto durar a gestação, somente no caso de insalubridade em grau máximo, em princípio, contraria a jurisprudência da CORTE que tutela os direitos da empregada gestante e lactante, do nascituro e do recém-nascido lactente, em quaisquer situações de risco ou gravame à sua saúde e bem-estar. A jurisprudência deste SUPREMO TRIBUNAL FEDERAL, aliás, reconhece a importância da proteção à maternidade e à saúde, como verificado no julgamento do RE 629.053, sob o regime de repercussão geral, cujo entendimento ficou assim firmado: A incidência da estabilidade prevista no art. 10, inciso II, do ADCT somente exige a anterioridade da gravidez à dispensa sem justa causa, independentemente de prévio conhecimento ou comprovação."

Por tal razão, o artigo deve ser interpretado da seguinte forma, afastando de todo e qualquer trabalho insalubre, independentemente do seu grau, a gestante e a lactante, ampliando-se por total a proteção no meio ambiente de trabalho:

> Art. 394-A. Sem prejuízo de sua remuneração, nesta incluído o valor do adicional de insalubridade, a empregada deverá ser afastada de: *(Redação dada pela Lei n. 13.467, de 2017)*
>
> I – atividades consideradas insalubres em grau máximo, enquanto durar a gestação; *(Incluído pela Lei n. 13.467, de 2017)*
>
> II – atividades consideradas insalubres em grau médio ou mínimo, ~~quando apresentar atestado de saúde, emitido por médico de confiança da mulher~~, ~~que recomende o afastamento~~ durante a gestação; *(Incluído pela Lei n. 13.467, de 2017)* (Vide *ADIN 5938)*
>
> III – atividades consideradas insalubres em qualquer grau, ~~quando apresentar atestado de saúde, emitido por médico de confiança da mulher~~, ~~que recomende o afastamento~~ durante a lactação. *(Incluído pela Lei n. 13.467, de 2017)* (Vide *ADIN 5938)*

Neste sentido, uma vez confirmada a gestação até o final da lactação, o trabalho em ambiente prejudicial à saúde da gestante e da mãe lactante, resta totalmente proibido.

A partir desta proibição e da garantia ao salário e ao emprego, deverá ser definido a cargo de quem ficará a obrigação do pagamento da licença do trabalho: Estado ou empregador?

4. A previsão celetista do "novo" salário-maternidade para as gestantes em ambiente insalubre: Consideração de gravidez de risco: Obrigação do empregador ou do estado?

Em atendimento ao art. 394-A, da CLT, criado pela reforma trabalhista e já citado acima, que passou a proibir o trabalho em local insalubre pelas gestantes, como forma de proteção à sua saúde, de forma direta, e da família e da criança, de forma indireta, além de atender o comando do valor social do trabalho e da dignidade da pessoa humana; no seu § 3, criou, para esta situação, um benefício denominado "salário-maternidade" e considerando a gravidez de risco, veja-se:

> "§ 3º Quando não for possível que a gestante ou a lactante afastada nos termos do *caput* deste artigo exerça suas atividades em local salubre na empresa, a hipótese será considerada como gravidez de risco e ensejará a percepção de salário-maternidade, nos termos da Lei n. 8.213, de 24 de julho de 1991, durante todo o período de afastamento."

E como operacionalizá-lo, vez que o salário maternidade se trata de benefício previdenciário, no caso da empregada quitado pelo empregador, mas compensado em contribuições sociais devidas à Seguridade Social?

Para o doutrinador Mauricio Godinho Delgado, em sua obra A Reforma Trabalhista no Brasil, ao citar a criação deste benefício pela legislação trabalhista, indica que o dever de custeio é do Estado:

> "naturalmente que esse salário-maternidade, mesmo sendo pago à empregada afastada na filha salarial mensal da empresa empregadora, ficará sob ônus efetivo do INSS, mediante a compensação mensal desse custo, pelo empregador, no conjunto dos recolhimentos previdenciários feitos mensalmente pela empresa (DELGADO, 2018)."

Seria esta realmente a solução?

Primeiramente, há de se estudar que, segundo o mandamento constitucional previsto no art. 195, § 5º, não se pode criar benefício da Seguridade Social sem prévia fonte de custeio, denominado de regra da contrapartida: *"§ 5º Nenhum benefício ou serviço da seguridade social poderá ser criado, majorado ou estendido sem a correspondente fonte de custeio total."*.

Para este caso, em específico, que se trata de um "novo" beneficio, vez que o salário-maternidade tem como fato gerador o parto, a guarda para fins de adoção ou, ainda, a adoção, como se verifica nos arts. 71 e 71-A da Lei n. 8.213/91 e não a gravidez de risco, não se verifica a existência prévia de fonte de custeio.

Então, ao menos, *ab initio,* a criação deste benefício seria inconstitucional por ofensa à regra da contrapartida.

Para o prof. Wagner Balera, em sua obra "A Seguridade Social na Constituição de 1988",

> " A ideia nuclear que todas as pessoas possuem a respeito de um sistema estatal de proteção está associada à uma noção elementar de contabilidade: a noção de caixa. Não é por acaso, parece-nos, que a entidade previdenciária é conhecida em toda a parte — sobretudo pelos mais simples — como a "Caixa".
>
> (...)
>
> Pois é essa regra elementar que se refere o dispositivo expresso no art. 195, § 5º, (...).
>
> Pode o legislador criar, majorar ou estender prestações. É próprio, aliás, de suas atribuições. Mas só terão validade constitucional essas providências se houver expressa previsão de fonte de custeio respectiva (BALERA, 1989)."

E o professor continua: *"Dentro dessa ideia, podemos falar numa contrapartida entre contribuições e prestações. Há um quadro constitucionalmente definido e um esquema, ao mesmo nível estabelecido, de custeio".*

Neste sentido, o entendimento não é outro do Estado, vez que a compensação previdenciária do empregador não é realizada, senão por decisão judicial. E o fundamento principal, é a não alteração da Lei n. 8.213/91 que trata da compensação, veja-se pela redação dos arts. 71 e 72, prevendo a concessão do salário maternidade tão somente por 120 dias, com início no período entre 28 dias que antecede o parto:

> "Art. 71. O salário-maternidade é devido à segurada da Previdência Social, durante 120 (cento e vinte) dias, com início no período entre 28 (vinte e oito) dias antes do parto e a data de ocorrência deste, observadas as situações e condições previstas na legislação no que concerne à proteção à maternidade.
>
> (...)
>
> Art. 72. O salário-maternidade para a segurada empregada ou trabalhadora avulsa consistirá numa renda mensal igual a sua remuneração integral.
>
> § 1º Cabe à empresa pagar o salário-maternidade devido à respectiva empregada gestante, efetivando-se a compensação, observado o disposto no art. 248 da Constituição Federal, quando do recolhimento das contribuições incidentes sobre a folha de salários e demais rendimentos pagos ou creditados, a qualquer título, à pessoa física que lhe preste serviço."

4.1. O novo salário maternidade das gestantes em ambiente insalubre e o entendimento dos tribunais

Temos aqui um conflito de leis: de um lado, a legislação trabalhista, que proíbe o trabalho insalubre e determina o pagamento do salário-maternidade, na forma da Lei n. 8.213/91 (plano de benefícios da previdência social), que, no caso da empregada, como dito acima, é custeado pelo empregador e compensado com o pagamento de seus tributos; e de outro, a legislação previdenciária que não prevê o pagamento do salário maternidade para o fato gerador "gravidez de risco", bem como não há fonte de custeio previamente criada.

Como se não pode permitir o trabalho, a dúvida que fica é: quem arcará com o ônus do afastamento da gestante em trabalho insalubre? Uma vez ausente previsão legal na norma previdenciária a permitir a ensejada compensação tributária.

Em pesquisa realizada junto aos Tribunais Regionais Federais, pode-se destacar os seguintes entendimentos, reconhecendo o direito ao benefício tido como salário-maternidade em tais situações, autorizando a compensação do pagamento feito pelo empregador em suas contribuições sociais devidas, ou seja, atribuindo ao Estado o ônus deste afastamento:

> "TRIBUTÁRIO. MANDADO DE SEGURANÇA. REMESSA NECESSÁRIA. SALÁRIO MATERNIDADE. COMPENSAÇÃO. 1. Após a edição da Lei n. 13.467/2017, com a interpretação

> conferida pelo Supremo Tribunal Federal nos autos da ADI n. 5938, a gestante empregada, no exercício de atividade insalubre, deve ser afastada de suas atividades habituais e realocada em funções que não ofereçam prejuízo ou risco à sua saúde. 2. Nos casos em que não seja possível realocar a empregada gestante em local salubre, a gravidez será considerada de risco e a funcionária encaminhada para percebimento do salário-maternidade (art. 394-A, § 3º, da CLT). 3. Deve ser reconhecido o direito à compensação do salário-maternidade custeado pelo empregador à empregada gestante, desde o seu afastamento." (TRF-4 – REMESSA NECESSÁRIA CÍVEL: 50238959220204047100, relator: Alexandre Rossato da Silva Ávila, Data de Julgamento: 15.03.2022, Segunda Turma)

E, ainda, quanto ao ambiente insalubre por conta da pandemia do Coronavírus e a equiparação da Lei n. 14.151/2021 com o art. 394-A da CLT:

> "TRIBUTÁRIO. JULGAMENTO NA FORMA DO ART. 942 CPC. EMPREGADAS GESTANTES AFASTADAS POR FORÇA DA LEI N. 14.151/2021. RESPONSABILIDADE PELO SALÁRIO. PROTEÇÃO DA MATERNIDADE PELA SEGURIDADE SOCIAL. ENQUADRAMENTO COMO SALÁRIO MATERNIDADE. 1. A Lei n. 14.151/2021 é omissa quanto à responsabilidade pelo pagamento da remuneração da gestante que, afastada de suas atividades presenciais, esteja impossibilitada de exercer suas tarefas de forma remota. 2. A ordem constitucional estabelece expressamente a proteção da maternidade pela Seguridade Social (art. 201, II), razão pela qual os ônus financeiros decorrentes do afastamento em questão devem ser suportados pela coletividade, e não pelo empregador. 3. É compatível com o ordenamento jurídico o enquadramento como salário maternidade dos valores pagos às trabalhadoras afastadas durante o período de emergência, sendo possível que as respectivas remunerações sejam compensadas, forte no art. 72, § 1º, da Lei n. 8.213/1991." (TRF-4 – AC: 50011823420224047204 SC, relator: Rômulo Pizzolatti, Data de Julgamento: 06.10.2022, Segunda Turma).

Veja-se que a solução apresentada é jurisdicional, necessitando do ingresso com ação própria, para que o empregador tenha direito à compensação de tais valores pagos; não havendo, até o momento, regramento legal expresso que permita a compensação de forma administrativa.

Neste espeque, diante da ausência do instrumento administrativo de compensação, muitas vezes é evidenciada a resistência do empregador em cumprir a lei e permitir o afastamento da gestante do meio ambiente insalubre, ensejando a reparação por ato ilícito:

> "RECURSO ORDINÁRIO PATRONAL. I – MANUTENÇÃO DA GESTANTE EM TRABALHO INSALUBRE. HIPÓTESE DE RESCISÃO INDIRETA CONFIGURADA. O art. 394-A, da CLT assegura à grávida e lactante o afastamento do labor em condição insalubre, sem prejuízo do recebimento da remuneração, inclusive incluindo nela o adicional de insalubridade. Mantida a obreira no desempenho de atividades laborativas em condições insalubres resta configurada hipótese de rescisão indireta. Recurso a que se nega provimento, no ponto. II – DANO MORAL. SUBMISSÃO DE GESTANTE A AGENTES INSALUTÍFEROS. DESRESPEITO ÀS NORMAS FUNDAMENTAIS QUE TUTELAM A SAÚDE DA GRÁVIDA. A exposição da reclamante gestante em local insalubre, em desobediência ao disposto no art. 394-A da CLT,

causa evidente prejuízo à trabalhadora e ao nascituro. Demonstrado que a reclamante permaneceu laborando em condições insalubres durante a gestação, está configurado ato ilícito. Recurso a que se nega provimento, no particular." (Processo: ROT – 0000025-25.2021.5.06.0021, redator: Paulo Alcantara, Data de julgamento: 15.02.2021, Segunda Turma, Data da assinatura: 15.12.2021) (TRT-6 – ROT: 00000252520215060021, Data de Julgamento: 15.12.2021, Segunda Turma, Data de Publicação: 15.12.2021)

4.2. A gravidez de risco e o afastamento para percepção de auxilio por incapacidade temporária: Será que a solução não poderia ser esta?

A situação criada pelo art. 394-A, da CLT que visa proteger a saúde da gestante e do nascituro, talvez guarde melhor proporção legal com o afastamento para recebimento do auxilio por incapacidade temporária (anteriormente à EC n. 103/19 chamado de auxílio-doença), previsto no art. 59 da Lei n. 8.213/91, cujo fato gerador é a existência de incapacidade total e temporária para o trabalho; pois o salário maternidade tem fato gerador diverso e objetivo: o parto.

Cediço é que não se trata de incapacidade real, mas também não se trata de parto, sendo que, parece ser o termo legal "gravidez de risco" mais próximo do conceito de incapacidade para o trabalho — ao menos preventiva — do que de parto.

O que se pretende dizer é que o fato gerador é garantir a integridade da saúde, sendo legítima, salvo melhor juízo, a equiparação ao auxilio por incapacidade temporária, de forma preventiva.

A Lei n. 8.213/91 (alterado pela Lei n. 13.135/2015), em seu art. 26, inciso II, prevê a concessão de auxilio por incapacidade temporária, inclusive sem carência (período mínimo obrigatório de pagamento de contribuição social ou realização de trabalho) em situações indeterminadas, mas que *"confira especificidade e gravidade que mereçam tratamento particularizado"*, o que pode ser utilizado como fundamento legal para o caso em discussão.

Em casos semelhantes, já se decidiu, em sede coletiva, pela concessão de auxilio por incapacidade temporária, sendo pago diretamente pelo INSS, evitando custo pelo empregador.

A discussão se deu em face da classe laborativa das aeronautas, cuja gravidez é considerada de risco no exercício de sua atividade. O Regulamento Brasileiro da Aviação Civil – RBAC n. 67 – ANAC, na Subparte E – Requisitos Psicofísicos – Classe Médica 1, no item 67.73 (d) dispõe que: *"A gravidez, durante seu curso, é motivo de incapacidade para exercício da atividade aérea, ficando automaticamente cancelada a validade do CCF. Depois do término da gravidez, a inspecionanda só poderá retornar às suas atividades normais após submeter-se à perícia médica específica numa JES"*.

Por esta razão, é o que no caso das aeronautas gestantes, em vista do mandado de segurança coletivo de n. 1010661-45.2017.4.01.3400/DF, o INSS foi obrigado a afastar do trabalho todas as gestantes aeronautas até o parto, por se tratar de gravidez de risco. Veja-se o julgado abaixo sobre o tema:

> "DIREITO PREVIDENCIÁRIO. APELAÇÃO EM MANDADO DE SEGURANÇA AERONAUTA GESTANTE. BENEFÍCIO DE AUXÍLIO-DOENÇA. PRESENTES OS REQUISITOS NECESSÁRIOS À SUA CONCESSÃO. – Trata a ação de mandado de segurança impetrada com o escopo de determinar que a autoridade impetrada conceda à impetrante, comissária de bordo, no período de gestação da qual decorreria incapacidade para o exercício da atividade aérea, o benefício de auxílio-doença – O Regulamento Brasileiro da Aviação Civil – RBAC n. 67 – ANAC, na Subparte E – Requisitos Psicofísicos – Classe Médica 1, no item 67.73 (d) dispõe que: A gravidez, durante seu curso, é motivo de incapacidade para exercício da atividade aérea, ficando automaticamente cancelada a validade do CCF. Depois do término da gravidez, a inspecionanda só poderá retornar às suas atividades normais após submeter-se à perícia médica específica numa JES. (g.n.)" — **Conquanto a gravidez não seja uma doença profissional ou um acidente, diante da incapacidade para o exercício da atividade laborativa, tendo em vista a proibição da aeronauta gestante em voar, de acordo com a Convenção Coletiva de Trabalho e as normas que regulamentam a matéria, está-se diante de situação excepcional e temporária que autoriza a concessão do benefício de auxílio-doença com esteio na parte final do inciso II do art. 26 da Lei n. 8.231/91 e no art. 201, II, da Constituição da República, que exige especial proteção à gestante** — Nesse sentido foi decisão liminar de Mandado de Segurança Coletivo de n. 1010661-45.2017.4.01.3400/DF) impetrado no Distrito Federal, a que o próprio site do INSS faz, atualmente, referência, indicando que para tais casos não haverá realização de perícia médica – O benefício deve ser limitado ao teto da Previdência Social (pois esse benefício não possui regramento diferenciado relacionado à manutenção de remuneração , tal como ocorre com o salário-maternidade [art. 71-B, § 2º e 72 da Lei n. 8.213/91]) e, portanto, para aquelas gestantes aeronautas que recebem valor superior ao teto, a concessão do auxílio-doença na situação em análise deve ser calculado pelo INSS, limitado ao teto — Sem condenação em honorários advocatícios, nos termos do art. 25 da Lei n. 12.016/2009 – Apelação e remessa oficial desprovidas." (TRF-3 – ApReeNec: 50018147120174036102 SP, relator: GILBERTO RODRIGUES JORDAN, Data de Julgamento: 07.03.2019, 9ª Turma, Data de Publicação: Intimação via sistema DATA: 19.03.2019). (grifos nossos)

Para esta situação, o portal "gov.br" já foi alterado a fim de recepcionar os pedidos das aeronautas gestantes, direcionando ao INSS[(1)]:

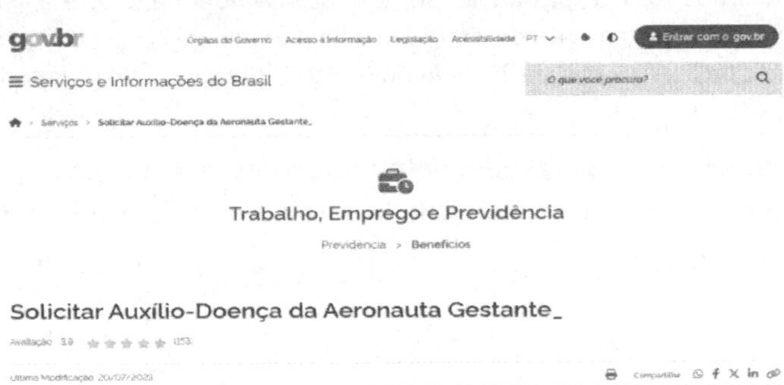

(1) Disponível em: https://www.gov.br/pt-br/servicos/solicitar-auxilio-doenca-da-aeronauta-gestante. Acesso em: 12 jun. 2024, as 11:44h.

5. Futuro legal para o afastamento da empregada gestante do ambiente insalubre: O Projeto de Lei n. 1.974/2021 e a obrigação estatal

O projeto de Lei de n. 1.974/2021, que dispõe sobre o instituto da Parentalidade em todo Território Nacional e altera as Leis ns. 5.452, de 1º de maio de 1943 (Consolidação das Leis do Trabalho), 8.112/1990 (Regime Jurídico dos Servidores), 8.212/1991 (Lei Orgânica da Seguridade Social), 8.213/1991 (Regime Geral da Previdência Social) e 11.770/2008 (Empresa Cidadã), que atualmente aguarda parecer do relator da CPASF (Comissão de Previdência, Assistência Social, Infância, Adolescência e Família, criou a "licença-parental", em seu art. 2º, destinado à pessoa que exerça a "atividade parental" em face da criança ou adolescente, devido pelo período de 180 dias.

Sendo assim definido *"A licença parental consiste na ausência obrigatória do trabalho pelo período de 180 (cento e oitenta) dias, a contar da data do nascimento da criança dependente de seus cuidados, sem prejuízo de emprego ou salário."*, neste período, haverá o pagamento, diretamente pelo INSS, do benefício chamado de "salário-parentalidade", previsto no art. 3º:

> "Art. 3º O salário parentalidade é o benefício custeado pela Previdência Social pago a quem possua vínculo de parentalidade com a criança recém-nascida.
>
> § 1º O benefício do salário parentalidade tem duração de 180 (cento e oitenta) dias a contar do dia do nascimento da criança dependente de seus cuidados."

Como garantia de proteção à gestante, o art. 11, § 3, do citado projeto de lei, estendeu o benefício de salário-parentalidade para as situações de gravidez de risco, de forma expressa:

> "Art. 11. O § 3º do art. 394-A da Lei n. 5.452, de 1º de maio de 1943, passa a vigorar com a seguinte redação:
>
> Quando não for possível que a gestante ou a lactante afastada nos termos do *caput* deste artigo exerça suas atividades em local salubre na empresa, a hipótese será considerada como gravidez de risco e ensejará a percepção de salário parentalidade, nos termos da Lei n. 8.213, de 24 de julho de 1991, durante todo o período de afastamento."

Se o projeto de lei for aprovado, definitivamente se transferirá para o Estado, de forma incontroversa, o pagamento do beneficio em situações de gravidez de risco, restando, apenas e mais uma vez, a discussão quanto à criação de fonte de custeio prévia, já que o projeto não traz.

6. Conclusão

Não existem dúvidas a respeito de ser ampla a proteção à gestante e à maternidade, como imperativo constitucional da dignidade da pessoa humana.

O trabalho, como valor social, dever ser equalizado para preservar a saúde da gestante, do nascituro e da lactante, mantendo-a afastada de todo e qualquer trabalho insalubre, nos termos já decididos pela nossa Corte Maior, ratificando o art. 394-A da CLT.

Ocorre que, ao criar o afastamento, cabe ao legislador, dentro dos ditames constitucionais, dar a solução efetiva de proteção ao emprego, ou seja, determinar a quem compete o pagamento do afastamento.

Talvez ter criado a figura do salário-maternidade não tenha sido decisão acertada, uma vez que o auxílio por incapacidade temporária, como benefício previdenciário que é de proteção à incapacidade, seja mais direcionado à questão.

De qualquer forma, há de ser criada a fonte de custeio prévia, pois se trata de um novo benefício, diverso do fato gerador seja do salário maternidade, seja do auxilio por incapacidade temporária, hoje previstos na Lei n. 8.213/91, a quem compete a criação e a manutenção dos benefícios previdenciários, em face do princípio constitucional da distributividade e da seletividade, aplicável à Seguridade Social.

Assim, para que não haja ofensa à regra constitucional da contrapartida (prevista no art. 195, § 5º, da CF), necessário seria a previsão da fonte pagadora deste benefício.

Por fim, ainda que se fale na aprovação do projeto de Lei n. 1.972/2021, com a criação da licença e do salário parentalidade como forma de solução para a questão, abarcando a hipótese da gestante em meio ambiente insalubre e a obrigatoriedade do seu afastamento, igualmente não há previsão de fonte de custeio, sendo mantida a mesma inconstitucionalidade aqui levantada.

Neste contexto, a solução seria a repartição da responsabilidade, principalmente em face do princípio constitucional da solidariedade que rege a Seguridade Social, no art. 194 da Constituição Federal, sendo necessário ratificar que o salário maternidade não se trata de um benefício trabalhista e sim previdenciário, previsto no título "Da ordem social", no capítulo da "Previdência Social", no art. 201, II.

A solução visa não prejudicar a empregada gestante, que por vezes vê o seu direito de afastamento negado por conta de resistência do empregador (que não tem mecanismo administrativo de compensação, sendo necessário ingressar com ação judicial), de forma a não prejudicar também o empregador, não sendo razoável atribuir a ele tal ônus, mas também para não ofender os princípios constitucionais que regem a Seguridade Social, não se podendo ignorar a regra da contrapartida.

Referências

ANAC. *Regulamento Brasileiro da Aviação Civil n. 67.* Disponível em: https://www.anac.gov.br/assuntos/legislacao/legislacao-1/rbha-e-rbac/rbac/rbac-67/@@display-file/arquivo_norma/RBAC67EMD05.pdf. Acesso em: 12 jun. 2024, as 18:24h:

BALERA, Wagner. *A Seguridade Social na Constituição de 1988*. São Paulo: Revista dos Tribunais, 1989.

CAVALCANTI, Lygia Maria de Godoy Batista, A dignidade da pessoa humana como norma principiológica de aplicação no Direito do Trabalho. In: SILVA, Alessandro da; SOUTO MAIOR, Jorge Luiz; FELIPPE, Kenarik Boujikian; SEMER, Marcelo. *Direitos Humanos:* Essência do Direito do Trabalho. São Paulo: LTr, 2007.

DELGADO, Mauricio Godinho. *A Reforma Trabalhista no Brasil:* Com os comentários à Lei n. 13.467/2017. São Paulo: LTr, 2018.

MANUS, Pedro Paulo Teixeira. *Direito do Trabalho*. São Paulo: Atlas, 2012.

ONU. Assembleia Geral das Nações Unidas. *"Declaração Universal dos Direitos Humanos"*. Paris: 1948.

PORTAL GOV.COM. Disponível em: https://www.gov.br/pt-br/servicos/solicitar-auxilio-doenca-da-aeronauta-gestante. Acesso em: 12 jun. 2024, as 18:38h.

PRESIDÊNCIA DA REPÚBLICA. Constituição (1988). *Emenda Constitucional n. 103, de 12 de novembro de 2019*. Disponível em: https://www.planalto.gov.br/ccivil_03/constituicao/emendas/emc/emc103.htm. Acesso em: 12 jun. 2024, as 18:22h.

PRONI, Thaissa Tamarindo da Rocha Weishaupt. *Proteção Constitucional à maternidade no Brasil:* um caso de expansão da garantia legal. Dissertação para obtenção do título de mestre em direito do trabalho na Faculdade de Direito da Universidade de São Paulo. Orientador: Prof. Dr. Antônio Rodrigues de Freitas Junior. São Paulo, 2012.

SARLET, Ingo Wolfgang. *Dignidade da Pessoa Humana e Direitos Fundamentais na Constituição Federal de 1988*. 9. ed. Porto Alegre: Livraria do Advogado, 2011.

TORRES, Ricardo Lobo. *O direito ao mínimo existencial.* Rio de Janeiro: Renovar, 2009.

Subordinação Jurídica e as Novas Formas de Trabalho

Guilherme Tadeu Cruz Malta[(1)]

Resumo: O presente trabalho aborda a subordinação jurídica no contexto do vínculo de emprego, analisando sua importância na caracterização da relação laboral. Explora-se a evolução histórica da subordinação, desde a escravidão até a subordinação humanizada no mundo do trabalho moderno. Destaca-se a subordinação estrutural como um conceito emergente, especialmente no contexto da terceirização e das novas formas de trabalho. A análise da subordinação como elemento essencial na configuração do vínculo empregatício é fundamental para compreender as transformações no mercado de trabalho e as discussões contemporâneas sobre a natureza das relações laborais.

Palavras-chave: Subordinação jurídica — Vínculo de emprego — Pejotização — Parassubordinação — Flexibilização.

Abstract: This paper addresses legal subordination in the context of the employment relationship, analyzing its importance in characterizing the labor relationship. The historical evolution of subordination is explored, from slavery to humanized subordination in the modern world of work. Structural subordination is highlighted as an emerging concept, especially in the context of outsourcing and new forms of work. The analysis of subordination as an essential element in the configuration of the employment relationship is fundamental to understanding the transformations in the labor market and contemporary discussions about the nature of labor relations.

Keywords: Legal subordination — Employment relationship — Fictitious self-employment — Quasi-subordination — Flexibilization.

Introdução

A subordinação é um elemento crucial para a caracterização do vínculo de emprego, remetendo diretamente a um poder, ainda que limitado, a um indivíduo. Além de denotar esse poder do empregador, é aceita pela doutrina a subordinação jurídica para exprimir a dependência abojada no art. 3º do diploma celetista.

(1) Advogado. Bacharel em Direito pela Faculdade de Direito de São Bernardo do Campo. Especialista em Direito do Trabalho pela PUC-SP. Mestrando em Direito do Trabalho na PUC-SP.

Inicialmente, é imprescindível estabelecer um conceito acerca da figura do empregador. É usualmente definido pela doutrina como aquele que detém o meio pelo qual o produto ou serviço a ser ofertado do mercado. E, por ser o detentor do meio e quem auferirá o lucro ou suportará o prejuízo, possui o poder de organizar, gerir e aplicar sanções aos indivíduos envolvidos na dinâmica produtiva.

Porém, é prudente frisar que conceito acima não acomoda o empregador doméstico, que não explora atividade econômica, mas admite o serviço de outrem em benefício do lar e da família (ou de uma única pessoa). Também é plenamente possível que a atividade desenvolvida pela pessoa física ou jurídica que possua empregados, não tenha finalidade lucrativa, como é o caso das ONGs, entidades filantrópicas, fundações etc.

Deste modo, é mais adequado definir empregador, como pessoa física ou jurídica, com finalidade lucrativa ou não, que dirige a atividade do empregado para determinado fim, mantendo-o sob subordinação jurídica.

Este exercício de tentar estabelecer conceitos de empregador e subordinação traz questões importantes: o diploma consolidado e a doutrina clássica acompanharam o câmbio social, no que tange aos conceitos de empregado e empregador? A subordinação ainda é um signo determinante para o reconhecimento do vínculo de emprego? São questionamentos que merecem reflexão, não só jurídica, mas social.

O refinamento da tecnologia experimentado mundialmente desde o final dos anos 1990 e início dos anos 2000, irradiando o acesso à internet, a domesticação dos microcomputadores e a popularização dos smartphones, causou uma intensa transformação social, não só na comunicação entre os indivíduos, mas também com a criação de novas formas de relações, incluindo a relação de trabalho. Com efeito, este avanço culminou no aparecimento de uma economia digital, muito diferente do chão de fábrica dos séculos passados, que inspiraram a dogmática da proteção construída na doutrina trabalhista.

Aliado a este fenômeno, verifica-se que o comportamento e preferências dos indivíduos no que diz respeito ao trabalho, sofreram mutações significativas. Partindo da segunda metade do século XX até a atualidade, tem-se que as gerações mais antigas eram inspiradas pela construção do patrimônio, estabilidade profissional e construção da família. As mais jovens, por seu turno, perseguem as oportunidades de novas experiências, possibilidades criativas e liberdade. Estas refletem maior rotatividade entre os mais jovens, o *job hopping*; e a busca por ocupações ou contratações mais flexíveis, mais afastadas dos ditames da CLT (o freelancer, por exemplo). Quando optam pela CLT, estas gerações analisam outras vantagens, não necessariamente econômicas, como o trabalho remoto, híbrido, jornada flexível etc.

Tomando a liberdade como elemento prioritário, dois elementos jurídicos antagônicos são colocados em xeque: a autonomia e a subordinação. Evidentemente não se fala aqui de incompatibilidade da autonomia com a relação de emprego, pois a depender da atividade e do empregador, um empregado pode gozar de considerável autonomia.

A Reforma Trabalhista entabulada pela Lei n. 13.467/2017, que alterou diversos pontos da CLT, foi divulgada como instrumento modernizador das relações de trabalho, prestigiando a autonomia das partes, tanto no plano individual quanto no coletivo. Alinhada a este ânimo de flexibilização, deu impulso à retomada da contratação por pessoa jurídica (pejotização), sobretudo pela alteração do texto contido no art. 4º-A, § 2º à Lei n. 6.019/1974 (Lei do Trabalho Temporário) pela Lei n. 13.429/2017, vedando expressamente o reconhecimento do vínculo de emprego entre trabalhadores ou sócios da empresa contratada com a empresa contratante. Por outro lado, a redação do art. 9º da CLT se mantém incólume na dicção proibitiva às fraudes contra os preceitos protetivos da CLT.

Em meio deste imbróglio multifacetado (jurídico, econômico, político e social), cresceu o número de trabalhadores de plataformas digitais, em razão do desemprego gerado pela crise sanitária causada pela Covid-19, inflamando discussões sobre os impactos da economia de plataforma no país. Como não poderia deixar de ser, o principal ponto debatido é a situação jurídica destes trabalhadores: empregados ou empresários?

Neste contexto, o presente trabalho visa examinar as seguintes questões: se no ordenamento pátrio há espaço para figuras intermediárias entre a subordinação e autonomia (subordinação flexibilizada e autonomia mitigada); se, no cenário social atual, a subordinação ainda é elemento caracterizador do vínculo empregatício.

1. Breve contextualização histórica da subordinação no mundo do trabalho: Da escravidão ao contrato humanizado

O trajeto do direito do trabalho ensina que o trabalho humano passa pela escravidão, sendo o estado sujeição total de um ser humano reduzido à condição objeto por outro.

Na antiguidade, a escravidão era normalizada todos os povos, tanto na Grécia como em Roma, sendo considerado o escravo todo aquele que não gozava da liberdade (*status libertatis*), podendo ser comercializado como se coisa fosse (*res mancipi*). A condição de escravo se dava por vários fatores: nascimento, prisão em guerra ou origem em estado não reconhecida pela *polis*(2), e era fonte de força de forçado para agricultura, mineração e serviços domésticos. E este modelo perdurou até o fim da Idade Média (do século XV).

Saltando para a era industrial da Modernidade (até o fim do século XIX), tem-se o trabalho subordinado por contrato de trabalho, mas ainda em condições indesejáveis. A condição não era de escravidão, mas o cenário era de imposição de jornadas exaustivas, inclusive a crianças, mulheres e idosos, não havendo limitadores ao poder capitalista deste período. Tudo isso somado às péssimas condições de higiene, segurança e salários aviltantes.

(2) MARKY, Thomas. *Curso elementar de direito romano*. 8. ed. São Paulo: Saraiva, 1995. p. 29.

Com as conquistas movimentos reivindicatórios na Europa e nos Estados Unidos do fim do século XIX. É alcançada uma subordinação humanizada, idealizada sob o manto do valor social do trabalho e tutelada pelo Estado. Neste momento histórico, há o reconhecimento de direito trabalhistas básicos do trabalho: a limitação de jornada e as férias remuneradas.

2. Conceito de subordinação na doutrina

A redação do art. 3º da CLT(3), não utiliza o termo subordinação, mas dependência. Desta forma, a construções dos conceitos de subordinação ficaram a cargo da doutrina e da jurisprudência.

Sergio Pinto Martins caracteriza a subordinação como consequência da dependência(4), ou seja, fruto da dependência entre trabalhador e seu patrão. Mas o termo dependência, trazido na redação do art. 3º da CLT parece bastante amplo, podendo, a princípio, ser interpretada como a dependência econômica, decorrente do caráter alimentar dos salários pagos pelo empregador; como uma dependência de ordens, vistos que a prestação de serviços deve ser executada conforme as diretrizes e ferramentas disponibilizadas pelo empregador, entre outras.

Em sentido oposto, vai Carlos Henrique Bezerra Leite, rejeitando a ideia de que o trabalhador seja dependente do empregador, conceituando a subordinação como um estado de sujeição do trabalho físico, mental ou intelectual do trabalhador ao poder diretivo, regulamentar e disciplinar do empregador(5).

Vólia Bomfim conceitua a subordinação como um dever, mais precisamente o "de obediência ou o estado de dependência na conduta profissional, a sujeição às regras, orientações e normas estabelecidas pelo empregador inerentes ao contrato, às funções, desde que legais e não abusivas"(6). Godinho a descreve como fenômeno jurídico, "derivado do contrato estabelecido entre trabalhador e tomador de serviços, pelo qual o primeiro acolhe o direcionamento objetivo do segundo sobre a forma de efetuação da prestação do trabalho"(7).

Em que pese a doutrina majoritária e a jurisprudência darem peso à subordinação jurídica, são reconhecidas outras formas de subordinação, no ensino de Alice Monteiro

---

(3) Art. 3º Considera-se empregado toda pessoa física que prestar serviços de natureza não eventual a empregador, sob a dependência deste e mediante salário.

(4) MARTINS, Sergio Pinto. *Direito do Trabalho.* 28. ed. São Paulo: Atlas, 2012. p. 101.

(5) BEZERRA LEITE, Carlos Henrique. *Curso de Direito do Trabalho.* 14. ed. São Paulo: SaraivaJur, 2022. p. 331.

(6) BOMFIM, Vólia. *Direito do Trabalho.* 14. ed., rev., atual. e ampl. [3. reimpr.]. Rio de Janeiro: Forense; São Paulo: Método, 2017. p. 253.

(7) DELGADO, Mauricio Godinho. *Curso de Direito do Trabalho.* 17. ed., rev., atual. e ampl. São Paulo: LTr, 2018. p. 646.

de Barros, Gustavo Filipe Barbosa Garcia e Adriana Calvo, sendo elas: jurídica; econômica; técnica e social:

Subordinação jurídica é a que decorre do contrato de trabalho[(8)], cujo poder direção do empregador ocorre em razão da lei (arts. 2º e 3º da CLT), seja pela direção do empreendimento ou do próprio contrato[(9)].

Já a subordinação econômica é a decorrente da superioridade econômica patronal sobre o empregado mediante o pagamento do salário. O professor e magistrado Murilo Carvalho Sampaio Oliveira faz uma reflexão que vai além do pagamento de salário pelo empregador ao empregado, mas uma relação de proprietários e não proprietários[(10)]. Assim, entende-se que a subordinação econômica desencadeia o poder do patronado sobre a vida do indivíduo, o qual deu origem à toda base protecionista do Direito do Trabalho. Todavia, a doutrina parece pacífica ao trazer a subordinação econômica como elemento não essencial da relação de emprego, na medida que o trabalhador pode possuir outras fontes de subsistência que não a prestação de serviços ao empregador. Ainda, é possível que o trabalhador seja economicamente mais abastado que o empregador e, mesmo assim, seja reconhecida a relação empregatícia.

Por seu turno, a subordinação técnica consiste na determinação, pelo empregador, do modo de produção e ferramentas utilizadas na obtenção do produto ou prestação de serviços ofertados ao mercado. Trata-se mais um caractere prescindível na relação de emprego, pois é perfeitamente possível haver profissionais mais qualificados que o empregador, tornando-o dependente do know how do empregado. Esta situação em que o empregador queda-se dependente do profissional altamente qualificado é chamada pela doutrina de "subordinação técnica invertida", frequentemente presente no trabalho intelectual de alto escalão.

Segundo Adriana Calvo, a subordinação social decorre da posição social do empregado dentro da empresa como instituição[(11)]. Já Gustavo Filipe Barbosa Garcia, como uma superioridade técnica do empregador sobre o empregado, no sentido de ser maior conhecedor do meio produtivo. Mais um elemento dispensável pelos mesmos motivos da subordinação técnica[(12)].

---

(8) CALVO, Adriana. *Manual de direito do trabalho.* 5. ed. São Paulo: Saraiva Educação, 2020. p. 31.

(9) BOMFIM, Vólia. *Direito do Trabalho.* 14. ed., rev., atual. e ampl. [3. reimpr.]. Rio de Janeiro: Forense; São Paulo: Método, 2017. p. 248.

(10) OLIVEIRA, Murilo Carvalho Sampaio. A subordinação jurídica no Direito do Trabalho. Enciclopédia jurídica da PUC-SP. In: Celso Fernandes Campilongo, Alvaro de Azevedo Gonzaga e André Luiz Freire (Coords.). *Tomo:* Direito do Trabalho e Processo do Trabalho. Pedro Paulo Teixeira Manus e Suely Gitelman (Coord. de tomo). 1. ed. São Paulo: Pontifícia Universidade Católica de São Paulo, 2017. Disponível em: https://enciclopediajuridica.pucsp.br/verbete/374/edicao-1/a-subordinacao-juridica-no-direito-do-trabalho.

(11) CALVO, Adriana. *Manual de direito do trabalho.* 5. ed. São Paulo: Saraiva Educação, 2020. p. 32.

(12) GARCIA. Gustavo Filipe Barbosa. *Curso de Direito do Trabalho.* 9. ed., rev., atual. e ampl. Rio de Janeiro: Forense, 2015. p. 149.

Destas tipologias doutrinárias aqui elencadas, percebe-se que somente subordinação jurídica caracteriza o efetivo poder, ainda que limitado, sobre o empregado, embora outros aspectos econômicos, sociológicos e técnicos contidos nas outras tipologias contribuam para a graduação com a qual a subordinação jurídica será exercida pelo empregador.

Isto posto, o estabelecimento de um conceito de subordinação jurídica é essencial para compreender as discussões contemporâneas advindas da transformação do mundo do trabalho e verificar se nas novas realidades, é possível caracterizar ou afastar o vínculo de emprego. Desta forma, possível caracterizar a subordinação como uma sujeição da força de trabalho do empregado ao poder do empregador através de contrato.

2.1. Subordinação na terceirização

Acompanhando a mudança legislativa trazida pela Lei n. 12.551/2011, que alterou a redação do art. 6º da CLT, a doutrina e a jurisprudência também passaram a conceber a existência da chamada subordinação estrutural, de modo a acompanhar as mudanças técnicas e estruturais decorrentes da tecnologia, que gerou novas atividades e novas forma que o empregador tem para exercer o poder diretivo.

Mais precisamente, objetivo foi reconhecer a subordinação das atividades exercidas de forma remota, mas que estão inseridas na estrutura do negócio do empregador, já que agora, não há mais conceber o ambiente de trabalho somente como o chão de fábrica ou do escritório, mas foi concebida a ideia de um meio-ambiente digital de trabalho.

Gustavo Filipe Barbosa Garcia conceitua de maneira bem didática a terceirização como relação triangular havida entre trabalhador, uma empresa tomadora de serviços (contratante) e uma empresa prestadora de serviços (contratada). Com o trabalhador, a prestadora possui o contrato de trabalho e com a tomadora, contrato de prestação de serviços. Portanto, na terceirização o vínculo empregatício é incontroverso em relação à empresa interposta(13).

Deste modo, mesmo em que a prestação de serviços pelos trabalhadores ocorram no meio ambiente (físico ou digital) da empresa tomadora, o obreiro está subordinado ao poder diretivo da empresa interposta, pois esta é sua empregadora.

Importante, ainda, e tecer uma distinção entre a terceirização e o trabalho temporário, regulamentado pela Lei n. 6.019/1974. O ponto comum é a utilização de uma empresa prestadora de serviços, com quem o trabalhador terá o vínculo. A distinção reside na possibilidade de prorrogação: enquanto no trabalhado terceirizado rege o princípio da continuidade da relação de emprego, no temporário, ele tem uma expectativa de duração, visando atender situações excepcionais da empresa tomadora (art. 2º da Lei n. 6.019/1974). Assim, todo trabalho temporário, deve ser necessariamente terceirizado, mas nem todo trabalho terceirizado é temporário.

(13) ______. 19. ed. São Paulo: SaraivaJur, 2024. p. 336

A intelecção contida na Súmula n. 331, item III do TST, trouxe mais duas espécies de subordinação, quanto ao modo de exercício: a direta e a indireta. A subordinação direta é a exercida pelo próprio empregador através de diretores e sócios da empresa. Já a subordinação indireta é exercida por líderes e ocupantes outros cargos de chefia(14).

Ainda, o legislador buscou agasalhar os trabalhadores terceirizados incluídos na estrutura organizacional do tomador, de modo a coibir intermediação irregular de mão de obra, vedada pelo ordenamento, como se verifica nos julgados a seguir:

> MOTOBOY. ENTREGADOR. VÍNCULO DE EMPREGO. NÃO EVENTUALIDADE E SUBORDINAÇÃO ESTRUTURAL. O vínculo de emprego restou devidamente caracterizado pelos elementos de prova contidos nos autos, vez que a função de motoboy, desempenhada pelo autor, estava inserida na estrutura organizacional da reclamada, com subordinação estrutural e não eventualidade na prestação do serviço. Ante o exposto, presentes os elementos fático-jurídicos caracterizadores da relação de emprego, nega-se provimento ao recurso patronal no tópico. (TRT-2 – RO: 00015312220145020432 SP 00015312220145020432 A28, relatora: MARIA ISABEL CUEVA MORAES, Data de Julgamento: 17.03.2015, 4ª TURMA, Data de Publicação: 27.03,.015)(15)

> VÍNCULO DE EMPREGO. GESTOR HOSPITALAR. SUBORDINAÇÃO ESTRUTURAL. A percepção de salário elevado, o exercício de cargo com atribuição de fidúcia diferenciada, com poderes de mando e de gestão, e o fato de poder representar a instituição reclamada perante esta Justiça Especializada não impedem a formação do vínculo de emprego por falta do elemento subordinação. A configuração do vínculo empregatício pressupõe que o trabalhador esteja inserido na estrutura da empresa (elemento de subordinação estrutural), e que ofereça prestação laboral indispensável aos fins da atividade empresarial da ré (elemento de subordinação objetiva), como o que se verificou no presente caso. Estrutural é a subordinação que se manifesta pela inserção do trabalhador na dinâmica do tomador de seus serviços, independentemente de receber (ou não) suas ordens diretas, mas acolhendo, estruturalmente, sua dinâmica de organização e de funcionamento, privilegiando o contrato realidade. O trabalho executado, assim, integra a estrutura da empresa, ao inserir o trabalhador na dinâmica empresarial do tomador de serviços, o que atrai a proteção das normas da CLT, e, consequentemente, o reconhecimento do vínculo de emprego. Recurso da reclamada a que se nega provimento. (TRT-9 – ROT: 0000031-46.2023.5.09.0096, relator: LUIZ EDUARDO GUNTHER, Data de Julgamento: 29.11.2023, 5ª Turma, Data de Publicação: 07.12.2023)(16).

---

(14) BOMFIM, Vólia. *Direito do Trabalho*. 14. ed., rev., atual. e ampl. [3. reimpr.]. Rio de Janeiro: Forense; São Paulo: Método, 2017. p. 248.

(15) SÃO PAULO. Tribunal Regional do Trabalho da 2ª Região. 4ª Turma. *Ementa: MOTOBOY. ENTREGADOR. VÍNCULO DE EMPREGO. NÃO EVENTUALIDADE E SUBORDINAÇÃO ESTRUTURAL*. Recurso Ordinário. Relatora: Maria Isabel Cueva Morais. Julgamento em 17 de março de 2015. *Diário Judicial Eletrônico*. São Paulo, 27 de março de 2015. Disponível em: https://www.jusbrasil.com.br/jurisprudencia/trt-2/202215465. Acesso em: 12 jun. 2024.

(16) PARANÁ. Tribunal Regional do Trabalho da 9ª Região. 5ª Turma. *Ementa: VÍNCULO DE EMPREGO. GESTOR HOSPITALAR. SUBORDINAÇÃO ESTRUTURAL*. Recurso Ordinário Trabalhista. Relator: Luiz Eduardo Gunther. Julgamento em 29 de novembro de 2023. *Diário Judicial Eletrônico*. Curitiba, 07 de dezembro de 2023. Disponível em: https://www.jusbrasil.com.br/jurisprudencia/trt-9/2091816761. Acesso em: 10 jun. 2024.

Pode-se inferir dos arrestos acima, que a subordinação estrutural é corolário dos princípios da proteção e da primazia da realidade (art.9º da CLT), blindando o trabalhador da esquiva do empregador de reconhecer o vínculo empregatício e se utilizando de fraude para redução dos custos de mão de obra.

O dispositivo sumular citado acima, trouxe o entendimento de que não haverá reconhecimento de vínculo empregatício quando não houver a pessoalidade e a subordinação direta, ou seja, a fungibilidade do trabalho dos profissionais terceirizados deve permanecer incólume, sob pena de reconhecimento de vínculo.

Deve ser assinalado, ainda, que o verbete traz a impossibilidade de reconhecimento do vínculo com a administração pública. Isto porque o item II vai de encontro com o estabelecido no art. 37, II, da Constituição Federal (que exige o ingresso por concurso público). Portanto, ainda que a administração pública haja irregularmente, exigindo a pessoalidade e exercendo poder sobre empregados da empresa tomadora, o vínculo jamais será reconhecido, por expressa vedação constitucional.

Contudo, o item IV do verbete traz a possibilidade de responsabilização da fazenda pública, de forma subsidiária, na hipótese de descumprimento das obrigações previstas no contrato de prestação de serviços com a empresa prestadora ou na ausência da fiscalização do cumprimento dos contratos de trabalho firmados entre empresa interposta e seus empregados. Claro, pois, foi o intuito do TST de proteger o crédito trabalhista, que é alimentar e urgente, não podendo a Fazenda Pública se valer dos poderes conferidos pelo Estado para se esquivar das obrigações.

2.2. Subordinação e as cooperativas de trabalho

É relevante refletir sobre a subordinação e as cooperativas de trabalho, especificamente. A cooperativa de trabalho é a sociedade constituída pela reunião de trabalhadores para o exercício de suas atividades laborativas ou profissionais com proveito comum, autonomia e autogestão para obterem melhor qualificação, renda, situação socioeconômica e condições gerais de trabalho (art. 2º da Lei n. 12.690/2012)[(17)]. O espírito de uma cooperativa de trabalho verdadeira, é a efetivação do disposto na parte final do art. 7º da Lei Maior, ou seja, a melhoria da condição social dos trabalhadores.

Como bem aponta Gustavo Filipe Barbosa Garcia, as cooperativas de trabalho não se confundem com as empresas intermediadoras de mão de obra, pois naquelas não há a finalidade lucrativa e os cooperados são quem detém o meio de produção[(18)].

(17) ROMAR, Carla Teresa Martins. *Direito do trabalho*. Coordenador Pedro Lenza. 5. ed. São Paulo: Saraiva Educação, 2018. (Coleção esquematizado®), p. 166.

(18) GARCIA. Gustavo Filipe Barbosa. *Curso de Direito do Trabalho*. 19. ed. São Paulo: SaraivaJur, 2024. p. 365.

Conforme a redação dada ao § 1º do art. 442 da CLT, pela Lei n. 13.647/2023, não há vínculo empregatício entre os associados e as empresas tomadoras de serviços ou com as cooperativas.Todavia, vê-se a lei tenta barrar uma questão de ordem fática, na medida que nas relações laborais prevalece a primazia da realidade. Havendo trabalho subordinado, configurar-se á a relação de emprego.

2.3. Atividade-fim e o julgamento da ADPF 324

De forma simplificada, é possível atividade-fim é aquela ligada ao objeto social da empresa, como a tarefa intimamente relacionada ao objetivo social da empresa. As atividades-meio, por seu turno, são aquelas ligadas à operacionalização dos negócios.

Ao longo dos anos, a jurisprudência trabalhista se consolidou no sentido de vedar a terceirização da atividade-fim, no fito de coibir a terceirização ilícita, em consonância com todo o arcabouço protecionista que inspira a legislação. Isto porque são inúmeros os problemas causados pela terceirização irrestrita, dentre os quais se destacam: a precarização das condições de trabalho e o aumento da desigualdade social, visto a disparidade salarial entre trabalhadores diretos e os terceirizados (problema que se agravada, quando agregado a outras desigualdades sociais gerada por questões de etnia, gênero, religião etc.).

Não se pode olvidar que, em situações extremas, esta precarização reverbera na exposição do trabalhador à situação análoga à escravidão. Inclusive, grandes empresas que utilizam a mão de obra terceirizada não se preocupam, em que pese a ratificação das Convenções ns. 29 e 105 da OIT (Organização Internacional do Trabalho) pelo Brasil.

Nada obstante, desde o ano de 2017 o país um momento de intensa transição no Direito do Trabalho, tendo sido empreendidos esforços legislativos para desregulamentar a sistemática protetiva, prestigiando os postulados neoliberais. E estes esforços são vistos, principalmente, nos dispositivos que visam barrar o reconhecimento da relação de emprego pela Justiça do Trabalho.

Nesta sistemática, a Lei n. 13.429/2017 modificou o art. 4º-A da Lei n. 13.647/2017 para coibir o reconhecimento da relação de emprego na relação de trabalhadores tomadores com as empresas tomadoras, por expressa permissão de terceirização de qualquer atividade.

E no julgamento da ADPF (Arguição de Descumprimento de Preceito Fundamental) 324, ajuizada pela Associação Brasileira do Agronegócio — ABAG em 25.08.2014, de relatoria do Ministro Luís Roberto Barroso, a Corte Constitucional, por considerou válida a norma, sendo permitida a terceirização indiscriminada. Votaram a favor da licitude da terceirização nas atividades-fim os ministros Luís Roberto Barroso (relator da ADPF), Luiz Fux (relator do RE), Alexandre de Moraes, Dias Toffoli, Gilmar

Mendes, Celso de Mello e Cármen Lúcia. De forma contrária, votaram os ministros Edson Fachin, Rosa Weber, Ricardo Lewandowski e Marco Aurélio.[(19)] Ocorreu o trânsito em 29.09.2021.

3. Parassubordinação

A parassubordinação é um conceito importado da doutrina italiana, não possuindo guarida legal no ordenamento brasileiro, mas que vem ganhando espaço em razão da tendência irreversível. Trata-se do limbo entre a subordinação e a autonomia.

Amauri Mascaro Nascimento caracteriza o trabalho parassubordinado com categoria de trabalhadores intermediária entre os trabalhadores autônomos e os subordinados, abrangendo tipos de trabalhados não que não se enquadram em uma das modalidades tradicionais[(20)].

Murilo Carvalho Sampaio Oliveira conceitua o trabalho parassubordinado como o prestado com a prevalência da pessoalidade, de maneira não eventual, situado como parte de um processo produtivo maior controlado pelo tomador de serviços, denotando uma hipossuficiência econômica do prestador e, por tal razão, merecedor da tutela protetiva, como vistas a se garantir a dignidade humana e o valor social do trabalho[(21)].

Refutando este conceito híbrido, a Professora Vólia Bomfim defende que a parassubordinação é sinônimo de subordinação para designar o trabalhador que se sujeita ao poder diretivo sem, contudo, ser empregado, podendo ser autônomo, avulso ou de qualquer outra espécie[(22)].

Neste cenário, a parassubordinação seria um "meio termo" e entre o trabalho subordinado e o autônomo, pois se reconhece a sujeição deste colaborador ao poder diretivo do empregador de uma forma mais atenuada. A matéria é bastante controvertida, gerando muita insegurança jurídica, pois há decisões que reconhecem e outras afastando o vínculo de emprego, justamente por reconhecerem o fenômeno da parassubordinação no ordenamento.

---

(19) CORREIA, Henrique. Terceirização na atividade-fim: julgamento do STF de 30.08.2018. *Migalhas*. 2018. Disponível em: https://www.migalhas.com.br/depeso/286807/terceirizacao-na-atividade-fim--julgamento-do-stf-de-30-8-18. Acesso em: 12 jun. 2024.

(20) NASCIMENTO, Amauri Mascaro. *Curso de Direito do Trabalho:* história e teoria geral do direito do trabalho: relações individuais e coletivas do Trabalho. 28. ed. São Paulo: Saraiva, 2013. p. 589.

(21) OLIVEIRA, Murilo Carvalho Sampaio. A subordinação jurídica no Direito do Trabalho. Enciclopédia jurídica da PUC-SP. In: Celso Fernandes Campilongo, Alvaro de Azevedo Gonzaga e André Luiz Freire (Coords.). *Tomo:* Direito do Trabalho e Processo do Trabalho. Pedro Paulo Teixeira Manus e Suely Gitelman (Coords. de tomo). 1. ed. São Paulo: Pontifícia Universidade Católica de São Paulo, 2017.

(22) BOMFIM, Vólia. *Direito do Trabalho.* 14. ed., rev., atual. e ampl. [3. reimpr.]. Rio de Janeiro: Forense; São Paulo: Método, 2017. p. 249.

O tema promove debates acalorados na comunidade jurídica, pois parcela dos juristas defendem que o trabalho parassubordinado abre portas à precarização, na medida em que este profissional está sob o jugo diretivo do empregador, mas não possui as mesmas garantias trabalhistas e previdenciárias do celetista, além de não possuir previsão legal:

> (...) PARASSUBORDINAÇÃO: A embargante afirma que "A Turma também não se pronunciou sobre a tese trazida pela ora embargante, relativa a parassubordinação, o que se faz necessário sanar. Tese esta que tem em vista a série de relações jurídicas heterogêneas que têm por objeto a prestação de trabalho autônomo." (ID b5406bf – Pág. 3 e 4). A embargada, por sua vez, afirma que os contornos da subordinação foram suficientemente expostos pela prova testemunha, não havendo vício a ser sanado (ID 1d83cc6 – Págs. 3 e 4). Pois bem. Conforme delimitado na análise do tópico anterior, esta Turma apresentou de forma clara e suficiente as razões pelas quais reconheceu o vínculo empregatício havido entre as partes. Porém, esclarece que a "parassubordinação", instituto que tem sua origem no Direito italiano, é estranho ao ordenamento jurídico brasileiro, não podendo, portanto, ser invocado como um tertium geniusentre subordinação e autonomia, à margem da norma. (TRT-3 – ROPS: 00107966820205030025 MG 0010796-68.2020.5.03.0025, relator: Marcus Moura Ferreira, Data de Julgamento: 13.05.2021, Decima Turma, Data de Publicação: 17.05.2021)(23)

Outra parcela defende o trabalho parassubordinado é uma realidade, e coexiste junto às demais formas de trabalho:

> REVENDEDORA AVON. EXECUTIVA DE VENDAS COM REVENDEDORAS POR ELA INDICADA. PARASSUBORDINAÇÃO CARACTERIZADA. INEXISTE O VÍNCULO EMPREGATÍCIO PRETENDIDO. Recurso da ré a que se dá provimento. (TRT-1 – RO: 01118000220085010066 RJ, relator: Alexandre de Souza Agra Belmonte, Data de Julgamento: 22.11.2010, Sexta Turma, Data de Publicação: 29.11.2010)(24)

O tema já chegou à suprema corte, reconhecida da repercussão geral do Tema 1291, que trata do vínculo empregatício reconhecido pelo TST em reclamatória trabalhista movida contra a Uber do Brasil.

Parece mais adequada a ideia de que a parassubordinação não tem espaço no ordenamento brasileiro. Isto porque o simples fato de o empregador exercer o poder diretivo sobre o trabalhador, determinando o seu modus operandi, lhe entregando ferramentas de

(23) MINAS GERAIS. Tribunal Regional do Trabalho da 3ª Região. 10ª Turma. *Ementa: PARASSUBORDINAÇÃO.* Recurso Ordinário em Procedimento Sumaríssimo. Relator: Marcus Moura Ferreira. Julgamento em 13 de maio de 2021. *Diário Judicial Eletrônico*. Belo Horizonte, 17 de maio de 2021. Disponível em: https://www.jusbrasil.com.br/jurisprudencia/trt-3/1209743011/inteiro-teor-1209743022. Acesso em: 13 jun. 2024.

(24) RIO DE JANEIRO. Tribunal Regional do Trabalho da 1ª Região. 6ª Turma. *Ementa: REVENDEDORA AVON. EXECUTIVA DE VENDAS COM REVENDEDORAS POR ELA INDICADA*. PARASSUBORDINAÇÃO CARACTERIZADA. INEXISTE O VÍNCULO EMPREGATÍCIO PRETENDIDO. Recurso Ordinário. Relator: Alexandre de Souza Agra Belmonte. Julgamento em 22 de novembro de 2010. *Diário Oficial*. Rio de Janeiro, 29 de novembro de 2010. Disponível em: https://www.jusbrasil.com.br/jurisprudencia/trt-1/1133580555. Acesso em: 13 jjun. 2024.

trabalho (usuário e senha de seus sistemas, endereço de e-mail da empresa etc), cedendo espaço físico (em caso de trabalho presencial), inserindo-o na dinâmica do negócio, já denota a existência de relação de emprego por subordinação estrutural.

4. Pejotização e a mudança de paradigma nos tribunais trabalhistas

A pejotização é o já conhecido artifício utilizado pelo empregador para mascarar a relação de emprego, por meio do empregado constitui pessoa jurídica para a prestar serviços.

Todavia, julgados anteriores à reforma trabalhista entabulada pela Lei n. 13.467, pode-se verificar que a pejotização era considerada uma modalidade de contratação fraudulenta, sendo frequentemente anulada pela via judicial com o reconhecimento de vínculo, com fundamento no art. 9º da CLT e o princípio da primazia da realidade:

> RECURSO DA RÉ. CONTRATAÇÃO ATRAVÉS DE PESSOA JURÍDICA. "PEJOTIZAÇÃO". FRAUDE À RELAÇÃO DE EMPREGO. VÍNCULO EMPREGATÍCIO CARACTERIZADO. Na contratação de pessoa física, através de uma pessoa jurídica ("pejotização"), para prestar serviços enquadrados na atividade-fim da tomadora, com pessoalidade e subordinação, com o objetivo de frustrar a efetivação de direitos trabalhistas, há clara tentativa de fraude, formando-se o vínculo direto com a ré. RECURSO ADESIVO DA AUTORA. DANO MATERIAL. ATO ILÍCITO. RESTITUIÇÃO DE DESPESAS COM MANUTENÇÃO DA PESSOA JURÍDICA. CABIMENTO. Comprovada a fraude à legislação trabalhista e os prejuízos patrimoniais dela decorrentes, cabível a compensação do dano. (RO Relatora: MARIA APARECIDA COUTINHO MAGALHAES, Data de Julgamento: 24.01.2017, Oitava Turma, Data de Publicação: 03.02.2017)[25]

> RECURSO ORDINÁRIO EMPRESARIAL. PARTE DA RELAÇÃO COMO CONTRATO COM PESSOA JURÍDICA. NULIDADE. PRINCÍPIO DA PRIMAZIA DA REALIDADE. A prova dos autos foi no sentido de que não houve alteração das funções do autor, como gerente de projetos no período de 1º.10.2008 a 31.08.2009, em que formalmente havia uma relação civil, e a partir desta data até 04 de dezembro de 2012, quando era formalmente empregado; e que era prática da empresa a contratação mediante pessoas jurídicas. Ademais, a subordinação estrutural restou evidenciada, pois a atuação do reclamante era na área fim da empresa. Deve ser mantida a sentença que reconheceu a precarização das relações de trabalho, através de suposta contratação de pessoa jurídica, e reconheceu que o vínculo empregatício do autor com a demandada se iniciou desde 1º.09.2008, pela aplicação ao art. 9º da CLT e do Princípio da Primazia da Realidade. Recurso ordinário empresarial não provido. (Processo: ROT – 0000813-05.2014.5.06.0144, redator: Ruy Salathiel de Albuquerque e Mello Ventura, Data de julgamento: 26.10.2015, Terceira Turma, Data da assinatura:

---

(25) ______. 8ª Turma. *Ementa: RECURSO DA RÉ.* CONTRATAÇÃO ATRAVÉS DE PESSOA JURÍDICA. "PEJOTIZAÇÃO". FRAUDE À RELAÇÃO DE EMPREGO. VÍNCULO EMPREGATÍCIO CARACTERIZADO. Recurso Ordinário. Relatora: Maria Aparecida Coutinho Magalhães. Julgamento em 24 de janeiro de 2017. *Diário Judicial Eletrônico.* Rio de Janeiro, 03 de fevereiro de 2017. Disponível em: https://www.jusbrasil.com.br/jurisprudencia/trt-1/426108816. Acesso em: 12 jun. 2024.

> 26.10.2015). TRT-6 – Recurso Ordinário Trabalhista: 0000813-05.2014.5.06.0144, Data de Julgamento: 26.10.2015, Terceira Turma[26]

Após a pandemia da Covid-19 causada pelo novo coronavírus, que acarretou diversas medidas de distanciamento social e de flexibilização de leis trabalhistas para preservação do emprego, incontroverso que houve uma mudança de paradigma também com relação a outras formas de contratação, e a decisão vinculante do STF abriu portas a novas interpretações com relação ao tema, a maioria pautada na autonomia da vontade entre as partes.

Aqui vale o resgate dos conceitos da doutrina cível para se estabelecer uma reflexão sobre esta delicada temática.

No magistério de Carlos Roberto Gonçalves:

> A autonomia da vontade se alicerça exatamente na ampla liberdade contratual, no poder dos contratantes de disciplinar seus interesses mediante acordo de vontades, suscitando efeitos tutelados pela ordem jurídica. Têm as partes a faculdade de celebrar ou não contratos, sem qualquer interferência do Estado. Podem celebrar contatos nominados ou fazer combinações, dando origem a contratos inominados.[27]

Maria Helena Diniz traz que, além da liberdade de criar contratos, o princípio da autonomia da vontade abrenge: a) liberdade de contratar ou não contratar; b) liberdade de escolher a outra parte contratante; e c) liberdade de estabelecer o conteúdo dos contratos[28].Não se pode perder de vista, contudo, que a liberdade contratual não é irrestrita, devendo as ter finalidade lícita e atender sua função social, na forma dos arts. 104, II e 421, *caput*, do Código Civil.

Os órgãos jurisdicionais trabalhistas vem fundamentando as decisões na autonomia da vontade:

> VÍNCULO. PRESTAÇÃO DE SERVIÇOS AUTORAL POR INTERMÉDIO DE CONTRATO FIRMADO COM PESSOA JURÍDICA DE SUA TITULARIDADE. LIBERDADE CONTRATUAL. AUTONOMIA

---

(26) PERNAMBUCO. Tribunal Regional do Trabalho da 6ª Região. 3ª Turma. *Ementa: RECURSO ORDINÁRIO EMPRESARIAL.* PARTE DA RELAÇÃO COMO CONTRATO COM PESSOA JURÍDICA. NULIDADE. PRINCÍPIO DA PRIMAZIA DA REALIDADE. Recurso Ordinário. Relator: Ruy Salathiel de Albuquerque e Mello Ventura. Julgamento em 26 de outubro de 2015. *Diário Judicial Eletrônico.* Recife. Disponível em: https://www.jusbrasil.com.br/jurisprudencia/trt-9/2091816761. Acesso em: 13 jun. 2024.

(27) GONÇALVES, Carlos Roberto. *Direito Civil Brasileiro, volume 3:* contratos e atos unilaterais. 10 ed. São Paulo: Saraiva, 2013. p. 41.

(28) DINIZ, Maria Helena. *Curso de direito civil brasileiro, volume 3:* teoria das obrigações contratuais e extracontratuais. 28. ed. São Paulo: Saraiva, 2012. p. 41.

> DA VONTADE. INEXISTÊNCIA DE VÍCIOS NO NEGÓCIO JURÍDICO. REQUISITOS DOS ARTS. 2º E 3º DA CLT. AUSÊNCIA. CONTRATO DE EMPREGO NÃO CONFIGURADO. SENTENÇA REFORMADA. (TRT-10 – ROT: 00004222320185100007 DF, Data de Julgamento: 15.12.2021, Data de Publicação: 18.12.2021)(29)

> CONSULTOR NATURA ORIENTADOR. AUTONOMIA DE VONTADE DO CONSULTOR. LIBERDADE PARA COMERCIALIZAR PARA OUTRAS EMPRESAS DE COSMÉTICOS. RENDA VINCULADA ÀS VENDAS DE PEDIDOS. INEXISTÊNCIA DE SUBORDINAÇÃO JURÍDICA. RISCOS DO NEGÓCIO. VÍNCULO EMPREGATÍCIO. INEXISTÊNCIA. O Consultor Natura Orientador que detém total autonomia para definir sua rotina de trabalho, com liberdade para comercializar produtos para outras empresas do mesmo ramo de cosmético, auferindo renda apenas quando empreendia vendas de pedidos, cadastros e quantidade de consultoras, possui relação de natureza civilista, mais afeita à representação comercial, não podendo ser reconhecida a vinculação empregatícia, especialmente dada a falta de subordinação jurídica. (TRT-13 00000230220225130029, Data de Julgamento: 06.09.2022, 1ª Turma, Data de Publicação: 14.09.2022)(30)

A jurisprudência que vem se consolidando nos tribunais brasileiros revela, portanto, está pautada basicamente nos conceitos do Direito Civil.

Entretanto, é prudente serem feitas algumas considerações importantes sobre esta tendência de aplicabilidade irrestrita do Direito Civil pelos tribunais trabalhistas, vez que, apesar de a Constituição Federal conferir princípios comuns a todas as áreas (boa-fé, dignidade da pessoa humana), a principiologia da ciência laboral possui especificidades.

A antiga redação do 8º, § 1º da CLT, previa a aplicação subsidiária do direito comum ao Direito Material do Trabalho, mediante 2 requisitos: a lacuna na legislação trabalhista e a compatibilidade com a principiologia laboral.

Neste aspecto, a antiga redação do 8º, § 1º da CLT, previa a aplicação subsidiária do direito comum ao Direito Material do Trabalho, mediante 2 requisitos: a lacuna na legislação trabalhista e a compatibilidade com a principiologia laboral:

> Art. 8º (...)

---

(29) DISTRITO FEDERAL. Tribunal Regional do Trabalho da 10ª Região. 1ª Turma. *Ementa: VÍNCULO.* PRESTAÇÃO DE SERVIÇOS AUTORAL POR INTERMÉDIO DE CONTRATO FIRMADO COM PESSOA JURÍDICA DE SUA TITULARIDADE. LIBERDADE CONTRATUAL. AUTONOMIA DA VONTADE. INEXISTÊNCIA DE VÍCIOS NO NEGÓCIO JURÍDICO. REQUISITOS DOS ARTS. 2º E 3º DA CLT. AUSÊNCIA. CONTRATO DE EMPREGO NÃO CONFIGURADO.SENTENÇA REFORMADA. Recurso Ordinário Trabalhista. Julgamento em 15 de dezembro de 2021. *Diário Judicial Eletrônico*. Brasília, 18 de dezembro de 2021. Disponível em: https://www.jusbrasil.com.br/jurisprudencia/trt-10/1347427368. Acesso em: 13 jun. 2024.

(30) PARAÍBA. Tribunal Regional do Trabalho 13ª Região. 1ª Turma. *Ementa: CONSULTOR NATURA ORIENTADOR.* AUTONOMIA DE VONTADE DO CONSULTOR. LIBERDADE PARA COMERCIALIZAR PARA OUTRAS EMPRESAS DE COSMÉTICOS. RENDA VINCULADA ÀS VENDAS DE PEDIDOS. INEXISTÊNCIA DE SUBORDINAÇÃO JURÍDICA. RISCOS DO NEGÓCIO. VÍNCULO EMPREGATÍCIO. INEXISTÊNCIA. Recurso Ordinário. Julgamento em 06 de setembro de 2022. *Diário Judicial Eletrônico*. João Pessoa, 14 de setembro de 2022. Disponível em: https://www.jusbrasil.com.br/jurisprudencia/trt-13/1638389153. Acesso em: 10 jun. 2024.

> Parágrafo único – O direito comum será fonte subsidiária do direito do trabalho, naquilo em que não for incompatível com os princípios fundamentais deste.[31]

No texto do dispositivo reformado pela Lei n. 13.467/2017, o art. 8º conta agora com 3 parágrafos que trazem uma considerável ampliação da lei cível ao direito do trabalho, afastando o requisito da compatibilidade com a principiologia do Direito do Trabalho para esta aplicação subsidiária no § 1º, cuidando também de trazer um peso maior à autonomia privada para o plano coletivo, na redação do § 3º:

> Art. 8º (...)
>
> § 1º O direito comum será fonte subsidiária do direito do trabalho.
>
> (...)
>
> § 3º No exame de convenção coletiva ou acordo coletivo de trabalho, a Justiça do Trabalho analisará exclusivamente a conformidade dos elementos essenciais do negócio jurídico, respeitado o disposto no art. 104 da Lei n. 10.406, de 10 de janeiro de 2002 (Código Civil), e balizará sua atuação pelo princípio da intervenção mínima na autonomia da vontade coletiva.[32]

Neste aspecto, bastante pertinente é a crítica feita pelo Professor Homero Batista Mateus da Silva, considerando inócua a tendência legislativa, pois as relações de trabalho são essencialmente assimétricas, não podendo ser comparadas os contratos cíveis. O autor destaca, ainda, que a própria Lei de Introdução ao Direito Brasileiro traz, em seu art. 5º, que na aplicação da lei, o magistrado deverá observar a finalidade a qual se destina[33].

Por derradeiro, é de bom alvitre rememorar que o Princípio da Primazia da Realidade serve tanto ao trabalhador e para o contratante, de modo que a análise de validade ou invalidade de um contrato, deve ser analisada caso a caso pelo magistrado, independentemente da modalidade de contratação feita pelas partes. Com efeito, se a realidade formal corresponder à realidade dos fatos na relação laboral, o contrato deverá ser invalidado.

E este caminho incerto pelo qual o Direito do Trabalho está sendo conduzido, faz com que a responsabilidade dos operadores e estudiosos da ciência juslaboral ganhe maior relevância. É importante a reflexão de todas as alterações legislativas e esta nova interpretação dada pelos tribunais, para que erros do passado não sejam repetidos.

---

(31) BRASIL. Presidência da República. *Decreto-lei n. 5.452/1943.* Consolidação das Leis do Trabalho, de 30 de abril de 1943. *Diário Oficial da União.* Disponível em: https://www.planalto.gov.br/ccivil_03/decreto-lei/del5452.htm. Acesso em: 14 mar. 2024.

(32) *Idem.*

(33) SILVA, Homero Batista Mateus da. *Comentários à Reforma Trabalhista.* São Paulo: Revista dos Tribunais, 2017. p. 25.

5. Conclusão

A análise da subordinação jurídica revela-se crucial para a compreensão das dinâmicas contemporâneas do mercado de trabalho. Observa-se que a evolução histórica da subordinação, desde os tempos da escravidão até o contrato de trabalho humanizado, demonstra uma progressiva valorização da dignidade e dos direitos dos trabalhadores.

No contexto atual, a subordinação estrutural emerge como um conceito relevante, especialmente frente à crescente prática da terceirização e às novas formas de organização do trabalho, que até tempo era rechaçada pelo judiciário. Este tipo de subordinação reflete a complexidade das relações laborais modernas, onde a figura do empregador tradicional é frequentemente substituída por estruturas organizacionais mais difusas.

A terceirização irrestrita revela necessidade de revisitar os conceitos tradicionais de subordinação da doutrina trabalhista clássica. No julgamento da ADPF 324, por exemplo, a distinção entre atividade-fim e atividade-meio reafirma a importância de assegurar direitos básicos aos trabalhadores, independentemente das modalidades de contratação.

A parassubordinação e a pejotização representam desafios adicionais para a caracterização do vínculo de emprego. A parassubordinação, que se situa entre a subordinação clássica e a autonomia plena, exige uma abordagem jurídica que reconheça as peculiaridades dessa forma de trabalho. Já a pejotização, ao transformar trabalhadores em pessoas jurídicas, levanta questões sobre a precarização das condições laborais e a proteção social dos trabalhadores.

Os tribunais trabalhistas desempenham um papel crucial na adaptação dos conceitos de subordinação às novas realidades do mercado de trabalho. A jurisprudência recente indica uma tendência em reconhecer os direitos dos trabalhadores mesmo em cenários de subordinação atípica, buscando preservar a essência protetiva do direito do trabalho.

Em suma, a subordinação jurídica continua sendo um elemento central na configuração do vínculo empregatício, adaptando-se às transformações do mercado de trabalho. A evolução conceitual e a análise crítica das novas formas de trabalho são fundamentais para garantir que a proteção dos trabalhadores acompanhe as mudanças nas relações laborais, mantendo a justiça social como princípio norteador.

Referências

BEZZERRA LEITE, Carlos Henrique. *Curso de Direito do Trabalho* 14. ed. São Paulo: SaraivaJur, 2022.

BOMFIM, Vólia. *Direito do Trabalho.* 14. ed. Rio de Janeiro: Forense, 2017.

BRASIL. *Constituição da República Federativa do Brasil de 1988.* Brasília, DF. Senado Federal, 1988. Disponível em: http://www.planalto.gov.br/ccivil_03/Constituicao/ConstituicaoCompilado.htm. Acesso em: 09 mar. 2024.

______. Presidência da República. *Decreto-lei n. 5.452/1943*. Consolidação das Leis do Trabalho, de 30 de abril de 1943. *Diário Oficial da União*. Disponível em: https://www.planalto.gov.br/ccivil_03/decreto-lei/del5452.htm. Acesso em: 14 mar. 2024.

______. Senado Federal. *Lei n. 6.019/1974, de 02 de janeiro de 1974. Diário Oficial da União.* Disponível em: https://www.planalto.gov.br/ccivil_03/leis/l6019.htm. Acesso em: 10 mar. 2024.

CALVO, Adriana. *Manual de Direito do Trabalho*. 5. ed. São Paulo: Saraiva Educação, 2020.

CORREIA, Henrique. Terceirização na atividade-fim: julgamento do STF de 30/8/18. *Migalhas*. 2018. Disponível em: https://www.migalhas.com.br/depeso/286807/terceirizacao-na-atividade-fim--julgamento-do-stf-de-30-8-18. Acesso em: 12 jun. 2024.

DELGADO, Mauricio Godinho. *Curso de Direito do Trabalho*. 17. ed. São Paulo: LTr, 2018.

DINIZ, Maria Helena. *Curso de Direito Civil Brasileiro:* volume 3: teoria das obrigações contratuais e extracontratuais. 28 ed. São Paulo: Saraiva, 2012.

DISTRITO FEDERAL. Tribunal Regional do Trabalho da 10ª Região. 1ª Turma. *Ementa: VÍNCULO.* PRESTAÇÃO DE SERVIÇOS AUTORAL POR INTERMÉDIO DE CONTRATO FIRMADO COM PESSOA JURÍDICA DE SUA TITULARIDADE. LIBERDADE CONTRATUAL. AUTONOMIA DA VONTADE. INEXISTÊNCIA DE VÍCIOS NO NEGÓCIO JURÍDICO. REQUISITOS DOS ARTS. 2º E 3º DA CLT. AUSÊNCIA. CONTRATO DE EMPREGO NÃO CONFIGURADO.SENTENÇA REFORMADA. Recurso Ordinário Trabalhista. Julgamento em 15 de dezembro de 2021. *Diário Judicial Eletrônico*. Brasília, 18 de dezembro de 2021. Disponível em: https://www.jusbrasil.com.br/jurisprudencia/trt-10/1347427368. Acesso em: 13 jun. 2024.

GARCIA, Gustavo Filipe Barbosa. *Curso de direito do trabalho.* 19. ed. São Paulo: SaraivaJur, 2024.

______: rev., atual. e ampl. 9. ed. Rio de Janeiro: Forense, 2015.

GONÇALVES, Carlos Roberto. *Direito Civil Brasileiro:* Contratos e atos unilaterais – Vol. 3 – 21. edição 2024. São Paulo: Saraiva, 2013. v. 3.

MARKY, Thomas. *Curso Elementar de Direito Romano*. 8. ed. São Paulo: Saraiva, 1995.

MARTINS, Sérgio Pinto. *Direito do trabalho*. 28. ed. São Paulo: Atlas, 2012.

MINAS GERAIS. Tribunal Regional do Trabalho da 3ª Região. 10ª Turma. *Ementa: PARASSUBORDINAÇÃO.* Recurso Ordinário em Procedimento Sumaríssimo. Relator: Marcus Moura Ferreira. Julgamento em 13 de maio de 2021. *Diário Judicial Eletrônico.* Belo Horizonte, 17 de maio de 2021. Disponível em: https://www.jusbrasil.com.br/jurisprudencia/trt-3/1209743011/inteiro-teor-1209743022. Acesso em: 13 jun. 2024.

NASCIMENTO, Amauri Mascaro. *Curso de direito do trabalho:* história e teoria geral do direito do trabalho ; relações individuais e coletivas do trabalho. 28. ed. São Paulo: Saraiva, 2013.

OLIVEIRA, Murilo Carvalho Sampaio. A subordinação jurídica no Direito do Trabalho. In: Celso Fernandes Campilongo, Alvaro de Azevedo Gonzaga e André Luiz Freire (Coords.). Tomo: Direito do Trabalho e Processo do Trabalho. Pedro Paulo Teixeira Manus e Suely Gitelman (Coords. de tomo). Enciclopédia jurídica da PUC-SP, 2017. Trabalho de Conclusão de Curso – Pontifícia Universidade Católica de São Paulo, São Paulo. Disponível em: https://

enciclopediajuridica.pucsp.br/verbete/374/edicao-1/a-subordinacao-juridica-no-direito-do-trabalho. Acesso em: 07 mar. 2024.

PARANÁ. Tribunal Regional do Trabalho da 9ª Região. 5ª Turma. *Ementa: VÍNCULO DE EMPREGO*. GESTOR HOSPITALAR. SUBORDINAÇÃO ESTRUTURAL. Recurso Ordinário Trabalhista. Relator: Luiz Eduardo Gunther. Julgamento em 29 de novembro de 2023. *Diário Judicial Eletrônico*. Curitiba, 07 de dezembro de 2023. Disponível em: https://www.jusbrasil.com.br/jurisprudencia/trt-9/2091816761. Acesso em: 10 jun. 2024.

PARAÍBA. Tribunal Regional do Trabalho 13ª Região. 1ª Turma. *Ementa: CONSULTOR NATURA ORIENTADOR*. AUTONOMIA DE VONTADE DO CONSULTOR. LIBERDADE PARA COMERCIALIZAR PARA OUTRAS EMPRESAS DE COSMÉTICOS. RENDA VINCULADA ÀS VENDAS DE PEDIDOS. INEXISTÊNCIA DE SUBORDINAÇÃO JURÍDICA. RISCOS DO NEGÓCIO. VÍNCULO EMPREGATÍCIO. INEXISTÊNCIA. Recurso Ordinário. Julgamento em 06 de setembro de 2022. *Diário Judicial Eletrônico*. João Pessoa, 14 de setembro de 2022. Disponível em: https://www.jusbrasil.com.br/jurisprudencia/trt-13/1638389153. Acesso em: 10 jun. 2024.

PERNAMBUCO. Tribunal Regional do Trabalho da 6ª Região. 3ª Turma. *Ementa: RECURSO ORDINÁRIO EMPRESARIAL*. PARTE DA RELAÇÃO COMO CONTRATO COM PESSOA JURÍDICA. NULIDADE. PRINCÍPIO DA PRIMAZIA DA REALIDADE. Recurso Ordinário. Relator: Ruy Salathiel de Albuquerque e Mello Ventura. Julgamento em 26 de outubro de 2015. *Diário Judicial Eletrônico*. Recife. Disponível em: https://www.jusbrasil.com.br/jurisprudencia/trt-9/2091816761. Acesso em: 13 jun. 2024.

RIO DE JANEIRO. Tribunal Regional do Trabalho da 1ª Região. 6ª Turma. *Ementa: REVENDEDORA AVON*. EXECUTIVA DE VENDAS COM REVENDEDORAS POR ELA INDICADA. PARASSUBORDINAÇÃO CARACTERIZADA. INEXISTE O VÍNCULO EMPREGATÍCIO PRETENDIDO. Recurso Ordinário. Relator: Alexandre de Souza Agra Belmonte. Julgamento em 22 de novembro de 2010. *Diário Oficial*. Rio de Janeiro, 29 de novembro de 2010. Disponível em: https://www.jusbrasil.com.br/jurisprudencia/trt-1/1133580555. Acesso em: 13 jun. 2024.

______. 8ª Turma. *Ementa: RECURSO DA RÉ*. CONTRATAÇÃO ATRAVÉS DE PESSOA JURÍDICA. "PEJOTIZAÇÃO". FRAUDE À RELAÇÃO DE EMPREGO. VÍNCULO EMPREGATÍCIO CARACTERIZADO. Recurso Ordinário. Relatora: Maria Aparecida Coutinho Magalhães. Julgamento em 24 de janeiro de 2017. *Diário Judicial Eletrônico*. Rio de Janeiro, 03 de fevereiro de 2017. Disponível em: https://www.jusbrasil.com.br/jurisprudencia/trt-1/426108816. Acesso em: 12 jun. 2024.

ROMAR, Carla Teresa Martins. *Direito Do Trabalho Esquematizado* 7. ed., 2021 Coordenador Pedro Lenza. 5 ed. São Paulo: Saraiva Edição, 2018. (Coleção esquematizado®).

SÃO PAULO. Tribunal Regional do Trabalho da 2ª Região. 4ª Turma. *Ementa: MOTOBOY*. ENTREGADOR. VÍNCULO DE EMPREGO. NÃO EVENTUALIDADE E SUBORDINAÇÃO ESTRUTURAL. Recurso Ordinário. Relatora: Maria Isabel Cueva Morais. Julgamento em 17 de março de 2015. *Diário Judicial Eletrônico*. São Paulo, 27 de março de 2015. Disponível em: https://www.jusbrasil.com.br/jurisprudencia/trt-2/202215465. Acesso em: 12 jun. 2024.

SILVA, Homero Batista Mateus da. Comentários à Reforma Trabalhista. São Paulo: Revista dos Tribunais, 2017.

A Estabilidade Gestante e os Contratos de Trabalho por Prazo Determinado

Julia Medrano Rotta Sinisgalli Machado[(1)]

Introdução

O presente artigo tem o objetivo de analisar a evolução da proteção legal à empregada gestante, destacando a importância dessa garantia para assegurar os direitos das mulheres no mercado de trabalho.

A estabilidade provisória da gestante, que visa a proteger não apenas a trabalhadora, mas também o nascituro, tem sido objeto de diversas controvérsias ao longo do tempo, principalmente no que tange à sua aplicação em contratos de trabalho firmados por prazo determinado, como os contratos de experiência, por exemplo.

O foco principal deste estudo está na análise da estabilidade provisória garantida legalmente à gestante e sua compatibilidade com os contratos de trabalho firmados por prazo determinado. Para tanto, é realizada uma investigação minuciosa da legislação vigente e da evolução jurisprudencial sobre o tema, com ênfase nas decisões do Tribunal Regional do Trabalho da 2ª Região, do Tribunal Superior do Trabalho e do Supremo Tribunal Federal.

O tema em apreço enseja o exame detalhado da doutrina e da jurisprudência, buscando compreender as diferentes interpretações e aplicabilidades das normas protetivas. Por meio da utilização de métodos dedutivos e técnicas de pesquisa exploratória e bibliográfica, busca-se apresentar uma visão abrangente e crítica sobre o tema.

Portanto, a presente análise está centrada nas principais controvérsias e debates que surgiram ao longo dos anos com relação às implicações legais da proteção garantida à empregada gestante, destacando-se a existência de posicionamentos divergentes na doutrina e na jurisprudência no tocante aos contratos a termo.

---

(1) Mestranda em Direito do Trabalho pela Pontifícia Universidade Católica de São Paulo (PUC-SP). Especialista em Direito Material e Processual do Trabalho pela Escola Paulista de Direito (EPD). Graduada em Direito pela Universidade Presbiteriana Mackenzie.

Nesse sentido, a essência dinâmica e mutável do direito do trabalho revela na sua capacidade de moldar-se e evoluir com o passar do tempo, respondendo às demandas sociais e econômicas. Este artigo visa demonstrar como o posicionamento doutrinário e jurisprudencial sobre a estabilidade provisória da gestante tem se transformado, refletindo os novos entendimentos apresentados pelo Supremo Tribunal Federal.

Assim, será realizada uma análise detalhada sobre a estabilidade gestante, assegurada por meio do art. 10, inciso II, alínea "b" do Ato das Disposições Constitucionais Transitórias (ADCT) e ratificada no art. 391-A da Consolidação das Leis do Trabalho (CLT). Em seguida, o estudo contemplará a evolução do entendimento jurisprudencial acerca da estabilidade provisória da gestante nos contratos por prazo determinado, com base na Súmula n. 244 do Tribunal Superior do Trabalho (TST) e na tese fixada pelo Supremo Tribunal Federal (STF) no Tema 497 de repercussão geral. O presente estudo visa compreender as interpretações jurisprudenciais e implicações legais sobre a proteção às empregadas gestantes, mesmo em contextos de contratação por prazo determinado.

1. Contexto histórico da proteção à empregada gestante

O contexto histórico da proteção da mulher no mercado de trabalho é um reflexo das transformações sociais e econômicas ao longo dos séculos.

Nos períodos pré-industriais, o trabalho das mulheres era concentrado em atividades agrícolas, artesanais e domésticas, em um cenário marcado pela informalidade e completa ausência de proteção ou reconhecimento legal. No final do século XVIII, a Revolução Industrial causou uma mudança significativa nesse cenário, com a transição para o modelo de produção fabril. Isso implicou na grande migração de trabalhadores para os centros urbanos e para as novas indústrias, incluindo mulheres.

Por essa razão, considera-se que a Revolução Industrial representa um marco significativo no cenário trabalhista, pois deu início a uma nova era, marcada pela entrada das mulheres no mercado de trabalho industrial. A partir desse momento, as mulheres foram inseridas nas atividades de fábricas têxteis em condições deploráveis de trabalho, atuando em jornadas extenuantes e em ambientes frequentemente insalubres, recebendo salários baixos e inferiores aos dos homens.

Diante desse cenário, a exploração do trabalho da mulher se tornou uma preocupação social de extrema relevância, originando debates e reivindicações por melhores condições laborais, assim como a exploração do trabalho infantil.

Nesse contexto, o presente estudo tem o objetivo de aprofundar-se na análise da proteção trabalhista à mulher e à maternidade. Assim, ao examinar o cenário internacional de proteção à empregada gestante, é importante destacar que a Organização Internacional do Trabalho adotou três convenções sobre a proteção da maternidade: a Convenção n. 3, em 1919; a n. 103, em 1952 e a n. 183, em 2000.

A Convenção n. 3 foi uma das primeiras a estabelecer diretrizes internacionais para a proteção das mulheres grávidas no trabalho, dispondo sobre o emprego das mulheres antes e depois do parto. Ela também disciplinou o trabalho noturno para mulheres e crianças. A Convenção n. 103 da OIT, por sua vez, assegurou licença mínima de doze semanas para a empregada gestante, sendo ilegal a dispensa nesse período. Além disso, a convenção também previa o direito de a empregada fazer pausas para amamentação durante o horário de trabalho, sem prejuízo da remuneração. Em 1988, surgiu a Convenção n. 183 da OIT que ampliou os direitos previstos na Convenção n. 103, estendendo a licença-maternidade, que antes era garantida por apenas 12 semanas, para, no mínimo, 14 semanas. Além disso, passou a ser proibida a dispensa da empregada desde a gravidez até o término da licença pós-parto, com duração mínima de 6 semanas.

No mais, em meados do século XX, especialmente após a Segunda Guerra Mundial, houve um avanço significativo na institucionalização dos direitos trabalhistas das mulheres. Neste ponto, importante citar a Declaração Universal dos Direitos Humanos de 1948 e a Convenção sobre a Eliminação de Todas as Formas de Discriminação contra a Mulher, promulgada em 1979, adotada pela ONU. Estes foram instrumentos essenciais na luta pela igualdade de gênero no mercado de trabalho. Em muitos países, leis foram promulgadas para garantir a igualdade salarial, proteger a maternidade, assegurar licenças parentais e combater a discriminação e o assédio no local de trabalho.

No Brasil, a proteção à mulher no mercado de trabalho começou a se desenvolver de forma mais estruturada a partir da década de 1930, com a promulgação da Constituição de 1934 e a Consolidação das Leis do Trabalho (CLT) de 1943, que trouxeram dispositivos específicos para a proteção da mulher.

A Constituição de 1934 foi a primeira a tratar especificamente do trabalho da mulher e também previa a não discriminação por sexo. O texto constitucional trouxe diversas garantias inovadoras para as mulheres, como igualdade de salários para ambos os sexos e proibição do trabalho feminino em condições insalubres. A Constituição de 1934 foi considerada um marco com relação à proteção da mulher e da maternidade, uma vez que ela garantia assistência médica e sanitária à gestante e descanso antes e depois do parto, através da Previdência Social.

Com o advento da Constituição Federal de 1988, as mudanças foram ainda mais significativas no tocante à proteção da mulher. O art. 5º da Carta Magma assegura a igualdade de todos perante a lei, sem distinção de qualquer natureza, garantindo, portanto, a isonomia entre homens e mulheres. O trabalho feminino ganhou contornos ainda mais fortes por meio do art. 7º da CF/88, que garantem a proteção do trabalho da mulher; a proibição de diferenças de salários, de exercício de funções e de critério de admissão por motivo de sexo; a licença-maternidade, entre outros.

Além disso, a garantia de emprego à gestante, com proteção contra a dispensa arbitrária desde a concepção até 5 meses após o parto, passou a ser garantida por meio do art. 10, II, "*b*" do Ato das Disposições Constitucionais Transitórias, conforme será abordado de forma mais detalhada no decorrer do presente artigo.

Importante destacar, ainda, que a Consolidação das Leis do Trabalho (CLT), promulgada em 1943, também foi responsável por garantir diversos direitos contra a discriminação das mulheres no mercado de trabalho, proibindo: publicação de anúncio de emprego com referência ao sexo, exceto quando decorrer da natureza da atividade; recusa de emprego, promoção ou dispensa em razão de sexo ou gravidez; a exigência de exame de gravidez para a admissão ou permanência no emprego; entre outros. Ainda, com relação à proteção da maternidade e do nascituro, a Consolidação das Leis do Trabalho (CLT) também garante o afastamento da emprega gestante ou lactante das atividades consideradas insalubres em qualquer grau, sem prejuízo do salário.

Vale destacar que, em 2008, a Lei n. 11.770 instituiu o Programa Empresa Cidadã, que permite a prorrogação da licença-maternidade por mais 60 dias, totalizando 180 dias. Essa prorrogação é opcional e pode ser adotada por empresas que aderirem ao programa. Além disso, a licença-paternidade, prevista por apenas cinco dias, também pode ser prorrogada para 20 dias para os empregados de empresas que participam do Programa Empresa Cidadã.

Nos últimos anos, tem havido uma crescente conscientização sobre a importância da adoção de políticas de apoio à maternidade e paternidade, a fim de promover a igualdade de gênero no mercado de trabalho. Com isso, surgiram novos incentivos para adoção de horários flexíveis, teletrabalho e criação de espaços de amamentação nas empresas, como forma de apoiar as gestantes e lactantes no cenário da maternidade.

Nota-se, portanto, que a evolução da proteção trabalhista à empregada gestante no Brasil reflete um compromisso com a dignidade, a saúde e a segurança das mulheres. Apesar de ainda existem inúmeros desafios a serem superados, é possível notar grandes avanços legislativos e implementações de políticas públicas com o objetivo de promover um ambiente de trabalho inclusivo para as mulheres, especialmente durante a maternidade.

2. Contrato individual de trabalho: Análise quanto aos prazos e formas de extinção

2.1. Contrato de trabalho por prazo indeterminado

O contrato de trabalho por prazo indeterminado é uma das modalidades mais comuns no cenário das relações laborais. Essa relação é caracterizada pela ausência de determinação prévia quanto à data de término do vínculo empregatício, o que lhe confere a essência de uma relação contínua.

Assim, uma das características marcantes dessa modalidade de contrato de trabalho é a sua continuidade temporal, refletindo uma expectativa de manutenção da relação e sem previsão de término. Ao contrário dos contratos por prazo determinado, no qual as partes estipulam previamente um período específico de duração, a relação por prazo indeterminado não possui um limite temporal predefinido. Dessa forma, o vínculo laboral pode perdurar por anos, desde que não ocorram circunstâncias que levem à sua extinção.

Essa natureza contínua do contrato de trabalho por prazo indeterminado proporciona uma expectativa de estabilidade para ambas as partes, que esperam que a relação se mantenha ao longo do tempo. Assim, tanto o empregador quanto o empregado possuem a expectativa de continuidade do vínculo, sem a preocupação iminente com o término do contrato. Essa estabilidade contratual pode ser considerada ainda mais relevante para o empregado, pois ela garante a sua segurança financeira e subsistência a longo prazo.

Nesse sentido, leciona Amauri Mascaro Nascimento[(2)]:

> "Por duração indeterminada o que se deve entender é que o empregado foi admitido sem previsão do termo final do contrato, que vigerá até que se desconstitua por meio de uma das suas formas normais de extinção."

Portanto, as relações por prazo indeterminado caracterizam-se pela ausência de um termo final pré-fixado, o que implica na existência de expectativa de continuidade da relação de emprego. A extinção dos contratos de trabalho por prazo indeterminado pode ocorrer pode diversas razões, conforme será abordado a seguir, destacando-se que a legislação estabelece critérios e procedimentos específicos para cada modalidade rescisórias, assegurando os direitos e interesses de ambas as partes.

2.2. Contrato de trabalho por prazo indeterminado: Extinção por iniciativa do empregador ou do empregado

No contexto do direito do trabalho, é possível dizer que são várias as formas de término da relação laboral entre empregador e empregado. Essa extinção pode ocorrer por diversas razões e sob diferentes circunstâncias, cada uma delas com suas particularidades e consequências legais.

No presente artigo, apesar da existência de outras modalidades rescisórias, serão analisadas as formas de extinção da relação de emprego por iniciativa do empregador (dispensa imotivada e dispensa por justa causa), e por iniciativa do empregado (pedido de demissão e rescisão indireta).

(2) NASCIMENTO. Amauri Mascaro. *Curso de Direito do Trabalho*. 24. ed. São Paulo: Saraiva, 2009. p. 685.

Inicia-se, portanto, com as formas de ruptura contratual por iniciativa do empregador.

A dispensa imotivada consiste no ato do empregador que, por motivos que não precisam ser justificados, encerra a relação laboral sem necessidade de informar ao empregado a razão que o levou a tomar tal atitude. Nas palavras de Amauri Mascaro Nascimento(3), essa modalidade de extinção contratual "*é a ruptura do contrato de trabalho por ato unilateral e imediato do empregador, independente da vontade do empregado*".

Nessa hipótese, o empregador opta unilateralmente por encerrar o vínculo empregatício sem a necessidade de apresentar um motivo específico ou justificado para sua decisão. Com essa ruptura, a legislação garante ao empregado a concessão de aviso prévio de, no mínimo, 30 (trinta) dias, com acréscimo de 3 (três) dias por ano de serviço prestado na mesma empresa, nos termos do art. 487 e seguintes da CLT c/c a Lei n. 12.506/2011, limitado ao máximo de 90 (noventa) dias; bem como férias e 13º proporcionais. Além disso, diante da quebra da expectativa da continuidade no emprego, o empregado também receberá o pagamento de multa de 40% sobre o saldo do Fundo de Garantia do Tempo de Serviço, nos termos do art. 18, § 2º, da Lei n. 8.036/199014, bem como terá permissão para sacar o saldo da conta vinculada ao FGTS.

A segunda modalidade de rescisão contratual por iniciativa do empregador é a dispensa por justa causa ou dispensa motivada, que decorre de prática de falta grave pelo empregado, cujas hipóteses de condutas irregulares estão previstas no art. 482 da CLT. Conforme conceitua Amauri Mascaro Nascimento(4), a "*justa causa é a ação ou omissão de um dos sujeitos da relação de emprego, ou de ambos, contrária aos deveres normais impostos pelas regras de conduta que disciplinam as suas obrigações resultantes do vínculo jurídico*".

A legislação traz um rol taxativo acerca das hipóteses de cabimento da justa causa, por meio do art. 482 da CLT, elencando diversas condutas irregulares e contrárias à postura esperada de um empregado que, se forem comprovadamente praticadas, ensejarão a aplicação desta penalidade ao contrato de trabalho:

> "Art. 482 – Constituem justa causa para rescisão do contrato de trabalho pelo empregador:
>
> *a)* ato de improbidade;
>
> *b)* incontinência de conduta ou mau procedimento;
>
> *c)* negociação habitual por conta própria ou alheia sem permissão do empregador, e quando constituir ato de concorrência à empresa para a qual trabalha o empregado, ou for prejudicial ao serviço;

(3) NASCIMENTO. Amauri Mascaro. *Curso de Direito do Trabalho*. 24. ed. São Paulo: Saraiva, 2009. p. 955.

(4) *Ibidem*, p. 1.016.

d) condenação criminal do empregado, passada em julgado, caso não tenha havido suspensão da execução da pena;

e) desídia no desempenho das respectivas funções;

f) embriaguez habitual ou em serviço;

g) violação de segredo da empresa;

h) ato de indisciplina ou de insubordinação;

i) abandono de emprego;

j) ato lesivo da honra ou da boa fama praticado no serviço contra qualquer pessoa, ou ofensas físicas, nas mesmas condições, salvo em caso de legítima defesa, própria ou de outrem;

k) ato lesivo da honra ou da boa fama ou ofensas físicas praticadas contra o empregador e superiores hierárquicos, salvo em caso de legítima defesa, própria ou de outrem;

l) prática constante de jogos de azar.

m) perda da habilitação ou dos requisitos estabelecidos em lei para o exercício da profissão, em decorrência de conduta dolosa do empregado."

Por meio desse dispositivo, estão elencadas diversas condutas que são consideradas como faltas graves. O ato de improbidade consiste na prática de ato desonesto, com objetivo de obter vantagem para si ou para outrem, como ocorre nos casos de crimes contra o patrimônio: furto, adulteração de documentos, entre outros. A incontinência de conduta se caracteriza por comportamentos irregulares relacionados à sexualidade, enquanto o mau procedimento consiste é o comportamento que fere a moral em geral. Em seguida, a legislação autoriza a aplicação de justa causa pela negociação habitual por conta própria ou alheia sem permissão do empregador que constitua ato de concorrência à empresa ou seja prejudicial ao serviço, bem como em razão de condenação criminal do empregado, desde que transitada em julgado, caso não tenha havido suspensão da execução da pena. Já a desídia é configurada pela falta de comprometimento e pelo desleixo nas atividades laborativas. Além disso, a embriaguez no serviço e violação de segredo da empresa também configuram justa causa. No tocante a alínea *"h"*, o ato de indisciplina é a prática que viola as normais e políticas gerais da empresa, sendo que a insubordinação decorre do descumprimento de ordens diretas do empregador. O abandono de emprego é a ausência ao trabalho com o ânimo de abandoar a relação de emprego. Por fim, o dispositivo prevê que configura justa causa a prática de atos lesivos da honra ou da boa fama contra o empregador ou terceiros, bem como a prática constante de jogos de azar e perda de requisitos legais que tornem o empregado apto ao exercício da profissão, em decorrência de conduta dolosa.

É importante destacar que, com exceção da condenação criminal, prevista na alínea *"d"* do dispositivo supracitado, as demais hipóteses de faltas graves devem consistir em práticas irregulares que estejam obrigatoriamente relacionadas com o trabalho.

Portanto, restando configurado o ato faltoso que enseje a aplicação da justa causa, o empregado não terá direito ao recebimento da multa rescisória do FGTS, ao saque do saldo depositado na conta vinculada, tampouco ao aviso prévio, ao 13º salário proporcional e às férias proporcionais. Além disso, o empregado também perderá o direito ao benefício do seguro-desemprego.

Analisadas as duas hipóteses de ruptura contratual por iniciativa do empregador, passa-se ao estudo das modalidades rescisórias por ato do empregado.

Ao adentrar as formas de extinção do contrato por prazo indeterminado por iniciativa do empregado, faz-se importante a análise do pedido de demissão. Nesse caso, é o empregado quem decide encerrar o contrato de trabalho por vontade própria, sem que haja um motivo imputável ao empregador. Nessa hipótese, pela quebra da expectativa de continuidade do vínculo de emprego, o empregado deve cumprir o aviso prévio. Ele receberá, neste caso, as seguintes verbas rescisórias: saldo de salário, férias proporcionais + 1/3 e 13º salário proporcional, mas não terá direito à multa rescisória, ao saque do saldo do FGTS e ao benefício do seguro-desemprego.

Outra possibilidade de extinção do contrato por prazo indeterminado por iniciativa do emprego é a rescisão indireta, que consiste na ruptura contratual pela prática de ato irregular do empregador.

Sobre a rescisão indireta, Amauri Mascaro Nascimento(5) conceitua como "*a rescisão do contrato de trabalho pelo empregado, tendo em vista justa causa praticada pelo empregador*".

Nesse caso, as hipóteses de rescisão indireta estão elencadas no art. 483 da CLT:

> "Art. 483 – O empregado poderá considerar rescindido o contrato e pleitear a devida indenização quando:
>
> *a)* forem exigidos serviços superiores às suas forças, defesos por lei, contrários aos bons costumes, ou alheios ao contrato;
>
> *b)* for tratado pelo empregador ou por seus superiores hierárquicos com rigor excessivo;
>
> *c)* correr perigo manifesto de mal considerável;
>
> *d)* não cumprir o empregador as obrigações do contrato;
>
> *e)* praticar o empregador ou seus prepostos, contra ele ou pessoas de sua família, ato lesivo da honra e boa fama;
>
> *f)* o empregador ou seus prepostos ofenderem-no fisicamente, salvo em caso de legítima defesa, própria ou de outrem;
>
> *g)* o empregador reduzir o seu trabalho, sendo este por peça ou tarefa, de forma a afetar sensivelmente a importância dos salários."

(5) NASCIMENTO. Amauri Mascaro. *Curso de Direito do Trabalho*. 24. ed. São Paulo: Saraiva, 2009. p. 1.028.

Além disso, o art. 483 da CLT também impõe a obrigatoriedade de afastamento imediato do empregado das atividades laborativas quando verificar alguma dessas condutas irregulares pelo empregador, exceto em caso de práticas previstas nas alíneas *"d"* e *"g"*, sendo que, nestas hipóteses, é facultado ao empregado permanecer no emprego durante o trâmite da ação trabalhista.

Importante destacar que, atualmente, a doutrina e a jurisprudência estabelecem requisitos essenciais para o reconhecimento da rescisão indireta do contrato de trabalho. Um dos principais requisitos é a existência de imediatidade entre a conduta faltosa do empregador e o pleito judicial da rescisão indireta. Ou seja, o empregado deve agir de imediata ao tomar conhecimento do ato faltoso cometido pelo empregador, uma vez que a permanência no trabalho sob essas condições, sem que tenha sido requerida a rescisão indireta, pode configurar o perdão tácito ao empregador. Além disso, a gravidade do ato faltoso cometido pelo empregador também é um requisito essencial para a configuração da rescisão indireta. Assim, a falta cometida pelo empregador deve ser considerada suficientemente grave para inviabilizar a continuidade do vínculo de emprego.

Sendo assim, havendo a configuração da rescisão indireta do contrato de trabalho, o empregado terá direito ao recebimento das mesmas verbas rescisórias que seriam devidas em caso de dispensa imotivada por iniciativa do empregador, isto é, multa rescisória e permissão ao saque dos depósitos do FGTS, bem como direito ao aviso prévio indenizado, férias e 13º proporcionais.

2.3. Contrato de trabalho por prazo determinado

O contrato de trabalho por prazo determinado é a modalidade contratual em que as partes estabelecem previamente a duração do vínculo empregatício. Ao contrário do contrato de trabalho por prazo indeterminado, no qual há expectativa de continuidade e permanência da relação de emprego, o modelo em análise é caracterizado pela existência de uma data específica para o término do contrato.

Assim, a característica essencial dessa modalidade de contrato é a sua temporalidade definida, sendo que o período de vigência do contrato é definido pelas partes no momento da contratação. Trata-se, portanto, de uma vaga transitória que deixará de existir após o decurso do prazo combinado.

Sobre este tema, Maria Alice Monteiro de Barros(6) afirma:

> "O contrato por prazo determinado é o ajuste cuja vigência depende de termo prefixado ou da execução de serviços especificados ou, ainda, da realização de certo acontecimento suscetível de previsão aproximada (art. 443 da CLT)."

(6) BARROS, Alice Monteiro de. *Curso de Direito do Trabalho*. 8. ed. São Paulo: LTr, 2012. p. 381.

Nesse sentido, a previsão legal acerca dos contratos por prazo determinado está inserida no § 1º do art. 433 da CLT:

> "§ 1º Considera-se como de prazo determinado o contrato de trabalho cuja vigência dependa de termo prefixado ou da execução de serviços especificados ou ainda da realização de certo acontecimento suscetível de previsão aproximada."

Mais adiante, o § 2º do art. 433 da CLT é responsável por elencar as modalidades válidas de contrato com prazo a termo:

> "§ 2º O contrato por prazo determinado só será válido em se tratando:
>
> *a)* de serviço cuja natureza ou transitoriedade justifique a predeterminação do prazo;
>
> *b)* de atividades empresariais de caráter transitório;
>
> *c)* de contrato de experiência."

Importante destacar que a legislação estabelece limites e requisitos para a renovação dos contratos de trabalho por prazo determinado, visando evitar a precarização das relações de trabalho. Por meio do art. 445 da CLT, a legislação impôs a seguinte limitação temporal para os contratos com prazo determinado:

> "Art. 445 – O contrato de trabalho por prazo determinado não poderá ser estipulado por mais de 2 (dois) anos, observada a regra do art. 451.
>
> Parágrafo único. O contrato de experiência não poderá exceder de 90 (noventa) dias."

Nos termos do dispositivo legal acima, os contratos a termo não podem ter duração superior a dois anos, no tocante às hipóteses indicadas nas alíneas *"a"* e *"b"*, do § 2º, do art. 443 da CLT. Por outro lado, para os contratos de experiência, mencionados na alínea *"c"* do referido dispositivo, a limite temporal é de, no máximo, é de 90 dias.

É importante ressaltar que os contratos a termo somente podem ser prorrogados uma única vez, sob pena de serem automaticamente convertidos em contratos por prazo indeterminado, conforme disposto no art. 451 da CLT.

Os direitos trabalhistas assegurados aos empregados contratados por prazo determinado são os mesmos concedidos àqueles contratados por prazo indeterminado, conforme previsto na legislação. Isso inclui férias proporcionais, décimo terceiro salário proporcional, FGTS e seguro-desemprego.

Portanto, o contrato de trabalho por prazo determinado é uma ferramenta importante para possibilitar a flexibilidade e adequação das relações de trabalho às necessidades das empresas e do mercado, desde que haja a plena observância do regramento legal. Contudo, é importante esclarecer que os contratos a termo são exceções, uma vez que a regra geral é a que a contratação ocorra por prazo indeterminado, por refletir o princípio da continuidade da relação de emprego, que é fundamental ao direito do trabalho.

2.4. Contrato de trabalho por prazo determinado: Extinção por decurso do prazo ou rescisão antecipada

Conforme já analisado anteriormente, o contrato de trabalho por prazo determinado é a modalidade contratual em que as partes estabelecem previamente a duração do vínculo de emprego. Dessa forma, a previsão de terminação é fixada no momento da celebração do contrato, o que dá previsibilidade às partes quanto à sua duração. O seu encerramento natural se dá com o decurso do prazo fixado contratualmente, mas também pode ocorrer a extinção antecipada, sendo que cada uma dessas formas de ruptura contratual possui implicações legais.

Nesse sentido, Amauri Mascaro Nascimento(7) ensina:

> "(...) desde que seja atingido normalmente o seu término, não é devida indenização de antiguidade. Ele simplesmente se extingue, morre, desaparece; o empregado não foi despedido pelo empregador.
>
> (...)
>
> Porém a rescisão do contrato a termo antes do seu final e sem justa causa dá margem a soluções diferentes previstas em lei e assentadas pela doutrina e jurisprudência."

Assim, uma das formas mais comuns de extinção do contrato por prazo determinado é o seu término natural, com o decurso do prazo estipulado entre as partes para a vigência contratual. Nesse caso, considerando o encerramento do pacto na data exata que foi contratualmente prevista, não há necessidade de concessão de aviso prévio. Contudo, o empregado tem direito ao recebimento das seguintes verbas rescisórias: saldo de salário, férias proporcionais acrescidas de um terço e 13º salário proporcional. Essas verbas são calculadas de acordo com o tempo efetivamente trabalhado.

Além da hipótese de extinção natural do contrato, também há possibilidade de encerramento do contrato de prazo determinado antes da data prevista contratualmente, mediante a rescisão antecipada. Ela pode ocorrer por iniciativa de qualquer uma das partes.

Se a rescisão antecipada ocorrer por iniciativa do empregador, além das verbas rescisórias (saldo de salário; 13º proporcional; férias proporcionais acrescidas de 1/3, multa de 40% do FGTS e liberação do saldo do FGTS), aplica-se a penalidade prevista

(7) NASCIMENTO. Amauri Mascaro. *Curso de Direito do Trabalho*. 24. ed. São Paulo: Saraiva, 2009. p. 810-811.

no art. 479 da CLT, que consiste no pagamento de uma indenização equivalente à metade da remuneração que o empregado teria direito caso o contrato permanecesse ativo até a data final pactuada.

Destaca-se o art. 479 da CLT:

> "Art. 479 - Nos contratos que tenham termo estipulado, o empregador que, sem justa causa, despedir o empregado será obrigado a pagar-lhe, a titulo de indenização, e por metade, a remuneração a que teria direito até o termo do contrato."

Por outro lado, em caso de rescisão antecipada por iniciativa do empregado, ele receberá as verbas rescisórias (saldo de salário; 13º proporcional; férias proporcionais, acrescidas de 1/3), mas terá que indenizar o empregador pelos prejuízos eventualmente causados pela ruptura antecipada. A referida indenização está prevista no art. 480 da CLT, e não poderá ultrapassar o valor da penalidade a que o empregado teria direito em caso de rescisão antecipada por ato do empregador.

Nesse sentido, o art. 480 da CLT:

> "Art. 480 – Havendo termo estipulado, o empregado não se poderá desligar do contrato, sem justa causa, sob pena de ser obrigado a indenizar o empregador dos prejuízos que desse fato lhe resultarem.
>
> § 1º A indenização, porém, não poderá exceder àquela a que teria direito o empregado em idênticas condições."

Além disso, a legislação também prevê a possibilidade de ruptura antecipada de contratos por prazo determinado que contenham uma cláusula assecuratória do direito recíproco de rescisão antes do prazo de término acordado. Nesse caso, ocorrendo a ruptura antecipada, a extinção do contrato será regida pelas regras aplicáveis aos contratos por prazo indeterminado, nos termos do art. 481, CLT, *in verbis*:

> "Art. 481 – Aos contratos por prazo determinado, que contiverem cláusula asseguratória do direito recíproco de rescisão antes de expirado o termo ajustado, aplicam-se, caso seja exercido tal direito por qualquer das partes, os princípios que regem a rescisão dos contratos por prazo indeterminado."

Nessa linha, a rescisão antecipada por iniciativa do empregador, em contratos que contenham essa cláusula, implicará na obrigatoriedade de conceder o aviso prévio ao empregado. Da mesma forma, o empregado também deverá conceder aviso prévio ao seu empregador, caso a ruptura antecipada ocorra por sua iniciativa.

No mais, a extinção do contrato por prazo determinado também pode ocorrer de forma antecipada, diante da ocorrência de justa causa, seja pelo empregado ou pelo empregador. Com a prática de justa causa pelo empregado, haverá o término imediato do contrato de trabalho por prazo determinado, com pagamento apenas do saldo de salário. Por outro lado, em caso de justa causa praticada pelo empregador, ocorrerá a hipótese de rescisão indireta, implicando no pagamento das mesmas verbas rescisórias devidas em caso de dispensa sem justa causa, inclusive aviso prévio e indenização de 40% dos depósitos do FGTS, além do saldo de salário, 13º salário proporcional, férias proporcionais acrescidas de 1/3 e levantamento do FGTS.

3. Estabilidade gestante nos contratos de trabalho por prazo determinado

3.1. Conceito e caracterização da estabilidade provisória à empregada gestante

Passado o estudo preliminar sobre as modalidades de contrato de trabalho quanto ao prazo e às formas de extinção, passa-se à análise do instituto jurídico da estabilidade provisória à empregada gestante.

Inicialmente, antes de adentar ao estudo da estabilidade provisória, importa trazer um breve esclarecimento sobre a estabilidade definitiva. Ela surgiu inicialmente no ordenamento jurídico brasileiro como "estabilidade decenal", que vedava a dispensa sem justa causa de empregados com mais de 10 (dez) anos no emprego. No entanto, essa forma de estabilidade foi gradativamente desaparecendo do cenário jurídico brasileiro, em razão do surgimento do Fundo de Garantia por Tempo de Serviço, por meio da antiga Lei n. 5.107/1966 (atual Lei n. 8.036/1990), que trouxe alterações na norma constitucional, por meio do art. 7º, I, CF.

Por outro lado, a estabilidade provisória no trabalho, como o próprio nome sugere, não possui caráter definitivo, existindo apenas pelo tempo em que perdurar a causa específica que a motivou. Uma vez extinta a causa que a originou, a estabilidade se encerra.

O objetivo do presente artigo é a análise detalhada da estabilidade de caráter provisório, mais especificamente em relação às empregadas gestantes, destacando suas implicações legais e a proteção especial que lhes é conferida durante o período gestacional e pós-parto.

A referida estabilidade gestante é garantida pelo art. 10, inciso II, alínea *"b"*, do Ato das Disposições Constitucionais Transitórias (ADCT), que veda a dispensa arbitrária ou sem justa causa da empregada gestante, desde a confirmação da gravidez até cinco meses após o parto:

> "ADCT, art. 10. Até que seja promulgada a lei complementar a que se refere o art. 7º, I, da Constituição:
>
> I – fica limitada a proteção nele referida ao aumento, para quatro vezes, da porcentagem prevista no art. 6º, *"caput"* e § 1º, da Lei n. 5.107, de 13 de setembro de 1966;

II – fica vedada a dispensa arbitrária ou sem justa causa:

a) do empregado eleito para cargo de direção de comissões internas de prevenção de acidentes, desde o registro de sua candidatura até um ano após o final de seu mandato;

b) da empregada gestante, desde a confirmação da gravidez até cinco meses após o parto."

A estabilidade provisória à empregada gestante, conforme estabelecido no dispositivo acima, é uma garantia fundamental prevista na legislação trabalhista brasileira, que protege a empregada durante a sua gestação e até 5 meses após o parto, garantindo-lhe estabilidade no emprego e evitando que ela seja dispensada de forma injustificada em um momento em que necessita de segurança e estabilidade financeira.

Nesse sentido, argumenta Michel Olivier Giraudeau(8):

> "O instituto da estabilidade tem origem no esforço de atenuar o sentimento de segurança do trabalhador, garantindo-lhe que, excetuadas determinadas condições excepcionais, permanecerá no emprego, desde que observada a razoabilidade no cumprimento de suas próprias obrigações."

Assim, a estabilidade gestante garante uma proteção à maternidade no ambiente de trabalho, desempenhando um papel de extrema importância na garantia dos direitos fundamentais das mulheres. A referida estabilidade, além de proteger seus direitos laborais, também visa resguardar a saúde física e emocional da mulher durante o período gestacional e no pós-parto, garantindo que ela possua condições adequadas para o desenvolvimento da gravidez e para a subsistência do recém-nascido. Destaca-se, ainda, que a estabilidade gestante não visa apenas a proteção da empregada gestante, mas também se estende ao nascituro, como forma de garantir-lhe condições mínimas nos estágios iniciais de sua vida.

É importante destacar que a estabilidade provisória prevista no art. 10 do ADCT não impede que a empregada gestante seja dispensada por justa causa, mas apenas a protege contra dispensas arbitrárias ou sem justa causa.

Sobre o tema, Amauri Mascaro Nascimento(9) afirma o seguinte:

> "Estabilidade especial é aquela que protege o empregado contra dispensas arbitrárias ou sem justa causa, enquanto persistir uma situação em que se encontra e que veda a rescisão do contrato por ato do empregador. Este só

---

(8) GIRAUDEAU, Michel Olivier. *Estabilidade Provisória*. Dirigente da CIPA e Gestante. Mestrado – Direito do Trabalho. PUC-São Paulo, 2006.

(9) NASCIMENTO. Amauri Mascaro. *Curso de Direito do Trabalho*. 24. ed. São Paulo: Saraiva, 2009. p. 983.

> poderá despedir o empregado havendo justa causa. Terminada a situação em que se achava o empregado, geradora da proteção, cessa a garantia, cabendo a dispensa mesmo imotivada, antes proibida."

Desse modo, em caso de prática de conduta grave pela empregada gestante, ela não se aproveitará da proteção legal em análise, pois a estabilidade provisória é incompatível com a ruptura contratual por justa causa.

Assim, diante da ocorrência da gestação, até 5 meses após o parto, a empregada gozará de estabilidade provisória no emprego, com direito a licença-maternidade de 120 dias, sem prejuízo do seu salário, não podendo sofrer dispensa arbitrária ou sem justa causa neste período. Desse modo, a dispensa sem justa causa da empregada nessas circunstâncias é considerada nula, bastando a prova da gravidez e a ocorrência da despedida imotivada para garantir a imediata reintegração ao emprego e/ou o recebimento de indenização.

Como já mencionado, a estabilidade gestante não visa somente a proteção da empregada gestante, mas também busca assegurar a proteção do nascituro, garantindo as condições econômicas mínimas para a sua saúde e bem-estar. A proteção ao nascituro e à empregada gestante são questões de grande relevância para a sociedade, motivo pelo qual a legislação trabalhista brasileira estabelece medidas específicas para garantir a sua segurança no ambiente de trabalho.

Nesse sentido, é possível citar o art. 500 da CLT, que dispõe o seguinte:

> "Art. 500 – O pedido de demissão do empregado estável só será válido quando feito com a assistência do respectivo Sindicato e, se não o houver, perante autoridade local competente do Ministério do Trabalho e Previdência Social ou da Justiça do Trabalho."

Nota-se que a legislação traz expressamente a exigência de assistência à empregada gestante em caso de pedido de demissão, o que evidencia a necessidade de garantir que a decisão de encerramento contratual seja realmente válida e livre de qualquer vício de consentimento, como forma de resguardar os direitos da gestante e do nascituro e protegê-los de qualquer irregularidade, mesmo em situações de pedido de demissão.

Essa medida reflete o compromisso do ordenamento jurídico em resguardar a dignidade e integridade da gestante e do nascituro, proporcionando um ambiente de trabalho seguro e justo durante o período de gestação e pós-parto.

Diante disso, nota-se que a proteção à maternidade e ao nascituro no contexto laboral transcende a mera garantia de estabilidade no emprego para as gestantes, representando, também, o compromisso e a conscientização da importância da maternidade para a sociedade.

3.2. Controvérsias sobre a estabilidade gestante e a Súmula n. 244 do Tribunal Superior do Trabalho

Ao longo do tempo, a estabilidade provisória no emprego garantida à empregada gestante foi objeto de inúmeras controvérsias.

Uma das principais controvérsias consistia na necessidade de ciência do empregador acerca da gravidez para que a estabilidade fosse garantida, bem como na extensão dessa proteção aos contratos por prazo determinado. Essas questões geraram debates significativos e decisões judiciais divergentes, o que, consequentemente, implicou na criação da Súmula n. 244 pelo Tribunal Superior do Trabalho (TST), *in verbis*:

> "SÚMULA N. 244 – GESTANTE.ESTABILIDADE PROVISÓRIA
>
> I – O desconhecimento do estado gravídico pelo empregador não afasta o direito ao pagamento da indenização decorrente da estabilidade (art. 10, II, *"b"* do ADCT).
>
> II. A garantia de emprego à gestante só autoriza a reintegração se esta se der durante o período de estabilidade. Do contrário, a garantia restringe-se aos salários e demais direitos correspondentes ao período de estabilidade.
>
> III. A empregada gestante tem direito à estabilidade provisória prevista no art. 10, inciso II, alínea *"b"*, do Ato das Disposições Constitucionais Transitórias, mesmo na hipótese de admissão mediante contrato por tempo determinado."

Conforme dispositivo acima transcrito, a Súmula n. 244 do Tribunal Superior do Trabalho traz diretrizes claras para a aplicação da estabilidade da gestante no emprego. No item I, há esclarecimento quanto à garantia de estabilidade desde a confirmação da gravidez até cinco meses após o parto, independentemente da ciência do empregador sobre a gravidez. Isto é, mesmo que o empregador não tenha conhecimento da situação gravídica da empregada, estará garantida a estabilidade provisória no emprego.

O segundo aspecto relevante da Súmula n. 244 do Tribunal Superior do Trabalho é a previsão de que a garantia de emprego à gestante só autoriza a reintegração se esta ocorrer durante o período de estabilidade, conforme consta no item II. Havendo o transcurso do período de estabilidade, a garantia restringe-se ao pagamento dos salários e demais direitos correspondentes ao período de estabilidade. Dessa forma, a empregada gestante terá direito ao recebimento dos valores relativos ao período em que deveria ter sido mantida no emprego, mesmo que não tenha retornado ao trabalho, como forma de garantir a proteção econômica necessária para a manutenção de sua saúde e a do nascituro.

Já no item III, a Súmula estabelece expressamente a extensão da estabilidade provisória da empregada gestante aos contratos por prazo determinado.

Sobre este último ponto, o posicionamento apresentado pela Súmula n. 244 do Tribunal Superior do Trabalho é de que a proteção à maternidade não pode ser negligenciada mesmo nos casos de contratos que tenham natureza transitória, ou seja, aqueles firmados por prazo determinado. A essência desse posicionamento é que a proteção do emprego da gestante é essencial para garantir condições dignas de trabalho e assegurar o pleno exercício dos direitos fundamentais, independentemente de a natureza da relação trazer previsibilidade e expectativa quanto ao término do vínculo.

Importante esclarecer que, até o início do mês de setembro de 2012, a redação do item III da referida Súmula não estendia à estabilidade provisória às empregadas admitidas através de contrato por prazo determinado. A ampliação dessa proteção decorreu da alteração realizada por meio da sessão do Tribunal Pleno em 14.09.2012. A partir desse momento, a proteção à gestante e ao nascituro passaram a ser garantidas em todas as modalidades de contratos, seja por prazo indeterminado ou por prazo determinado, desde que a concepção tenha ocorrido durante o pacto laboral.

3.3. Conflito entre a Súmula n. 244 do Tribunal Superior do Trabalho e o Tema 497 de Repercussão Geral do Supremo Tribunal Federal

A estabilidade à empregada gestante, prevista por meio do art. 10, inciso II, alínea '*b*', do Ato das Disposições Constitucionais Transitórias (ADCT) era originalmente limitada às empregadas admitidas por meio de contratos por prazo indeterminado, excluindo aquelas contratadas por prazo determinado. Em setembro de 2012, após inúmeras controvérsias sobre as implicações legais da referida proteção, houve a edição do item III, da Súmula n. 244 do Tribunal Superior do Trabalho (TST), por meio da qual passou a ser garantida a estabilidade no emprego também para as empregadas gestantes contratadas por prazo determinado.

A partir dessa alteração, o Supremo Tribunal Federal (STF) e o Tribunal Superior do Trabalho (TST) passaram a adotar o posicionamento no sentido de conceder a estabilidade provisória prevista no art. 10, inciso II, alínea '*b*' do ADCT também às empregadas gestantes admitidas por meio de contratos a prazo determinado. Esse entendimento jurisprudencial reforçou o argumento de que a proteção à gestante deve abranger todas as formas de vínculo empregatício, uma vez que o seu objetivo principal é a proteção do nascituro.

Contudo, apesar do posicionamento jurisprudencial majoritário favorável à extensão da estabilidade provisória às empregas gestantes admitidas por meio de contrato de trabalho por prazo determinado, também existiam posicionamentos doutrinários e jurisprudenciais contrários, defendendo a incompatibilidade da referida proteção com a natureza do contrato a termo.

Com base nesse posicionamento, defendia-se que a essência dos contratos de trabalho por prazo é a previsibilidade quanto ao momento do seu término, mediante a fixação prévia de um termo final. Desse modo, ao estender a estabilidade gestante a essa modalidade contratual, estar-se-ia autorizando a prorrogação da relação empregatícia para além do seu tempo máximo, cujo prazo já havia sido previamente combinado entre as partes, o que acabaria por desvirtuar a própria natureza da relação. De qualquer forma, em que pese a existência dessa vertente jurisprudencial e doutrinária, prevalecia, desde a alteração do item III da Súmula n. 244 do Tribunal Superior do Trabalho, o entendimento de que a proteção legal era compatível com essa modalidade contratual.

Entretanto, em 10.10.2018, no julgamento do Recurso Extraordinário (RE) 629.053 pelo Supremo Tribunal Federal (STF), com repercussão geral reconhecida (Tema 497) foi proferido um entendimento contrário ao dispositivo sumular em relação à aplicação da estabilidade gestante aos contratos por prazo determinado. No julgamento do recurso em comento, o Tribunal, por maioria, negou provimento ao recurso extraordinário e fixou a seguinte tese: "*A incidência da estabilidade prevista no art. 10, inc. II, do ADCT, somente exige a anterioridade da gravidez à dispensa sem justa causa*".

O cerne desse novo entendimento reside na interpretação da redação dada ao art. 10, inciso II, alínea "*b*" do Ato das Disposições Constitucionais Transitórias (ADCT), que prevê expressamente a proibição da extinção contratual, desde a confirmação da gravidez até cinco meses após o parto, somente em casos de dispensa arbitrária ou sem justa causa. Dessa forma, entende-se que o próprio texto legal limita a aplicação da estabilidade gestante apenas a estes modalidade rescisórias, excluindo todas as outras formas de rescisão contratual, inclusive o encerramento do contrato pelo decurso do prazo.

Nessa linha, o entendimento apresentado pelo Supremo Tribunal Federal decorre da interpretação de que o termo final do contrato por prazo determinado implica na extinção natural do contrato de trabalho, e não decorre da vontade do empregador. O decurso do prazo é uma mera consequência dos termos ajustados pelas partes e da natureza da relação firmada, de modo que o contrato à termo e a estabilidade gestante são institutos essencialmente incompatíveis.

Dessa forma, por não se tratar de uma dispensa arbitrária ou sem justa causa, mas apenas do término natural da relação pactuada a termo, torna-se inaplicável a garantia prevista pelo art. 10, inciso II, alínea "*b*" do Ato das Disposições Constitucionais Transitórias (ADCT). Portanto, por meio desse posicionamento fixado no Tema 497 de Repercussão Geral, conclui-se que a estabilidade gestante somente se aplicaria aos casos de dispensa sem justa causa, não abrangendo outras formas de extinção do contrato de trabalho. Essa interpretação decorre da análise literal do texto constitucional.

Assim, em virtude desse novo posicionamento do Supremo Tribunal Federal, considera-se que o entendimento exarado no item III da Súmula n. 244 do Tribunal Superior do Trabalho, que estendia a estabilidade gestante aos contratos por prazo determinado, ficou ultrapassado e superado. Entretanto, é relevante destacar que o referido dispositivo sumular ainda permanece em vigência.

Nesse contexto, apesar de o item III da Súmula n. 244 do Tribunal Superior do Trabalho ainda se encontrar em vigência, os Tribunais Regionais do Trabalho vêm alterando seu entendimento, declarando a incompatibilidade da estabilidade provisória garantida à gestante com as hipóteses de encerramento natural do contrato a termo, uma vez que não se vislumbra a ocorrência de despedida arbitrária ou sem justa causa.

Para melhorar aclarar esse cenário, segue abaixo a emenda do acórdão proferido pela 3ª Turma do Tribunal Regional do Trabalho da 2ª Região, publicado em 26.01.2022, que entendeu pela incompatibilidade da estabilidade gestante com o contrato a termo, diante da tese fixada pelo Supremo Tribunal Federal, por meio do Tema 497 de Repercussão Geral:

> "ESTABILIDADE GESTANTE. CONTRATO A TERMO. Restando incontroversa a dispensa da autora por extinção normal do contrato de experiência, o entendimento prevalecente no C. TST é que nos contratos por prazo determinado não há estabilidade. Neste sentido, cumpre observar que a tese 497, firmada no Supremo Tribunal Federal, dispõe que 'a incidência da estabilidade prevista no art. 10, inc. II, do ADCT somente exige a anterioridade da gravidez à dispensa sem justa causa', permitindo concluir que além da gravidez, a dispensa deve ocorrer sem justa causa, por iniciativa do empregador. No caso presente, tratando-se de contrato a termo (contrato de experiência), a manifestação de vontade das partes relativa ao término do contrato de trabalho já ocorreu quando da celebração do pacto laboral, não se tratando de hipótese da dispensa à qual se referiu a tese do STF. A jurisprudência majoritária deste E. Tribunal também perfaz-se neste sentido, consoante Tese Jurídica Prevalecente n. 5. Recurso ordinário não provido." (TRT-2 10004172820215020386 SP, relatora: MERCIA TOMAZINHO, 3ª Turma – Cadeira 4, Data de Publicação: 19.01.2022)

Na mesma linha, a 4ª Turma do Tribunal Superior do Trabalho, no julgamento do Recurso de Revista RR-1000333-96.2019.5.02.0321 em 07/10/2020, argumentou a necessidade de aplicação da tese de repercussão geral do Supremo Tribunal Federal (Tema 497), sob pena de formação de coisa julgada inconstitucional, decidindo, portanto, pela incompatibilidade da estabilidade provisória da gestante em contrato de trabalho por prazo determinado, restando superado o entendimento consolidado pelo item III da Súmula n. 244, *in verbis*:

> "RECURSO DE REVISTA. ACÓRDÃO REGIONAL PUBLICADO NA VIGÊNCIA DAS LEIS NS. 13.015/2014 E 13.456/2017 . DESPACHO DE ADMISSIBILIDADE PUBLICADO NA VIGÊNCIA DA INSTRUÇÃO NORMATIVA N. 40/2016. 1. ESTABILIDADE PROVISÓRIA. CONTRATO POR PRAZO DETERMINADO. GRAVIDEZ NO CURSO DO CONTRATO POR PRAZO DETERMINADO. SÚMULA N. 244, III, DO TST. TEMA 497 DA REPERCUSSÃO GERAL DO STF. EFEITO VINCULANTE E EFICÁCIA ERGA OMNES . APLICAÇÃO OBRIGATÓRIA DA TESE ATÉ A ESTABILIZAÇÃO DA COISA JULGADA (TEMA 360 DA REPERCUSSÃO GERAL). I. Segundo o entendimento consagrado no item III da Súmula n. 244 do TST, 'a empregada gestante tem direito à estabilidade provisória prevista no art. 10, inciso II, alínea *b*, do Ato das Disposições Constitucionais Transitórias, mesmo na hipótese de admissão mediante contrato por tempo determinado'. Sobre o tema, a jurisprudência desta Corte Superior é no sentido

de que a circunstância de ter sido a empregada admitida mediante contrato por prazo determinado não constitui impedimento para que se reconheça a estabilidade provisória de que trata o art. 10, II, *b*, do ADCT. II. A discussão quanto ao direito à estabilidade provisória à gestante contratada por prazo determinado encontra-se superada em virtude da tese firmada pelo Supremo Tribunal Federal quando do julgamento do RE 629.053/SP, em 10/10/2018, com a seguinte redação: A incidência da estabilidade prevista no art. 10, inc. II, do ADCT, somente exige a anterioridade da gravidez à dispensa sem justa causa. III . A decisão do Supremo Tribunal Federal no Tema 497 é de clareza ofuscante quanto elege como pressupostos da estabilidade da gestante (1) a anterioridade do fator biológico da gravidez à terminação do contrato e (2) dispensa sem justa causa , ou seja, afastando a estabilidade das outras formas de terminação do contrato de trabalho. Resta evidente que o STF optou por proteger a empregada grávida contra a dispensa sem justa causa — como ato de vontade do empregador de rescindir o contrato sem imputação de justa causa à empregada —, excluindo outras formas de terminação do contrato, como pedido de demissão, a dispensa por justa causa, a terminação do contrato por prazo determinado, entre outras. IV. O conceito de estabilidade, tão festejado nos fundamentos do julgamento do Tema 497 da repercussão geral, diz respeito à impossibilidade de terminação do contrato de trabalho por ato imotivado do empregador, não afastando que o contrato termine por outras causas, nas quais há manifestação de vontade do empregado, como no caso do pedido de demissão (a manifestação de vontade se dá no fim do contrato) ou nos contratos por prazo determinado e no contrato de trabalho temporário (a manifestação de vontade do empregado já ocorreu no início do contrato). Assim, na hipótese de admissão mediante contrato por prazo determinado, não há direito à garantia provisória de emprego prevista no art. 10, inciso II, alínea *b*, do ADCT. Superação do item III da Súmula n. 244 do TST pelo advento da tese do Tema 497 da repercussão geral do Supremo Tribunal Federal, em julgamento realizado no RE 629.053, na Sessão Plenária de 10.10.2018. V. A tese fixada pelo Plenário do STF, em sistemática de repercussão geral, deve ser aplicada pelos demais órgãos do Poder Judiciário até a estabilização da coisa julgada, sob pena de formação de coisa julgada inconstitucional (vício qualificado de inconstitucionalidade), passível de ter sua exigibilidade contestada na fase de execução (CPC, art. 525, § 1º, III), conforme Tema 360 da repercussão geral. VI . Recurso de revista de que não se conhece." (TST – RR: 10003339620195020321, relator: Alexandre Luiz Ramos, Data de Julgamento: 07.10.2020, 4ª Turma, Data de Publicação: 09.10.2020)

Assim sendo, de acordo com os recentes entendimentos proferidos pelos Tribunais do Trabalho, surge o novo posicionamento de que a garantia provisória de emprego à gestante prevista no ADCT não é compatível com os contratos firmados por prazo determinado, pois apenas se aplicam na hipótese de dispensas sem justa causa, de acordo com a tese fixada pelo Supremo Tribunal Federal por meio do Tema 497 de Repercussão Geral, restando superado, portanto, o entendimento do item III, da Súmula n. 244 do Tribunal Superior do Trabalho.

4. Considerações finais

A presente pesquisa propôs um estudo para identificar se a estabilidade provisória da gestante, assegurada pelo art. 10 do ADCT e com diretrizes traçadas pela Súmula n. 244 do Tribunal Superior do Trabalho, é compatível ou não com a natureza dos contratos de trabalho por prazo determinado, tendo em vista que a referida proteção foi criada para proibir tratamentos discriminatórios contra a empregada gestante, assegurando a impossibilidade de rompimento contratual de forma arbitrária ou sem justa causa.

Conforme estudado, até setembro de 2012, a Súmula n. 244 do Tribunal Superior do Trabalho não garantia estabilidade provisória à gestante na hipótese de contratações por prazo determinado. Somente a partir de 14/09/2012, com a alteração feita no item III da referida Súmula, passou-se a ampliar esse direito às empregadas gestantes admitidas por meio dessa modalidade contratual.

Essa questão voltou a ser objeto de novos debates, uma vez que, no ano de 2018, o Supremo Tribunal Federal, no julgamento do Recurso Extraordinário n. 629053, com repercussão geral reconhecida (Tema 497), fixou a tese de que a estabilidade gestante dependeria da ocorrência de dispensa sem justa causa, o que, por meio de uma interpretação literal do art. 10 da ADCT, excluiria todas as demais formas de ruptura contratual.

Nesse sentido, quando se trata de contrato de trabalho a prazo, há divergências doutrinárias e jurisprudenciais em relação ao direito à garantia de estabilidade provisória à gestante. Evidenciou também que, apesar de o item III, da Súmula n. 244 do Tribunal Superior do Trabalho ainda permanecer vigente, as recentes decisões dos Tribunais Regionais do Trabalho passaram a aplicar a tese fixada pelo Supremo Tribunal Federal, defendendo a incompatibilidade da estabilidade constitucionalmente assegurada na hipótese de admissão por meio do contrato por prazo determinado.

Referências

BARRETTO, Luciana Lucena Baptista. Estabilidade provisória da gestante, análise da Súmula n. 244 do TST. *Migalhas*. Publicado em 13 de novembro de 2013. Disponível em: https://www.migalhas.com.br/depeso/190314/estabilidade-provisoria-da-gestante--analise-da-sumula-244-do-tst. Acesso em: 12 jun. 2024.

BARROS, Alice Monteiro de. *Curso de Direito do Trabalho*. 8. ed. São Paulo: LTr, 2012.

CARRION, Valentin. *Comentários à Consolidação das Leis do Trabalho*. 37. ed. Atualizada por Eduardo Carrion. São Paulo: Saraiva, 2012.

CASSAR, Vólia Bomfim. Direito do Trabalho. 9. ed., rev. e atual. Rio de Janeiro: Forense; São Paulo: Método, 2014.

DELGADO, Mauricio Godinho. *Curso de Direito do Trabalho*. 9. ed. São Paulo: LTr, 2010.

GIRAUDEAU, Michel Olivier. *Estabilidade Provisória*. Dirigente da CIPA e Gestante. Mestrado – Direito do Trabalho. PUC-São Paulo, 2006.

NASCIMENTO, Amauri Mascaro. *Curso de Direito do Trabalho:* História e Teoria Geral do Direito do Trabalho: Relações Individuais e Coletivas do Trabalho. 24. ed. São Paulo: Saraiva, 2009.

NASCIMENTO, Amauri Mascaro; NASCIMENTO, Sônia Mascaro. *Iniciação ao Direito do Trabalho*. 39. ed. São Paulo: LTr, 2014.

PINTO, Sérgio Martins. *Curso de Direito do Trabalho*. 16. ed. São Paulo: Saraiva Educação, 2017.

Negociação Coletiva como Um Direito Fundamental do Trabalhador e a sua Prevalência sobre a Legislação

Juliany Yeda Gomes Giesteira[1]

Resumo: Desde a Declaração dos Direitos do Homem até a promulgação da Constituição Federal, sempre houve o reconhecimento e incentivo a negociação coletiva como um direito fundamental do trabalhador. Esse entendimento é consagrado tanto pela doutrina como pela jurisprudência. A polêmica existente diz respeito a Reforma Trabalhista instituída pela Lei n. 13.467, de 13 de julho de 2017, a qual consagrando o princípio da autonomia privada nas relações jurídicas laborais, estabeleceu que as normas coletivas devem prevalecer sobre a legislação. Embora haja previsão e limites para que seja respeitado um patamar mínimo civilizatório, há forte crítica do meio jurídico sobre o contexto em que a lei foi criada em afronta ao Poder Judiciário Trabalhista, bem como por facilitar uma certa precarização das relações de trabalho. O Supremo Tribunal Federal no Tema de Repercussão Geral n. 1.046 também privilegiou a autonomia privada das partes referendando a prevalência do negociado sobre o legislado desde que observado o princípio da adequação setorial negociada e a classificação dos direitos absolutamente fundamentais.

Palavras-chaves: Negociação coletiva — Direitos fundamentais — Negociado x legislado — Princípio da adequação setorial negociada — autonomia privada.

Abstract: From the Declaration of Human Rights to the promulgation of the Federal Constitution, collective bargaining has always been recognized and encouraged as a fundamental right of the worker. This understanding is enshrined in both doctrine and jurisprudence. The existing controversy concerns the Labor Reform instituted by Law n. 13,467, of July 13, 2017, which, enshrining the principle of private autonomy in labor legal relations, established that collective bargaining rules. Although there are provisions and limits for a minimum level of civilization to be respected, there is strong criticism

(1) Advogada. Mestranda em Direito do Trabalho pela Pontifícia Universidade Católica de São Paulo (PUC/SP). Especialista em Direito Material e Processual do Trabalho pela Pontifícia Universidade Católica de São Paulo (PUC/SP).

from the legal community about the context in which the law was created in affront to the Labor Judiciary, as well as for facilitating a certain precariousness of labor relations. The Federal Supreme Court, in the matter of General Repercussion n. 1.046, also privileged the private autonomy of the parties, endorsing the prevalence of what is negotiated over what is legislated, provided that the principle of negotiated sectoral adequacy and the classification of absolutely fundamental rights are observed.

Keywords: Collective bargaining — Fundamental rights — negotiated *vs.* legislated — Principle of negotiated sectoral adequacy — Private autonomy.

1. Considerações gerais

Segundo Carla Teresa Martins Romar[(2)], as negociações coletivas são importantes fontes de produção normativa, constituindo-se em expressão da autonomia privada das partes na busca de uma solução para os conflitos coletivos de trabalho. Trata-se da principal forma de composição dos conflitos coletivos nos sistemas democráticos modernos.

Como leciona Amauri Mascaro Nascimento[(3)], trata-se de uma concepção oriunda do pluralismo jurídico o qual considera a possibilidade de existir um direito positivo entre associações econômicas e profissionais mesmo que não decorra exclusivamente do Estado, mas que é por ele legitimado.

> "A Constituição Federal (art. 7º, XXVI) declara: *reconhecimento das convenções e acordos coletivos de trabalho*. Fundam-se, as negociações coletivas, no princípio básico e de maior relevância, que a doutrina italiana denomina *princípio da autonomia privada coletiva*, assim considerado o poder de auto-regulamentação, resultante da livre e direta negociação entre sindicatos e empregadores e que tem como ideia primeira a concepção pluralista da sociedade e da ordem jurídica, com o reconhecimento de que o direito positivo não é obra exclusiva do Estado, cabendo aos grupos intermediários, inclusive às associações econômico-profissionais, instaurar liames jurídicos diretamente constituídos por elas, dos quais resultam normas jurídicas de obrigatoriedade admitida pelas leis. Assim, os contratos coletivos de trabalho encontram adequada fundamentação na teoria das fontes formais do direito do trabalho, como uma das suas formas, aquela que talvez melhor atenda às aspirações democráticas da sociedade."

(2) ROMAR, Carla Teresa Martins. Negociado sobre o legislado — Realinhamento das fontes regulatórias do Direito do Trabalho. Contraponto Jurídico – Posicionamentos divergentes sobre grandes temas do Direito. 2019. *Jusbrasil*. Disponível em: https://www.jusbrasil.com.br/doutrina/secao/1-negociado-sobre-o-legislado-realinhamento-das-fontes-regulatorias-do-direito-do-trabalho-convencao-sindical-com-forca-de-lei-contraponto-juridico-ed-2019/1590512521. Acesso em: 11 jun. 2024.

(3) NASCIMENTO, Amauri Mascaro. *Iniciação ao Direito do Trabalho*. 32. ed. São Paulo: LTr, 2006. p. 269.

Esse entendimento é consagrado tanto pela doutrina como pela jurisprudência, a polêmica que se instaura no meio jurídico não se refere a legitimidade da negociação coletiva como um instrumento válido de composição das partes, mas dos direitos que serão negociados e que prevalecerão sobre as leis existentes no ordenamento jurídico, ainda que, por vezes, sejam menos favoráveis ao trabalhador.

A despeito de muitas críticas o posicionamento do Supremo Tribunal Federal no tema de Repercussão Geral n. 1.046 foi no sentido de também privilegiar a autonomia privada das partes referendando a prevalência do negociado sobre o legislado desde que respeitados os direitos absolutamente indisponíveis e observado o princípio da adequação setorial negociada.

2. Negociação coletiva como um direito fundamental do trabalhador

A negociação coletiva é um direito fundamental do trabalhador instituído desde 1948 quando da Declaração Universal dos Direitos Humanos(4). A referida norma foi editada em um momento de pós Segunda Guerra Mundial no qual se constatou uma série violações a dignidade da pessoa humana o que levou ao compromisso de se tentar garantir direitos individuais e coletivos da humanidade.

A Constituição Federal de 1988 também foi editada após um longo período de Ditadura e violações aos direitos fundamentais, tendo trazido em seu art. 7º, XXVI(5) o reconhecimento das convenções e acordos coletivos de trabalho para garantir a livre negociação e a auto elaboração da regra jurídica de acordo com os interesses dos grupos sociais envolvidos.

Do ponto de vista internacional as Convenções ns. 98(6) e 154(7) da Organização Internacional do Trabalho (OIT) também caminharam para garantir o direito e fomento à negociação coletiva.

---

(4) Declaração Universal dos Direitos Humanos Adotada e proclamada pela Assembleia Geral das Nações Unidas (resolução 217 A III) em 10 de dezembro 1948:

Art. 1 – Todos os seres humanos nascem livres e iguais em dignidade e direitos. São dotados de razão e consciência e devem agir em relação uns aos outros com espírito de fraternidade.

Art. 2 – 1. Todo ser humano tem capacidade para gozar os direitos e as liberdades estabelecidos nesta Declaração, sem distinção de qualquer espécie, seja de raça, cor, sexo, língua, religião, opinião política ou de outra natureza, origem nacional ou social, riqueza, nascimento, ou qualquer outra condição.

4. Todo ser humano tem direito a organizar sindicatos e a neles ingressar para proteção de seus interesses.

(5) Art. 7º São direitos dos trabalhadores urbanos e rurais, além de outros que visem à melhoria de sua condição social:

XXVI – reconhecimento das convenções e acordos coletivos de trabalho;

(6) Convenção n. 98/1949: "Art. 4º — Deverão ser tomadas, se necessário for, medidas apropriadas às condições nacionais, para fomentar e promover o pleno desenvolvimento e utilização dos meios de negociação voluntária entre empregadores ou organizações de empregadores e organizações de trabalhadores com o objetivo de regular, por meio de convenções, os termos e condições de emprego."

(7) Convenção n. 154/1981: "Art. 2 — Para efeito da presente Convenção, a expressão 'negociação coletiva' compreende todas as negociações que tenham lugar entre, de uma parte, um empregador, um grupo de

Na mesma linha, a Recomendação n. 163/1981[(8)], que suplementa a Convenção n. 154/1981 e dispõe que empregadores e associações de empregados devem ser estimulados a buscar eles próprios as soluções para os conflitos coletivos trabalhistas.

A doutrina, de maneira uniforme, considera a negociação coletiva não só como um direito fundamental do trabalhador, mas também como o instrumento mais democrático e efetivo para solucionar os conflitos entre empregadores e trabalhadores por meio de suas respectivas entidades de classe.

Mauricio Godinho Delgado considera que *"A negociação coletiva é um dos mais importantes métodos de solução de conflitos existentes na sociedade contemporânea. Sem dúvida, é o mais destacado no tocante a conflitos trabalhistas de natureza coletiva"*[(9)]. Para o autor, trata-se de uma fórmula autocompositiva essencialmente democrática na qual acomoda-se interesses de trabalhadores e empregadores traduzindo-se em uma autêntica transação coletiva negociada.

Paulo Sergio João[(10)] esclarece que o princípio da autonomia privada decorrente do art. 104 do Código Civil está alinhado aos princípios do Direito Coletivo do Trabalho, veja-se:

> Depois, ao considerar o texto do § 3º que seja respeitado o art. 104 do Código Civil, está atendendo aos princípios do Direito Coletivo do Trabalho cuja

---

empregadores ou uma organização ou várias organizações de empregadores, e, de outra parte, uma ou várias organizações de trabalhadores, com fim de: a) fixar as condições de trabalho e emprego; ou b) regular as relações entre empregadores e trabalhadores; ou c) regular as relações entre os empregadores ou suas organizações e uma ou várias organizações de trabalhadores, ou alcançar todos estes objetivos de uma só vez." (Grifou-se)

"Art. 5 — 1. Deverão ser adotadas medidas adequadas às condições nacionais no estímulo à negociação coletiva.

2. As medidas a que se refere o § 1 deste artigo devem prover que: a) a negociação coletiva seja possibilitada a todos os empregadores e a todas as categorias de trabalhadores dos ramos de atividade a que aplique a presente Convenção; b) a negociação coletiva seja progressivamente estendida a todas as matérias a que se referem as alíneas a, b e c do art. 2º da presente Convenção ; c) seja estimulado o estabelecimento de normas de procedimentos acordadas entre as organizações de empregadores e as organizações de trabalhadores; d) a negociação coletiva não seja impedida devido à inexistência ou ao caráter impróprio de tais normas; e) os órgãos e procedimentos de resolução dos conflitos trabalhistas sejam concedidos de tal maneira que possam contribuir para o estímulo à negociação coletiva." (Grifou-se)

(8) "8. Se necessárias, devem ser tomadas medidas condizentes com as condições nacionais para que os procedimentos para a solução de conflitos trabalhistas ajudem as partes a encontrar elas próprias a solução da disputa, quer o conflito tenha surgido durante a negociação de acordos, quer tenha surgido com relação à interpretação e à aplicação de acordos ou esteja coberto pela Recomendação sobre o Exame de Queixas, de 1967." (grifou-se)

(9) DELGADO, Mauricio Godinho. *Curso de Direito do Trabalho*. 8.. ed. São Paulo: LTr, 2009. p. 1.257.

(10) JOÃO, Paulo Sergio. Novas perspectivas nas relações coletivas de trabalho. *Consultor Jurídico*. Disponível em: https://www.conjur.com.br/2018-abr-13/reflexoes-trabalhistas-novas-perspectivas-relacoes-coletivas-trabalho/. Acesso em: 13 abr. 2018.

representação dos trabalhadores por meio de sindicato exclui o critério de desigualdade econômica previsto na relação individual, este sim capaz de fazer crescer a proteção individual. A referência diz respeito às relações coletivas cujas condições de admissibilidade quanto à capacidade do agente, licitude do objeto e a forma do ato jurídico tratam da (i) representação sindical (ou representatividade em modelos de organização sindical plúrima), (ii) conteúdo de natureza trabalhista e de proteção social de natureza coletiva e o (iii) documento de celebração do ato, convenção coletiva ou acordo coletivo de trabalho.

Para Pedro Paulo Teixeira Manus: *"a visão que tem o terceiro sobre o problema a ser resolvido é sempre menos rica do que aquela que detêm as partes e, portanto, não raro a solução por ele encontrada é insatisfatória"*[(11)]. Para o autor a questão polêmica central não se refere a validade das convenções coletivas, mas a estrutura sindical brasileira que não admite o pluralismo sindical e concentra o monopólio da representação sindical a entidades que nem sempre são representativas.

> "Sucede que nosso modelo, da unicidade sindical, dá ao sindicato a representação de toda a categoria, independentemente do número de pessoas associadas, assim, temos com muita frequência um sindicato com apenas uma centena de sócios, mas com a representação de alguns milhares de pessoas."
>
> "Basta meditar um pouco sobre este modelo de organização para concluir que nem sempre a vontade expressa pela direção sindical coincide com a vontade da maioria dos representados, embora possa coincidir com a vontade dos associados. Eis, a nosso ver, a razão preponderante para que a jurisprudência trabalhista, mesmo reconhecendo a autocomposição dos conflitos com modo ideal de solução, veja os acordos e convenções coletivas com certa reserva."[(12)]
>
> (...) Nosso problema a resolver não é a forma de solução dos conflitos coletivos, ou eventual crivo judicial, mas sim a estrutura sindical brasileiras, que não assegura a excelência das soluções propostas aos conflitos coletivos de trabalho (MANUS, 2016, *Consultor Jurídico*, g.n).

O Ministro Roberto Barroso em voto proferido nos autos do Recurso Extraordinário n. 590.415, destacou a equivalência dos contratantes coletivos não sendo aplicável

(11) MANUS, Pedro Paulo Teixeira. *Consultor Jurídico*, 09 set. 2016. Disponível em: https://www.conjur.com.br/2016-set-09/reflexoes-trabalhistas-controle-normas-coletivas-autonomas-judiciario-trabalhista/. Acesso em: 09 jun. 2024.

(12) *Idem.*

às negociações coletivas a mesma assimetria que verificamos nas relações individuais, bem como a necessidade de que as leis infraconstitucionais estejam alinhadas ao espírito da Constituição Federal.

> A Constituição de 1988 restabeleceu o Estado Democrático de Direito, afirmou como seus fundamentos a cidadania, a dignidade humana, o pluralismo político e reconheceu uma série de direitos sociais que se prestam a assegurar condições materiais para a participação do cidadão no debate público. Especificamente no que respeita ao direito coletivo do trabalho, como já mencionado, prestigiou a autonomia coletiva da vontade como mecanismo pelo qual o trabalhador contribuirá para a formulação das normas que regerão a sua própria vida, inclusive no trabalho (art. 7º, XXVI, CF). Se este não é o espírito das normas infraconstitucionais que regem a matéria, cabe ao intérprete rever o conteúdo destas últimas à luz da Constituição (BARROSO, RE 590415).

Portanto, não restam dúvidas de que o direito a negociação coletiva é um direito fundamental do trabalhador e um precioso instrumento de pacificação social e resolução de conflitos laborais.

3. Análise do Projeto de Lei n. 6.787/2016 que antecedeu a Reforma Trabalhista

O Projeto de Lei n. 6.787/2016[(13)], assinado pelo Deputado Federal Ronaldo Nogueira de Oliveira tinha como um de seus pilares aprimorar as relações de trabalho por meio da valorização das negociações coletivas e conferir maior segurança jurídica aos acordos e convenções coletivas de trabalho.

A exposição de motivos[(14)] demonstra uma clara insatisfação do meio político em relação às intervenções do Poder Judiciário ao citar os fundamentos da decisão proferida pelo

(13) O Projeto de Lei que altera o Decreto-lei n. 5.452, de 1º de maio de 1943 — CLT, tem por objetivos principais aprimorar as relações do trabalho no Brasil, por meio da valorização da negociação coletiva entre trabalhadores e empregadores; atualizar os mecanismos de combate à informalidade da mão de obra no país; regulamentar o art. 11 da Constituição Federal, que assegura a eleição de representante dos trabalhadores na empresa, para promover-lhes o entendimento direto com os empregadores; e atualizar a Lei n. 6.019, de 1974, que trata do trabalho temporário.

O Brasil vem desde a redemocratização em 1985 evoluindo no diálogo social entre trabalhadores e empregadores. A Constituição Federal de 1988 é um marco nesse processo, ao reconhecer no inciso XXVI do art. 7º as convenções e acordos coletivos de trabalho. O amadurecimento das relações entre capital e trabalho vem se dando com as sucessivas negociações coletivas que ocorrem no ambiente das empresas a cada data-base, ou fora dela. Categorias de trabalhadores como bancários, metalúrgicos e petroleiros, dentre outras, prescindem há muito tempo da atuação do Estado, para promover-lhes o entendimento com as empresas. Contudo, esses pactos laborais vem tendo a sua autonomia questionada judicialmente, trazendo insegurança jurídica às partes quanto ao que foi negociado. Decisões judiciais vem, reiteradamente, revendo pactos laborais firmado entre empregadores e trabalhadores, pois não se tem um marco legal claro dos limites da autonomia da norma coletiva de trabalho.

(14) A discussão da hipossuficiência foi recentemente objeto de análise do Supremo Tribunal Federal, quando julgou a ação contra o plano de dispensa incentiva do BESC/Banco do Brasil, na discussão do RE 590415/SC.

Supremo Tribunal Federal, quando julgou o Recurso Extraordinário interposto pelo Banco do Estado de Santa Catarina/ Banco do Brasil (RE 590415 / SC), relativamente a anulação de cláusula convencional que previa um plano de demissão voluntária.

Outro ponto que justificou a propositura do projeto de lei foi o volume de ações trabalhistas propostos anualmente relativos a pleitos de menor complexidade que, no entender do Deputado, poderiam ser solucionados por meio de canais de diálogo dentro da própria empresa sem a necessidade de judicialização das demandas. Destaca-se alguns trechos do parecer que fundamentam a exposição:

> No Brasil temos um nível elevado de judicialização das relações do trabalho, o que é retratado pela quantidade de ações trabalhistas que anualmente dão entrada na Justiça do Trabalho. Na grande maioria das ações trabalhistas a demanda reside no pagamento de verbas rescisórias. A falta de canais institucionais de diálogo nas empresas que promovam o entendimento faz com que o trabalhador só venha a reivindicar os seus direitos após o término do contrato de trabalho.
>
> (...)

Da análise do Projeto de Lei inicial, fica claro que o legislador tentou suprir algumas lacunas da lei e obstar certa interferência do Poder Judiciário às negociações coletivas celebradas no âmbito trabalhista.

Pedro Paulo Teixeira Manus esclarece que a razão preponderante para que a jurisprudência trabalhista veja os acordos e convenções coletivas com certa reserva é o modelo de unicidade sindical praticado pelo Brasil, veja-se:

O Ministro Luís Roberto Barroso em seu voto sustenta que "no âmbito do direito coletivo, não se verifica, portanto, a mesma assimetria de poder presente nas relações individuais de trabalho. Por consequência, a autonomia coletiva da vontade não se encontra sujeita aos mesmos limites que a autonomia individual." Prossegue o Ministro em seu voto destacando que "embora, o critério definidor de quais sejam as parcelas de indisponibilidade absoluta seja vago, afirma-se que estão protegidos contra a negociação in pejus os direitos que correspondam a um "patamar civilizatório mínimo", como a anotação da CTPS, o pagamento do salário-mínimo, o repouso semanal remunerado, as normas de saúde e segurança do trabalho, dispositivos antidiscriminatórios, a liberdade de trabalho etc. Enquanto tal patamar civilizatório mínimo deveria ser preservado pela legislação heterônoma, os direitos que o excedem sujeitar-se-iam à negociação coletiva, que, justamente por isso, constituiria um valioso mecanismo de adequação das normas trabalhistas aos diferentes setores da economia e a diferenciadas conjunturas econômicas."4. Essas discussões demonstram a importância da medida ora proposta, de valorização da negociação coletiva, que vem no sentido de garantir o alcance da negociação coletiva e dar segurança ao resultado do que foi pactuado entre trabalhadores e empregadores. 5. Outra medida ora proposta, que visa prestigiar o diálogo social e desenvolver as relações de trabalho no país, é a regulamentação do art. 11 da Constituição Federal. Esse dispositivo constitucional assegura a eleição de um representante dos trabalhadores nas empresas com mais de duzentos empregados, com a missão de promover o entendimento direto com a direção da empresa. O representante dos trabalhadores no local de trabalho deverá atuar na conciliação de conflitos trabalhistas no âmbito da empresa, inclusive os referentes ao pagamento de verbas trabalhistas periódicas e rescisórias, bem como participar na mesa de negociação do acordo coletivo de trabalho com a empresa.

> Basta meditar um pouco sobre este modelo de organização para concluir que nem sempre a vontade expressa pela direção sindical coincide com a vontade da maioria dos representados, embora possa coincidir com a vontade dos associados. Eis a nosso ver, a razão preponderante para que a jurisprudência trabalhista, mesmo reconhecendo a autocomposição dos conflitos com modo ideal de solução, veja os acordos e convenções coletivas com certa reserva.
>
> Encontrando-se a grande maioria dos integrantes da categoria alheia ao processo de negociação e à solução alcançada, esta em muitos casos não representa uma negociação de benefícios, ou uma melhoria às condições de trabalho, sendo rejeitada quando questionada em juízo.
>
> Eis o motivo da interferência do Judiciário Trabalhista no conteúdo de algumas negociações coletivas, e que não se mostra indevida com poderia parecer. Nosso problema a resolver não é a forma de solução de conflitos coletivos, ou eventual crivo judicial, mas sim a estrutura sindical brasileira, que não assegura a excelência das soluções propostas aos conflitos coletivos do trabalho.

Parte da doutrina considera que a reforma trabalhista fere o Princípio Protetor, fundamento basilar do Direito do Trabalho a desestabilizar a própria estrutura desse ramo do direito.

Davi Furtado Meirelles[15], considera que os direitos sociais foram reconhecidos como cláusulas pétreas, enquanto direitos fundamentais constitucionalizados não podendo haver supressão ou diminuição dos referidos direitos. Contudo, admite como possível a alteração desses direitos por meio de benefícios compensatórios que atendam não somente a melhoria da condição social do trabalhador como também a necessidade de subsistência da empresa, em seus dizeres:

> "(...) E o direito à negociação coletiva, com a necessária representatividade daqueles que negociam, fundado na autonomia privada coletiva, como garantidor do não retrocesso social dos direitos do trabalhador, mas também do equilíbrio nos custos financeiros da empresa, visando a adequação das relações de trabalho, sobretudo em momentos de crises econômicas, autoriza a afirmação de que, com a presença desses elementos, o negociado deve ser reconhecido e prevalecer."

(15) MEIRELLES, Davi Furtado. *Negociação coletiva em tempos de crise*. São Paulo: LTr: 2018. p.139.

Essa troca de argumentos persiste até os dias atuais, contudo, o projeto de lei foi aprovado e culminou na promulgação da polêmica Reforma Trabalhista instituída pela Lei n. 13.467/2017.

De acordo com o *site Migalhas*(16) já foram propostas trinta e quatro Ações Diretas de Inconstitucionalidades (ADIns) e três Ações Diretas de Constitucionalidade (ADCs) perante o STF. Os temas debatidos e que aguardam julgamento são os seguintes: Reparação por danos morais (4 ADIns), trabalho intermitente (4 ADIns), índices de atualização dos débitos trabalhistas e de depósitos recursais (2 ADIns e 2 ADCs), obrigatoriedade de indicação de valores correspondentes aos pedidos na petição inicial (1 ADIn), autorização da jornada de trabalho 12x36 por meio de acordo individual (1 ADIn), honorários de sucumbência, honorários periciais e custas a serem suportadas pelos beneficiários da justiça gratuita (1 ADIn), e desnecessidade de participação dos sindicatos em dispensas imotivadas (1 ADIn).

4. Dos direitos classificados como disponíveis previstos no art. 611-A da Consolidação das Leis do Trabalho

O Art. 611-A(17), estabelece que a convenção coletiva e o acordo coletivo de trabalho têm prevalência sobre a lei quando dispuserem sobre direitos disponíveis tendo instituído um rol de quinze incisos.

---

(16) Disponível em: https://www.migalhas.com.br/depeso/310236/reforma-trabalhista---adin-e-adc---lei-13-467-17. Acesso em: 09 jun. 2024.

(17) Art. 611-A. A convenção coletiva e o acordo coletivo de trabalho têm prevalência sobre a lei quando, entre outros, dispuserem sobre

I – pacto quanto à jornada de trabalho, observados os limites constitucionais

II – banco de horas anual;

III – intervalo intrajornada, respeitado o limite mínimo de trinta minutos para jornadas superiores a seis horas;

IV – adesão ao Programa Seguro-Emprego (PSE), de que trata a Lei n. 13.189, de 19 de novembro de 2015;

V – plano de cargos, salários e funções compatíveis com a condição pessoal do empregado, bem como identificação dos cargos que se enquadram como funções de confiança;

VI – regulamento empresarial;

VII – representante dos trabalhadores no local de trabalho;

VIII – teletrabalho, regime de sobreaviso, e trabalho intermitente;

IX – remuneração por produtividade, incluídas as gorjetas percebidas pelo empregado, e remuneração por desempenho individual;

X – modalidade de registro de jornada de trabalho;

XI – troca do dia de feriado;

XII – enquadramento do grau de insalubridade;

XII – enquadramento do grau de insalubridade e prorrogação de jornada em locais insalubres, incluída a possibilidade de contratação de perícia, afastada a licença prévia das autoridades competentes do inistério do Trabalho, desde que respeitadas, na integralidade, as normas de saúde, higiene e segurança do trabalho previstas em lei ou em normas regulamentadoras do Ministério do Trabalho;

XII – enquadramento do grau de insalubridade;

Entre os direitos reconhecidos como disponíveis sem dúvidas os incisos I e III que tratam da jornada de trabalho e intervalo intrajornada geram debates perante a Justiça do Trabalho.

A Jurisprudência pacificada do TST muito antes da Reforma Trabalhista já tinha firmado posicionamento na Súmula n. 437 do TST, no sentido de que: *"II – É inválida cláusula de acordo ou convenção coletiva de trabalho contemplando a supressão ou redução do intervalo intrajornada porque este constitui medida de higiene, saúde e segurança do trabalho, garantido por norma de ordem pública (art. 71 da CLT e art. 7º, XXII, da CF/1988), infenso à negociação coletiva"*[18].

XIII – prorrogação de jornada em ambientes insalubres, sem licença prévia das autoridades competentes do Ministério do Trabalho;

XIII – prorrogação de jornada em ambientes insalubres, sem licença prévia das autoridades competentes do Ministério do Trabalho;

XIV – prêmios de incentivo em bens ou serviços, eventualmente concedidos em programas de incentivo;

XV – participação nos lucros ou resultados da empresa.

§ 1º No exame da convenção coletiva ou do acordo coletivo de trabalho, a Justiça do Trabalho observará o disposto no § 3º do art. 8º desta Consolidação.

§ 2º A inexistência de expressa indicação de contrapartidas recíprocas em convenção coletiva ou acordo coletivo de trabalho não ensejará sua nulidade por não caracterizar um vício do negócio jurídico.

§ 3º Se for pactuada cláusula que reduza o salário ou a jornada, a convenção coletiva ou o acordo coletivo de trabalho deverão prever a proteção dos empregados contra dispensa imotivada durante o prazo de vigência do instrumento coletivo.

§ 4º Na hipótese de procedência de ação anulatória de cláusula de convenção coletiva ou de acordo coletivo de trabalho, quando houver a cláusula compensatória, esta deverá ser igualmente anulada, sem repetição do indébito.

§ 5º Os sindicatos subscritores de convenção coletiva ou de acordo coletivo de trabalho deverão participar, como litisconsortes necessários, em ação individual ou coletiva, que tenha como objeto a anulação de cláusulas desses instrumentos.

§ 5º Os sindicatos subscritores de convenção coletiva ou de acordo coletivo de trabalho participarão, como litisconsortes necessários, em ação coletiva que tenha como objeto a anulação de cláusulas desses instrumentos, vedada a apreciação por ação individual.

§ 5º Os sindicatos subscritores de convenção coletiva ou de acordo coletivo de trabalho deverão participar, como litisconsortes necessários, em ação individual ou coletiva, que tenha como objeto a anulação de cláusulas desses instrumentos.

(18) Súmula n. 437 do TST: INTERVALO INTRAJORNADA PARA REPOUSO E ALIMENTAÇÃO. APLICAÇÃO DO ART. 71 DA CLT. I – Após a edição da Lei n. 8.923/94, a não concessão ou a concessão parcial do intervalo intrajornada mínimo, para repouso e alimentação, a empregados urbanos e rurais, implica o pagamento total do período correspondente, e não apenas daquele suprimido, com acréscimo de, no mínimo, 50% sobre o valor da remuneração da hora normal de trabalho (art. 71 da CLT), sem prejuízo do cômputo da efetiva jornada de labor para efeito de remuneração.

II – É inválida cláusula de acordo ou convenção coletiva de trabalho contemplando a supressão ou redução do intervalo intrajornada porque este constitui medida de higiene, saúde e segurança do trabalho, garantido por norma de ordem pública (art. 71 da CLT e art. 7º, XXII, da CF/1988), infenso à negociação coletiva.

III – Possui natureza salarial a parcela prevista no art. 71, § 4º, da CLT, com redação introduzida pela Lei n. 8.923, de 27 de julho de 1994, quando não concedido ou reduzido pelo empregador o intervalo mínimo intrajornada para repouso e alimentação, repercutindo, assim, no cálculo de outras parcelas salariais.

Contudo, o parágrafo único do art. 611-B, exclui, expressamente, a jornada de trabalho dessa classe de direitos, referendando o caráter de disponibilidade e prevalência da negociação coletiva que trate desta temática, vejamos:

> Art. 611-A (...)
>
> Parágrafo único. Regras sobre duração do trabalho e intervalos não são consideradas como normas de saúde, higiene e segurança do trabalho para os fins do disposto neste artigo (...) (g.n).

Para Francisco Antônio de Oliveira[(19)], os legisladores federais parecem não se importar com a saúde do trabalhador, e explica:

> "Os intervalos intrajornada, bem como o descanso hebdomadário são necessários para evitar ou reduzir a quantidade de toxinas que se acumulam no organismo do trabalhador, dependendo do trabalho executado. A acumulação de toxinas é nociva ao organismo e poderá ter efeitos deletérios na higidez física do trabalhador. Por isso, a duração dos intervalos deve ser considerada como norma de saúde, de higiene e de segurança do trabalho. A redução do intervalo não retira a conceituação de ordem pública. A redução do interstício temporal para 30 (trinta) minutos não poderá ser aplicada a toda e qualquer empresa. Vai depender, sempre, do ramo explorado e do tipo de serviço prestado (...)."

Após a vigência da Reforma Trabalhista e, principalmente, a publicação da decisão do Supremo Tribunal Federal (STF) no Tema 1.046, a jurisprudência do Tribunal Superior do Trabalho (TST) tem aplicado o precedente de observância obrigatória, como fica claro na ementa, abaixo transcrita, na qual se considerou que a discussão sobre jornada se refere a um direito de indisponibilidade relativa.

> (...) 2. TEMPO À DISPOSIÇÃO DO EMPREGADOR. MINUTOS QUE ANTECEDEM E SUCEDEM A JORNADA DE TRABALHO. 16 (DEZESSEIS) MINUTOS. SUPRESSÃO POR NORMA COLETIVA. VALIDADE. TEMA DE REPERCUSSÃO GERAL N. 1.046. I. No julgamento do ARE 1121633, submetido ao regime de repercussão geral, o Supremo Tribunal Federal fixou a seguinte tese no Tema 1.046: "são constitucionais os acordos e as convenções coletivos que, ao considerarem a adequação setorial negociada, pactuam limitações

---

IV – Ultrapassada habitualmente a jornada de seis horas de trabalho, é devido o gozo do intervalo intrajornada mínimo de uma hora, obrigando o empregador a remunerar o período para descanso e alimentação não usufruídos como extra, acrescido do respectivo adicional, na forma prevista no art. 71, *caput* e § 4º da CLT.

Observação: (conversão das Orientações Jurisprudenciais ns. 307, 342, 354, 380 e 381 da SBDI-1) – Res. n. 185/2012, *DEJT* divulgado em 25, 26 e 27.09.2012.

(19) OLIVEIRA, Francisco Antônio de. *Reforma Trabalhista:* comentários à Lei n. 13.467 de julho de 2017. São Paulo: LTr, 2017. p. 71.

ou afastamentos de direitos trabalhistas, independentemente da explicitação especificada de vantagens compensatórias, desde que respeitados os direitos absolutamente indisponíveis". II. No caso vertente, o Tribunal Regional não reconheceu a validade da cláusula convencional em que foram suprimidos os minutos residuais do tempo que antecedem e sucedem a jornada de trabalho, fixados em 16 minutos. III. A partir das diretrizes fixadas pela Suprema Corte, constata-se que o objeto da norma coletiva em tela não se caracteriza como direito absolutamente indisponível infenso à negociação coletiva. Além do comando inserto no art. 7º, XIII, da Constituição da República autorizar a flexibilização de direitos atinentes à jornada, extrai-se, ainda, o caráter de indisponibilidade relativa da alteração implementada com a Lei n. 13.467/2017, na qual o legislador acenou com a possibilidade de negociação das normas referentes à jornada de trabalho no art. 611-A, I, da CLT. Assim, ao não reconhecer a validade da cláusula coletiva que suprimiu os minutos que antecedem e sucedem a jornada de trabalho como tempo à disposição da empregadora, o Tribunal de origem proferiu acórdão em desconformidade com o precedente vinculante firmado pelo STF no ARE 1121633 (Tema 1.046 da Tabela de Repercussão Geral) e em ofensa ao disposto no art. 7º, XXVI, da Constituição da República. IV. Recurso de revista de que se conhece e a que se dá provimento. (RR-10217-29.2017.5.03.0057, 7ª Turma, relator Evandro Pereira Valadão Lopes, *DEJT* 07.06.2024)

5. Dos direitos classificados como indisponíveis previstos no art. 611-B da Consolidação das Leis do Trabalho

O legislador entendeu por fixar, de forma expressa, no art. 611-B[20], os direitos entendidos como indisponíveis para os quais não há possibilidade de transacionar por meio de negociação coletiva.

---

(20) Art. 611-B. Constituem objeto ilícito de convenção coletiva ou de acordo coletivo de trabalho, exclusivamente, a supressão ou a redução dos seguintes direitos:

I – normas de identificação profissional, inclusive as anotações na Carteira de Trabalho e Previdência Social;

II – seguro-desemprego, em caso de desemprego involuntário;

III – valor dos depósitos mensais e da indenização rescisória do Fundo de Garantia do Tempo de Serviço (FGTS);

IV – salário mínimo;

V – valor nominal do décimo terceiro salário;

VI – remuneração do trabalho noturno superior à do diurno;

VII – proteção do salário na forma da lei, constituindo crime sua retenção dolosa

VIII – salário-família;

IX – repouso semanal remunerado;

X – Remuneração do serviço extraordinário superior, no mínimo, em 50% (cinquenta por cento) à do normal;

XI – número de dias de férias devidas ao empregado;

XII – gozo de férias anuais remuneradas com, pelo menos, um terço a mais do que o salário normal;

XIII – licença-maternidade com a duração mínima de cento e vinte dias;

XIV – licença-maternidade nos termos fixados em lei;

XV – proteção do mercado de trabalho da mulher, mediante incentivos específicos, nos termos da lei;

XVI – aviso prévio proporcional ao tempo de serviço, sendo no mínimo de trinta dias, nos termos da lei;

XVII – normas de saúde, higiene e segurança do trabalho previstas em lei ou em normas regulamentadoras do Ministério do Trabalho;

Acreditamos não se tratar de um rol taxativo, podendo haver inclusões a luz de uma interpretação mais ampla dos direitos fundamentais previstos na Constituição Federal e não elencados de forma expressa no referido artigo.

Contudo, o rol traz um parâmetro que auxilia na análise do caso concreto e sinaliza para os direitos que, na visão do legislador, melhor se aproximam de um patamar mínimo civilizatório a ser garantido aos trabalhadores.

A proteção ao salário-mínimo; dias de férias; remuneração ao trabalho noturno; licença maternidade; discriminação ao trabalho da mulher e medidas de saúde e segurança do trabalho, entre outros, parecem se alinhar a garantias necessárias para a preservação da dignidade da pessoa humana e garantir o trabalho decente.

Existem, claramente, outras proposições que poderiam constar deste rol, mas a previsão legal auxilia e ao menos inibe a tentativa de celebração de normas coletivas que visem lesar a dignidade e/ou o patrimônio do trabalhador.

6. Do princípio da Adequação Setorial Negociada

O Supremo Tribunal Federal, em 2.6.2022, fixou tese no Tema 1.046 ao apreciar o *Leading Case* suscitado no Agravo em Recurso Extraordinário n. 11.216.33, tendo

---

XVIII – adicional de remuneração para as atividades penosas, insalubres ou perigosas;

XIX – aposentadoria;

XX – seguro contra acidentes de trabalho, a cargo do empregador;

XXI – ação, quanto aos créditos resultantes das relações de trabalho, com prazo prescricional de cinco anos para os trabalhadores urbanos e rurais, até o limite de dois anos após a extinção do contrato de trabalho;

XXII – proibição de qualquer discriminação no tocante a salário e critérios de admissão do trabalhador com deficiência;

XXIII – proibição de trabalho noturno, perigoso ou insalubre a menores de dezoito anos e de qualquer trabalho a menores de dezesseis anos, salvo na condição de aprendiz, a partir de quatorze anos;

XXIV – medidas de proteção legal de crianças e adolescentes;

XXV – igualdade de direitos entre o trabalhador com vínculo empregatício permanente e o trabalhador avulso;

XXVI – liberdade de associação profissional ou sindical do trabalhador, inclusive o direito de não sofrer, sem sua expressa e prévia anuência, qualquer cobrança ou desconto salarial estabelecidos em convenção coletiva ou acordo coletivo de trabalho;

XXVII – direito de greve, competindo aos trabalhadores decidir sobre a oportunidade de exercê-lo e sobre os interesses que devam por meio dele defender;

XXVIII – definição legal sobre os serviços ou atividades essenciais e disposições legais sobre o atendimento das necessidades inadiáveis da comunidade em caso de greve;

XXIX – tributos e outros créditos de terceiros;

XXX – as disposições previstas nos arts. 373-A, 390, 392, 392-A, 394, 394-A, 395, 396 e 400 desta Consolidação.

Parágrafo único. Regras sobre duração do trabalho e intervalos não são consideradas como normas de saúde, higiene e segurança do trabalho para os fins do disposto neste artigo – normas de identificação profissional, inclusive as anotações na Carteira de Trabalho e Previdência Social;

levado em consideração alguns princípios a serem avaliadas na análise dos instrumentos normativos, eis o texto:

> São constitucionais os acordos e as convenções coletivos que, ao considerarem a adequação setorial negociada, pactuam limitações ou afastamentos de direitos trabalhistas, independentemente da explicitação especificada de vantagens compensatórias, desde que respeitados os direitos absolutamente indisponíveis.

Entende Mauricio Godinho Delgado(21) que o princípio da adequação setorial negociada admite que normas produzidas pelas partes (sindicatos das categorias econômicas e trabalhadoras), prevaleçam sobre o padrão heterônomo Estatal, ou seja, a lei: a) quando a norma a ser aplicada é mais favorável do que a lei e b) quando se trata de transação sobre direitos que possuem indisponibilidade relativa.

Para o autor, direitos absolutamente indisponíveis dizem respeito a um patamar civilizatório mínimo inerente a qualquer pessoa. Por essa natureza elementar que visa resguardar a dignidade da pessoa humana e está protegida pela Constituição Federal de 1988, tais direitos não são transacionáveis pela via da negociação coletiva.

No caso brasileiro, esse patamar civilizatório mínimo está dado, essencialmente, por três grupos convergentes de normas trabalhistas heterônomas: a) as normas constitucionais em geral (respeitadas as ressalvas parciais expressamente feitas pela própria Constituição: art. 7º, VI, XIII e XIV, por exemplo); b) as normas e tratados e convenções internacionais vigorantes no plano interno brasileiro (referidas pelo art. 5º, § 2º, CF/88, já expressando um patamar civilizatório no próprio mundo ocidental em que se integra o Brasil); c) as normas legais infraconstitucionais que asseguram patamares de cidadania ao indivíduo que labora (preceitos relativos à saúde e segurança do trabalho, normas concernentes a bases salariais mínimas, normas de identificação profissional, dispositivos antidiscriminatórios etc.) (DELGADO, 2009).

O Ministro Alexandre Luiz Ramos(22) classifica os direitos absolutamente indisponíveis como aqueles previstos: 1) nas normas constitucionais fechadas e/ou proibitivas; 2) nas normas internacionais incorporadas ao direito brasileiro, desde que autoexecutáveis e; 3) nas normas infraconstitucionais que expressamente afastam a negociação coletiva.

6.1. Normas constitucionais fechadas e/ou proibitivas

Devem ser entendidos direitos absolutamente indisponíveis aqueles previstos em normas constitucionais que expressamente não autorizam, de forma implícita ou explí-

(21) DELGADO, Mauricio Godinho. *Curso de Direito do Trabalho*. 8. ed. São Paulo: LTr, 2009. p. 1.284-1.286.

(22) RAMOS, Alexandre Luiz. *Consultor Jurídico*. 30 set. 2022. Disponível em: https://www.conjur.com.br/2022-set-30/alexandre-luiz-ramos-direito-absolutamente-indisponivel/. Acesso em: 09 jun. 2024.

cita, a sua flexibilização pela negociação coletiva, como o art. 7º, VII, que prevê o direito à garantia de salário, nunca inferior ao mínimo, para os que percebem remuneração variável.

São também inválidas as cláusulas da negociação coletiva que desrespeitem as normas constitucionais proibitivas, como os incisos do art. 7º, CF(23).

6.2. Normas internacionais incorporadas ao direito brasileiro, desde que autoexecutáveis

As convenções ratificadas da OIT não podem ser invocadas diretamente como direitos absolutamente indisponíveis para invalidação da negociação coletiva, seja porque estabelecem obrigações programáticas e promocionais para que o Estado-Membro adote medidas de implementação — não contemplando, em geral, direito subjetivo diretamente invocável (autoexecutáveis) —, seja porque, mesmo que assim não fosse, não poderia afrontar uma das convenções fundamentais que garante a mais plena liberdade de negociação coletiva. Seria mesmo um paradoxo desrespeitar a Convenção Fundamental 98(24) a pretexto de dar efetividade direta a outra convenção da OIT.

6.3. Normas infraconstitucionais que expressamente afastam a negociação coletiva

Também são direitos absolutamente indisponíveis os protegidos pela legislação infraconstitucional que expressamente limitem ou proíbam a negociação coletiva. É o caso do art. 611-B da CLT, que proíbe a negociação coletiva sobre os assuntos que enumera.

A declaração constitucional da dignidade da pessoa humana foi um avanço importante em nosso ordenamento jurídico para a proteção das relações sociais, especialmente de trabalho.

Sendo assim, qualquer negociação coletiva que possa de alguma forma violar a dignidade da pessoa humana é passível de anulação.

---

(23) XXX – proibição de diferença de salários, de exercício de funções e de critério de admissão por motivo de sexo, idade, cor ou estado civil;

XXXI – proibição de qualquer discriminação no tocante a salário e critérios de admissão do trabalhador portador de deficiência;

XXXII – proibição de distinção entre trabalho manual, técnico e intelectual ou entre os profissionais respectivos;

XXXIII – proibição de trabalho noturno, perigoso ou insalubre a menores de dezoito e de qualquer trabalho a menores de dezesseis anos, salvo na condição de aprendiz, a partir de quatorze anos.

(24) CONVENÇÃO N. 98 RELATIVA À APLICAÇÃO DOS PRINCÍPIOS DO DIREITO DE ORGANIZAÇÃO E DE NEGOCIAÇÃO COLETIVA, Art. 4º "Deverão ser tomadas, se necessário for, medidas apropriadas às condições nacionais para fomentar e promover o pleno desenvolvimento e utilização de meios de negociação voluntária entre empregadores ou organizações de empregadores e organizações de trabalhadores, com o objetivo de regular, por meio de convenções coletivas, os termos e condições de emprego".

7. Conclusão

A pesquisa demonstrou que muito antes do advento da Constituição Federal e da consagração da autonomia privada nas relações negociais, a negociação coletiva sempre foi tratada como um direito fundamental do trabalhador.

Após a extinção de regimes totalitários como a Ditadura Militar, houve uma grande preocupação em se garantir a preservação dos sistemas democráticos e dos direitos e garantias individuais. O reconhecimento das negociações coletivas como um instrumento democrático consagra a autonomia privada e protege as partes da intervenção estatal.

Dentro dessa linha de raciocínio e, observando um consenso doutrinário e jurisprudencial no sentido de que a negociação coletiva figura como o meio mais democrático de produzir normas jurídicas aos trabalhadores, acreditamos que o problema da precarização das relações de trabalho não pode ser atribuído tão somente às negociações coletivas de trabalho.

Em nosso sentir, a negociação coletiva não representa uma precarização dos direitos dos trabalhadores, mas apenas um reposicionamento das fontes normativas do Direito do Trabalho.

Esse reposicionamento das fontes normativas oportuniza às partes da negociação coletiva (sindicatos das categorias econômicas/empresas e sindicatos das categorias profissionais), transacionar direitos disponíveis com maior flexibilidade e adequação posto que se referem a entes legitimados a defender os interesses de suas categorias e possuem paridade de armas. Havendo vícios no negócio jurídico (Art. 104 C.C) a própria lei autoriza que a norma seja revista pelo Poder Judiciário.

A despeito de um suposto viés político seja da Reforma Trabalhista seja do precedente do Supremo Tribunal Federal (1.046), não se pode negar que a reserva da Justiça do Trabalho em relação às normas coletivas diz mais respeito a falta de estrutura no modelo de unicidade sindical brasileiro e de boa fé dos entes que as celebram do que propriamente do instituto em si.

Sendo assim, acredita-se que a busca por negociações coletivas pautadas pela boa fé objetiva e pela preservação da dignidade da pessoa humana é o que trará a segurança jurídica necessária às partes, à economia e ao sistema jurídico como um todo.

Em verdade, não importa de onde advém a norma, se decorre de negociação das partes ou de uma decisão judicial, se esta norma solucionar os conflitos cumprirá a sua função social, razão pela qual merecerá ser validada.

Se, por outro lado, existirem excessos, o Poder Judiciário será o local correto para aplicar a lei e os precedentes, e isso nunca irá mudar enquanto estivermos em um Estado Democrático de Direito.

Referências

ALMEIDA, O.; FURMAN, B. Reforma trabalhista — ADIn e ADC — Lei n. 13.467/17. *Migalhas*, 19 jun. 2024. Disponível em: https://www.migalhas.com.br/depeso/310236/reforma-trabalhista---adin-e-adc---lei-13-467-17. Acesso em: 19 jun. 2024.

DELGADO, Mauricio Godinho. *Curso de Direito do Trabalho*. 8. ed. São Paulo: LTr, 2009.

JOÃO, Paulo Sergio, Novas perspectivas nas relações coletivas de trabalho. *Consultor Jurídico*. Disponível em: https://www.conjur.com.br/2018-abr-13/reflexoes-trabalhistas-novas-perspectivas-relacoes-coletivas-trabalho/. Acesso em: 13 abr. 2018.

MANUS, Pedro Paulo Teixeira. *Consultor Jurídico*, 09 set. 2016. Disponível em: https://www.conjur.com.br/2016-set-09/reflexoes-trabalhistas-controle-normas-coletivas-autonomas-judiciario-trabalhista/. Acesso em: 09 jun. 2024.

MEIRELLES, Davi Furtado. *Negociação coletiva em tempos de crise*. São Paulo: LTr: 2018.

NASCIMENTO, Amauri Mascaro. *Iniciação ao Direito do Trabalho*. 32. ed. São Paulo: LTr, 2006.

OLIVEIRA, Francisco Antônio de. *Reforma Trabalhista:* comentários à Lei n. 13.467 de julho de 2017. São Paulo: LTr, 2017.

RAMOS, Alexandre Luiz. *Consultor Jurídico*. 30 set. 2022. Disponível em: https://www.conjur.com.br/2022-set-30/alexandre-luiz-ramos-direito-absolutamente-indisponivel/. Acesso em: 09 jun. 2024.

ROMAR, Carla Teresa Martins. Negociado sobre o legislado — Realinhamento das fontes regulatórias do Direito do Trabalho. Contraponto Jurídico — Posicionamentos divergentes sobre grandes temas do Direito. 2019. *Jusbrasil*. Disponível em: https://www.jusbrasil.com.br/doutrina/secao/1-negociado-sobre-o-legislado-realinhamento-das-fontes-regulatorias-do-direito-do-trabalho-convencao-sindical-com-forca-de-lei-contraponto-juridico-ed-2019/1590512521. Acesso em: 11 jun. 2024.

Limites dos Poderes do Empregador nos Contratos em Regimes de Teletrabalho e *Home Office*

Leonardo Rodrigues dos Santos[1]

Resumo: Com desenvolvimento da sociedade e das relações pessoais, aliada ao avanço da tecnologia, novos regimes de trabalho surgem no cenário coorporativo, dentre eles o teletrabalho e o *home office.*

A prática destes novos formatos indica um choque entre os poderes do empregador e o direito à privacidade dos trabalhadores, que está mais suscetível a violações diante das particularidades do regime de trabalho.

Para a boa manutenção da relação empregatícia, faz-se necessário o respeito ao direito à privacidade e intimidade do empregado ainda que haja maior flexibilidade nestes novos modelos de trabalhado, sendo imperiosa a observância aos limites constitucionais e direitos fundamentais do cidadão.

1. Introdução

Dos inúmeros impactos que a Pandemia da Covid-19 trouxe para o mundo, grande parte deles se refletiram no contexto das relações de trabalho. A principal tendência que foi acelerada durante o momento de crise foi o trabalho através de meios informatizados em regime de teletrabalho ou *home office.*

Com a cessação da crise pandêmica, esta tendência manteve-se no cotidiano do cenário coorporativo. Empresas perceberam que, especialmente para o exercício de funções administrativas, o trabalho à distância, além de eficaz e produtivo à organização, ainda apresenta importante redução nos custos operacionais. Por sua vez, do ponto de vista dos trabalhadores, a questão é vista com bons olhos, já que o trabalho em regime

(1) Advogado. Mestrando em Direito pela Pontifícia Universidade Católica de São Paulo (PUC-SP). Especialista em Direito do Trabalho e Processo do Trabalho pela Pontifícia Universidade Católica de Campinas (PUC-Campinas). Especialista em Direito Previdenciário Empresarial e Previdência Privada pela Escola Brasileira de Direito (EBRADI).

residencial poupa muito tempo à cansativa jornada e promove maior interação familiar e social dos trabalhadores.

Por outro lado, diante deste novo regime de trabalho, alteram-se, também, a relação entre empregado e empregador. Imbuído da gestão do negócio, o empregador tem de, agora, controlar as tarefas do empregado para além do ambiente empresarial, adentrando à esfera residencial e privada do colaborador.

O debate ganha maior relevância diante dos inúmeros casos práticos que se tem visto, em especial no judiciário, de discussões acerca dos limites do poder do empregador para a prática deste novo tipo de gestão. Muitos modelos praticados são considerados abusivos, já que extrapolam o limite do poder empregatício e causam constrangimento à privacidade do empregado.

O trabalho em sobrejornada, a cobrança por metas, a invasão à privacidade por meio de videoconferências e o acesso à dados particulares são as principais fontes de reclamações por trabalhadores relacionadas à extrapolação dos limites da gestão do empregador.

Neste cenário, o presente artigo busca, de forma não exauriente, analisar as situações vivenciadas diante destes novos regimes de trabalho à distância e discutir quais são os limites do exercício do poder diretivo do empregador para desenvolvimento e prática harmoniosos da relação empregatícia.

2. Direito à privacidade do empregado no ambiente virtual

O direito à privacidade e à intimidade é corolário do ordenamento jurídico brasileiro. Desde 1988, a Constituição Federal, estabelece como direito fundamental de qualquer cidadão a intimidade, a vida privada e a privacidade (art. 5º, inciso X).

Através desta ideia, a residência sempre foi admitida como maior exemplo de refúgio e representatividade da privacidade e da vida íntima. Quando do início da discussão jurídica sobre o conceito de privacidade, entendia-se que o ato de intimidade era estar sozinho, sem ser observado por outros, o que poderia ser resguardado, sem dúvidas, através do ato de estar em casa.(2)

Com a evolução da sociedade e os avanços tecnológicos, aliados à fenômenos como a globalização, as interações interpessoais se estreitaram e a vida passou a ser, cada vez mais, compartilhada. Neste novo cenário, a ideia de privacidade também evoluiu, não limitando-se somente ao estar só, mas passou a ser relacionado ao respeito e proteção da imagem, honra e dignidade do cidadão perante a sociedade.(3)

---

(2) LEWICKI, Bruno. *A privacidade da pessoa humana no ambiente de trabalho.* Rio de Janeiro: Renovar, 2003.

(3) *Idem.*

Nos dias contemporâneos, vivemos a era da informação, época em que, especialmente através da internet, as pessoas têm acesso a todo e qualquer tipo de informação, em momento real. O volume de notícias que recebemos é imensurável, e passou-se a ser necessário resguardar, cada dia mais, a vida privada.

Neste contexto, a privacidade e intimidade são relacionadas, também, aos dados pessoais, que, a qualquer momento, podem ser compartilhados. O direito à privacidade passa, atualmente, à restrição do compartilhamento de dados que vinculem as pessoas a informações falsas ou de caráter danoso à sua honra e imagem.

Em sua obra, ensina Schreiber:

> O direito à privacidade abrange, hoje, não apenas a proteção à vida íntima do indivíduo, mas também a proteção de seus dados pessoais. Em outras palavras, o direito à privacidade hoje é mais amplo que o simples direito à intimidade. Não se limita ao direito de cada um de ser "deixado só" ou de impedir a intromissão alheia na sua vida íntima e particular. Transcende essa esfera doméstica para alcançar qualquer ambiente onde circulem dados pessoais do seu titular [...] a privacidade pode ser definida sinteticamente como o direito ao controle da coleta e da utilização dos próprios dados pessoais [...].(4)

No âmbito do direito do trabalho, apesar de não haver legislação específica até o ano de 2017, o direito à privacidade, por se tratar de um direito fundamental da pessoa humana, previsto na Constituição Federal, sempre foi reconhecido e garantido aos empregados.

A Lei n. 13.467, editada no ano de 2017 e conhecida como Reforma Trabalhista, inaugurou na CLT importante regramento quanto ao direito à privacidade dos trabalhadores, estabelecendo, expressamente, a tutela e proteção da honra, imagem, intimidade, sob pena de indenização em caso de desrespeito a qualquer deles.

Muito antes disso, porém, a doutrina e a jurisprudência já enfrentavam típicos debates sobre a garantia ao direito à privacidade dos trabalhadores. Muitas foram (e até hoje são) as discussões acerca da possibilidade de revista pessoal e em objetos do empregado, monitoramento por câmeras e instrumentos auditivo, serviços de polícia e vigilância, realização de exames clínicos para determinadas doenças, testes genéticos etc.

É certo que o empregador, assumindo os riscos do negócio e direção da atividade empresarial, detém poder diretivo sobre os empregados, podendo dar comandos, exigir o cumprimento de tarefas e assegurar, através de atos de fiscalização e disciplinares, que estas sejam cumpridas.

---

(4) SCHREIBER, Anderson. *Direitos da Personalidade*. São Paulo: Atlas, 2013. p. 137.

Entretanto, havendo rota de colisão entre os direitos de gestão do empregador e o direito à privacidade do empregado, a jurisprudência e a doutrina sempre privilegiaram este, por tratar-se de direito fundamental da pessoa humana.

Conforme ensina Moreira:

> O direito à privacidade é um direito, tal como já referimos por várias vezes, que se encontra ligado à dignidade da pessoa humana e, por isso, justifica-se a sua consagração ao nível do Direito do Trabalho. O contrato de trabalho pressupõe o reconhecimento da dignidade do trabalhador, sendo que a execução das obrigações que dele decorre não pode traduzir-se num atentado à dignidade da pessoa do trabalhador, tendo o ordenamento jurídico que lhe garantir os direitos fundamentais que tem enquanto pessoa. O direito à privacidade penetra, assim na relação de trabalho, erigindo-se como um importante limite aos poderes do empregador e, ao mesmo tempo, como uma garantia do exercício de outros direitos fundamentais.(5)

A problemática avança, porém, para o campo dos novos regimes de trabalho, especialmente para a prestação de serviços desenvolvida pelo colaborador em casa, em regime de teletrabalho ou *home office*.

Os limites territoriais do ambiente empresarial, antes muito bem demarcados como ponto de término do poder diretivo do empregador, passam a não existir mais, avançando agora a relação trabalhista para dentro da residência do empregado.

Neste novo cenário, questão essencial a ser debatida é a garantia dos direitos fundamentais à privacidade e à intimidade do trabalhador que, de certa forma, passam a ser cada vez mais cercados pelos poderes do empregador que, agora, adentram a morada do trabalhador.

Com a avanço da tecnologia e a adoção crescente dos regimes de teletrabalho e *home office*, muito se foi discutido quanto aos riscos físicos e ergonômicos a que o trabalhador estaria sujeito, todavia, tão importante quanto estes vieses está o aspecto da possível lesão à imagem familiar, vida privada, sexualidade, integridade física, hábitos particulares, saúde, todos eles ligados à intimidade e privacidade do colaborador.

Ao analisar este contexto, Alice Monteiro de Barros explica:

> A legislação brasileira não prevê a possibilidade de visitas à casa do empregado para conversar, com seus familiares, a respeito de algum mal que o

(5) MOREIRA, Teresa Alexandra Coelho. *A privacidade dos trabalhadores e as novas tecnologias de informação e comunicação:* contributo para um estudo dos limites do poder de controlo electrónico do empregador. Coimbra: Almedina, 2010. p. 329.

> tenha acometido, tampouco a intervenção do serviço social sem o seu consentimento, pois a casa é considerada pelo texto constitucional, como "asilo inviolável" (art. 5º, XI). Só se permite que alguém penetre no domicílio de outrem sem o seu consentimento em caso de flagrante delito, desastre, para prestar socorro ou, durante o dia, por determinação judicial. Logo, permitir-se a visita à casa do empregado com tal amplitude poderá conduzir a situações de arbitrariedade e gerar abusos na ausência de um parâmetro legal.(6)

Ainda que a autora não trate especificamente sobre os regimes de trabalho residenciais, a mesma lição pode ser aplicada para estes novos modelos. Apesar de a previsão constitucional do art. 5º, inciso XI, tratar do avanço físico às dependências do cidadão e, portanto, do trabalhador, é necessário considerar que, atualmente, o acesso virtual, como por meio de videoconferência, também pode gerar violação à intimidade e à vida privada pessoal.

Não fosse assim, inúmeros não seriam os casos conhecidos de pessoas em situação de intimidade que "apareceram" em uma sessão de videoconferência, ou o compartilhamento indevido de dados pessoais, ou ainda a exposição de um fator pessoal da vida da pessoa que ela não gostaria de compartilhar, como a vinculação a uma religião, partido político, a orientação sexual, o uso de determinada substância ou até mesmo objetos pessoais que interessam tão somente àquela pessoa, mas que geraram constrangimento pela exposição.

Neste sentido, no âmbito do trabalho, é essencial lembrar que, desde 2011, com o advento da Lei n. 12.551, alterou o art. 6º da CLT(7), é dado tratamento igualitário ao trabalho realizado nas dependências físicas do empregador e o trabalho realizado no domicílio e residência do empregado.

Desta forma, ainda que a empresa e o empregador estejam em determinado espaço físico e o colaborador distante, sediado e trabalhando de sua casa, deve ser respeitado o direito desta pessoa à intimidade e à sua vida privada.

À luz da garantia do direito fundamental à privacidade, entende Schreiber:

> O cerne do problema não está na deterioração dos valores tradicionais, mas na sua flagrante insuficiência diante das novas tecnologias que, sem prejuízo da sua imensa utilidade, tornam extremamente vulneráveis a imagem, a privacidade e a intimidade alheias. Essas novas tecnologias exigem uma

(6) BARROS, Alice Monteiro de. *Proteção à intimidade do empregado*. São Paulo: LTr, 1997. p. 101.

(7) "Art. 6º Não se distingue entre o trabalho realizado no estabelecimento do empregador, o executado no domicílio do empregado e o realizado a distância, desde que estejam caracterizados os pressupostos da relação de emprego."

> nova cultura, capaz de fazer frente à crescente exposição do ser humano. Vivemos uma era decisiva, em que cada sociedade precisa decidir como lidar com essa nova realidade. Podemos continuar assistindo passivamente, com mero constrangimento, à invasão desautorizada da esfera alheia ou podemos estabelecer novos padrões de comportamento, éticos e jurídicos.[8]

É necessário ter em mente que as relações de trabalho, ainda que em ambiente virtual, como bem tratou o art. 6º da CLT, devem ser regidas pela mesma relação de respeito entre empregado e empregador, incluindo, principalmente, a privacidade do trabalhador.

A internet e os meios virtuais não podem ser admitidos como um ambiente não regulamentado e que estão autorizadas as práticas de quaisquer atos. Até porque, em que pese o rápido desenvolvimento da tecnologia, o trabalho por meio de equipamentos informatizados ainda depende de operação do homem, cabendo, portanto, às partes da relação de trabalho se portarem de forma condizente com as garantias fundamentais previstas na Constituição Federal.

No mesmo sentido, ao analisar o tema em artigo específico, Bono e Goldschmidt assim entendem:

> A empresa não é um mundo separado e estanque do resto da sociedade. Ademais, o direito fundamental à privacidade do trabalhador é inseparável da pessoa, uma vez que o "indivíduo-cidadão" leva-a sempre consigo, podendo exercitar ou reclamar o seu respeito em qualquer momento ou ocasião, inclusive durante uma relação de trabalho, são direitos inerentes à condição da pessoa, independentemente de ser trabalhador ou não, como o direito à vida, à integridade física e moral, à imagem, à liberdade religiosa, à honra, à intimidade.[9]

Fato é que a legislação não consegue acompanhar o dinamismo das relações práticas de trabalho e o avançar da tecnologia, não havendo no ordenamento jurídico brasileiro regulamentação que trate sobre o tema. Ainda assim, os ditames constitucionais e os direitos fundamentais devem sempre ser adotados como baliza nas relações de trabalho, e a proteção à privacidade devidamente exposta na Constituição Federal não pode ser ignorada no cenário dos regimes de trabalho por teletrabalho e/ou *home office*.

Ao judiciário, com base na razoabilidade e levando em conta os princípios gerais de proteção às relações de trabalho, compete a garantia e efetividade dos direitos à intimidade e privacidade dos empregados, compensando abusos quando claramente configurados.

---

(8) SCHREIBER, Anderson. *Direitos da Personalidade. São Paulo:* Atlas, 2013. p. 124.

(9) BONO, André; GOLDSCHMIDT, Rodrigo. O direito fundamental à privacidade do trabalhador e seus limites no âmbito do teletrabalho em *home office*. *Revista de Direitos Fundamentais nas Relações de Trabalho, Sociais e Empresariais*, Florianópolis, v. 8, n. 1, p. 38-56, jan. 2022.

3. Limites constitucionais como meios de resolução

A grande parte dos casos de desrespeito à privacidade e intimidade do trabalhador decorre de atos abusivos praticados pelo empregador.

As relações de trabalho, especialmente o vínculo empregatício, sempre foram marcadas pelo grande desequilíbrio entre os agentes contratantes. É inquestionável que o empregado, dependente do trabalho para promover seu sustento, é a parte mais fraca da relação e está suscetível a situações que violam seus direitos.

Ao analisar o tema, introduz Shcreiber:

> Deixados inteiramente livres, os homens acabam por renunciar aos seus direitos mais essenciais, "concordando", por força da necessidade, com situações intoleráveis. Não se trata de uma preocupação ultrapassada, como se pode verificar, a título meramente ilustrativo, dos inúmeros casos de venda de órgãos humanos que, mesmo sendo proibida por lei, ainda ocorre clandestinamente no Brasil e no exterior. Para atender às suas necessidades e de suas famílias, o ser humano é capaz de sacrifícios extremos.[10]

No teletrabalho ou trabalho em regime de *home office*, a subordinação e a situação de desequilíbrio se mantêm. Através dos meios tecnológicos, o empregador adentra a vida privada e a residência do empregado, com a justificativa de gestão do negócio e para fins de cumprimento de tarefas.

Ocorre que não é incomum exigências como atendimento de chamados para além da jornada diária contratada, atendimento de clientes em horários extraordinários, acionamentos a qualquer momento, em desrespeito aos descansos legais, videoconferências e *calls* sem aviso prévio etc.

Tais situações, por vezes, violam o direito à privacidade do empregado. Atender um chamado em um momento de jantar com a família, viola o direito à intimidade do trabalhador. Ser acionado em horários não regulares (como noturno, por exemplo), privam o trabalhador do convívio familiar, da saúde e do lazer. Acionar e exigir que o trabalhador se comunique por videoconferência sem prévia comunicação pode cercear o seu direito à privacidade.

Inúmeras são às situações que geram invasão aos direitos fundamentais do trabalhador. Tais direitos, porém, são irrenunciáveis e invioláveis, não estando à disposição nas relações de trabalho. O empregador não pode sobrepor o direito de gerir a empresa e assumir os riscos do negócio ao direito de privacidade do empregado.

---

(10) SCHREIBER, Anderson. *Direitos da Personalidade*. São Paulo: Atlas, 2013. p. 26.

Neste sentido ensina Goldschmidt:

> Note-se que o preceito em tela pretende colocar a salvo a dignidade da pessoa humana, protegendo-a da ação do seu próprio titular. De fato, o exercício do direito da personalidade não pode sofrer limitação voluntária, assim como não pode o direito em si ser renunciado ou transmitido por seu titular, salvo exceção prevista em lei.(11)

Segundo Moreira (2010), a privacidade não se limita a englobar os aspectos mais íntimos e pessoais, mas supera-os na medida em que assentam sobre o próprio marco da relação de trabalho, englobando diversos outros aspectos. Assim, a privacidade pode ser definida como o direito a ter um âmbito de reserva inacessível no local de trabalho, à intimidade das relações com os seus companheiros de trabalho, à própria atividade sindical, às comunicações por qualquer meio, incluindo o e-mail e a internet, à recolha e tratamento de dados, à captação de imagens e sons etc.

Logo, o uso de ferramentas tecnológicas presente nas relações de trabalho em regime de teletrabalho ou *home office* não pode representar artimanha a justificar a invasão da intimidade e da privacidade do colaborador.

É certo que o trabalho à distância, em regime de teletrabalho ou *home office*, presume uma maior flexibilidade, em especial quanto à jornada, que é de interesse tanto do empregado quanto do empregador. Ter flexibilidade para iniciar a jornada um pouco tarde ou mais cedo, conforme conveniência, é situação típica e favorável neste novo regime de trabalho.

Além disso, é fato que trabalhar à distância também pressupõe uma maior disponibilidade do empregado ao atendimento de chamados e demandas online, principalmente através dos meios tecnológicos e por videoconferência, que trazem maior proximidade na comunicação.

Entretanto, estes novos meios de comunicação entre empregado e empregador não podem representar uma esfera sem limites, devendo ser mantida a intimidade que, nesta situação, possui maior risco de exposição. Na residência do trabalhador, dividem o mesmo espaço os instrumentos de trabalho e os objetos e itens pessoais, itens este que, como citado, podem apresentar condição pessoal do trabalhador a qual ele não objetiva compartilhar, mas que, com o avanço do empregado à residência através do ambiente virtual, pode ser indevidamente compartilhada, o que lesa seu direito à privacidade.

---

(11) GOLDSCHMIDT, Rodrigo. Direito da personalidade do trabalhador: aproximações conceituais e tentativa de conformação de um microssistema trabalhista. In: GOLDSCHMIDT, Rodrigo (Org.). *Direitos da personalidade do trabalhador*. Rio de Janeiro: Lumen Juris, 2019. p. 1-36.

Como ensina Pego (2019), o trabalho remoto e o incremento de novas tecnologias da informação e da comunicação no ambiente do trabalho não devem ser utilizados como subterfúgios para refutar a condição de trabalhador subordinado nem a sua proteção legal, como se fosse possível, nesse modelo produtivo, uma relação de trabalho alternativa e desprotegida, tão alardeada atualmente sob a roupagem de "empreendedorismo".

Pego (2019) defende que as ferramentas virtuais de direção e controle utilizadas pelas empresas não poderão violar os direitos fundamentais do trabalhador, em especial a dignidade, a privacidade (intimidade e vida privada), a imagem e a inviolabilidade do domicílio.

A Constituição Federal, assim, possui papel fundamental na proteção dos direitos fundamentais do trabalhador. Como citado, a Carta Magna traz previsão expressa acerca da proteção à intimidade, privacidade e direitos da personalidade, como a imagem e honra.

Além disso, o texto constitucional (art. 7º) detém forte caráter protetivo quanto ao direito dos trabalhadores, prevendo limites de jornadas diárias e semanais, descanso durante e entre jornadas e descanso semanal como fundamental ao trabalhador.

Deste modo, ainda que não haja regulamentação específica no ordenamento jurídico brasileiro sobre a temática, tampouco quanto ao direito à desconexão — como já existe em países da Europa e da própria América do Sul —, a Constituição Federal serve de norteador ao respeito dos preceitos fundamentais do trabalho.

Pego (2019) defende, inclusive, não existir necessidade de mais "regras" ou "normas" para reforçar estes limites, bastando a obediência e efetivo cumprimento das normas constitucionais fundamentais.

O que se tem, portanto, é que o teletrabalho e *home office* são regimes que, inevitavelmente, trazem maior risco de exposição e violação à intimidade e privacidade do trabalhador, direitos estes que são fundamentais e, mesmo diante da relação laboral, devem ser privilegiados.

Neste contexto de fragilidade à vida privada, o respeito às normas constitucionais é essencial para a boa manutenção da relação empregatícia. É recomendado, inclusive, diante da ausência de regulamentação específica, que empregado e empregador acertem condições específicas para situações que possam gerar exposição do colaborador, tais quais horários de acionamentos e mecanismos para videoconferências.

Nesta era da informação e do compartilhamento, é essencial que o empregador, a fim de não promover violações aos direitos dos trabalhadores, invista em práticas de *Compliance* e prevenção, como a elaboração de políticas que regulem as particularidades do regime de trabalho e promovam a segurança da relação havida.

4. Conclusão

Na era da informação e do compartilhamento de dados, é esperado que novas tendências surjam em todos os âmbitos da sociedade, assim como ocorre na seara das relações trabalhistas.

A prática do teletrabalho e do *home office* é uma destas inovações, e traz tanto ao empregador quanto ao empregado vantagens no desenvolvimento da relação empregatícia. À empresa, a eficácia da produção e a economia com gastos operacionais se mostra o principal atrativo do modelo. Ao trabalhador, a possibilidade de ter horários mais flexíveis, mais tempo no dia a dia e maior convívio familiar é o que salta aos olhos.

Por outro lado, o modelo demonstra que desvantagens, especialmente ao trabalhador, também existem. O acionamento desenfreado, a cobrança por metas e a "invasão virtual" à residência colocam em xeque o direito à privacidade e intimidade do empregado.

Aspectos particulares atinentes à própria residência, como relações familiares, religião, sexualidade, dados pessoais, objetos particulares, exposição da imagem própria e de terceiro, que outrora não adentravam os limites do estabelecimento empresarial, agora passam a ser observados pelo empregador.

O direito à privacidade e à intimidade, como visto ao longo deste artigo, são direitos fundamentais e indisponíveis, devendo ser privilegiados e respeitados a qualquer cidadão. Ainda que o empregador detenha o poder direito de conduzir sua atividade empresarial, o que é operacionalizado pelos trabalhadores, este direito não pode se sobrepor a garantias fundamentais do trabalhador-cidadão.

Neste aspecto, a Constituição Federal se torna instrumento essencial a tutelar as relações de trabalho, em especial aquelas submetidas a regimes de teletrabalho e *home office*, como forma de proteção aos direitos fundamentais à privacidade e à intimidade do colaborador.

Em situações que geram maior suscetibilidade de exposição da vida privada e, portanto, violação do direito de privacidade, a Constituição Federal deve ser observada estritamente, servindo como limite aos poderes do empregador e garantia dos direitos fundamentais do trabalhador.

Referências

BARROS, Alice Monteiro de. *Proteção à intimidade do empregado*. São Paulo: LTr, 1997.

BONO, André; GOLDSCHMIDT, Rodrigo. O direito fundamental à privacidade do trabalhador e seus limites no âmbito do teletrabalho em *home office*. *Revista de Direitos Fundamentais nas Relações de Trabalho, Sociais e Empresariais, Florianópolis*, v. 8, n. 1, p. 38-56, jan. 2022. Disponível em: https://www.indexlaw.org/index.php/revistadireitosfundamentais/article/view/8928/pdf_1. Acesso em: 13 jun. 2024.

GOLDSCHMIDT, Rodrigo. Direito da personalidade do trabalhador: aproximações conceituais e tentativa de conformação de um microssistema trabalhista. In: GOLDSCHMIDT, Rodrigo (Org.). *Direitos da personalidade do trabalhador*. Rio de Janeiro: Lumen Juris, 2019.

LEWICKI, Bruno. *A privacidade da pessoa humana no ambiente de trabalho*. Rio de Janeiro: Renovar, 2003.

MOREIRA, Teresa Alexandra Coelho. *A privacidade dos trabalhadores e as novas tecnologias de informação e comunicação:* contributo para um estudo dos limites do poder de controlo electrónico do empregador. Coimbra: Almedina, 2010.

PEGO, Rafael Foresti. Trabalho remoto e o panóptico. *Revista LTr*, São Paulo, v. 83, n. 6, p. 678-685, jun. 2019.

SCHREIBER, Anderson. *Direitos da Personalidade*. São Paulo: Atlas, 2013.

Arbitragem como Cláusula Especial do Contrato de Trabalho

Maria Cecilia da Conceição Faria dos Santos[1]

Resumo: O presente artigo tem como objetivo estudar a viabilidade da utilização da arbitragem nos contratos individuais de trabalho, como meio alternativo de solução de conflitos, tal como previsto no art. 507-A da Consolidação das Lei do Trabalho "CLT", acrescido pela Lei. 13.467/2017, popularmente conhecida como "Reforma Trabalhista".

Palavras-chave: Direito do trabalho — Arbitragem — Técnicas alternativas de resolução de conflito — Contrato individual de trabalho — Reforma trabalhista.

Abstract: The purpose of this article is to study the feasibility of using arbitration in individual employment contracts, as an alternative means of resolving conflicts, as provided for in article 507-A of the Consolidation of Labor Laws "CLT", added by Law. 13.467/2017, popularly known as the "Labor Reform".

Keywords: Labor law, arbitrations, alternative dispute resolution, individual employment contract, labor reform.

1. Arbitragem no Direito do Trabalho

Em 11 de novembro de 2017 entrou em vigor a Lei n. 13.467, de 13 de julho de 2017, a qual alterou substancialmente a Consolidação das Leis do Trabalho ("CLT"), visando adequar a legislação às novas relações de trabalho, motivo pelo qual ficou popularmente conhecida como "Reforma Trabalhista".

Dentre as inovações trazidas pela nova lei, foi acrescentado o art. 507-A que assim dispõe:

> Art. 507-A. Nos contratos individuais de trabalho cuja remuneração seja superior a duas vezes o limite máximo estabelecido para os benefícios do Regime Geral de Previdência Social, poderá ser pactuada cláusula compromissória de arbitragem, desde que por iniciativa do empregado ou mediante a sua concordância expressa, nos termos previstos na Lei n. 9.307, de 23 de setembro de 1996.

(1) Advogada. Mestranda em Direito do Trabalho pela PUC-SP.

Com a inclusão do citado dispositivo o instituto jurídico da arbitragem passou a ser aceito nas relações individuais de trabalho, mediante observância de dois requisitos iniciais: (i) remuneração igual ou superior a duas vezes o limite máximo estabelecido para os benefícios da Previdência Social; (ii) por iniciativa do empregado ou mediante sua concordância.

A arbitragem está prevista na Constituição Federal para conflitos coletivos, havendo menção ao instituto também na Lei n. 8.630/93, a qual dispõe sobre o trabalho do portuário, na Lei n. 10.101/2010, a qual a regula participação dos trabalhadores nos lucros ou resultados da empresa, Lei de Greve n. 7.783/89 e na chamada Lei Pelé, n. 9.615/98.

No Direito Coletivo do Trabalho a utilização da arbitragem como técnica de solução de controvérsia, constitucionalmente previsto conforme disposto no art. 114, §§ 1º e 2º da Constituição Federal, sendo pacífica sua aceitação pela doutrina e jurisprudência(2).

Na mesma esteira, desde 2000, a Lei n. 10.101/2000, Participação nos Lucros e Resultados das empresas), já previa a possibilidade de ser convencionada clausula arbitral, conforme disposto em art. 4º:

> Art. 4º Caso a negociação visando à participação nos lucros ou resultados da empresa resulte em impasse, as partes poderão utilizar-se dos seguintes mecanismos de solução do litígio:
>
> I – mediação;
>
> II – arbitragem de ofertas finais, utilizando-se, no que couber, os termos da Lei n. 9.307, de 23 de setembro de 1996.
>
> § 1º Considera-se arbitragem de ofertas finais aquela em que o árbitro deve restringir-se a optar pela proposta apresentada, em caráter definitivo, por uma das partes.
>
> § 2º O mediador ou o árbitro será escolhido de comum acordo entre as partes.
>
> § 3º Firmado o compromisso arbitral, não será admitida a desistência unilateral de qualquer das partes.
>
> § 4º O laudo arbitral terá força normativa, independentemente de homologação judicial.

Na lei do trabalhador portuário, a Lei n. 12.815/2013, também se vê menção expressa a arbitragem conforme disposto no art. 37:

---

(2) TRT-PR-24-06-2011 ARBITRAGEM – APLICABILIDADE NO ÂMBITO DO DIREITO COLETIVO DO TRABALHO – A arbitragem no âmbito do direito coletivo do trabalho é aplicável porque que decorre de negociação havida entre os sindicatos patronal e profissional, possuindo disposições gerais e abstratas direcionadas aos seus representados. Não há que se falar em nulidade da sentença arbitral, eis que o empregado estava representado pelo seu ente sindical no momento da negociação. Aplica-se, de forma analógica, o princípio da autonomia negocial coletiva previsto no art. 7º, XXVI, da CF. Recurso do autor a que se nega provimento.

(TRT-9 17702010411907 PR 1770-2010-411-9-0-7, relatora: SUELI GIL EL-RAFIHI, 4ª TURMA, Data de Publicação: 24.06.2011)

> Art. 37. Deve ser constituída, no âmbito do órgão de gestão de mão de obra, comissão paritária para solucionar litígios decorrentes da aplicação do disposto nos arts. 32, 33 e 35.
>
> § 1º Em caso de impasse, as partes devem recorrer à arbitragem de ofertas finais.
>
> § 2º Firmado o compromisso arbitral, não será admitida a desistência de qualquer das partes.
>
> § 3º Os árbitros devem ser escolhidos de comum acordo entre as partes, e o laudo arbitral proferido para solução da pendência constitui título executivo extrajudicial.
>
> § 4º As ações relativas aos créditos decorrentes da relação de trabalho avulso prescrevem em 5 (cinco) anos até o limite de 2 (dois) anos após o cancelamento do registro ou do cadastro no órgão gestor de mão de obra.

Tanto é aceita a arbitragem em dissídios trabalhistas que até mesmo na Lei Complementar n. 75/93, a qual dispõe sobre a organização, as atribuições e o estatuto do Ministério Público da União, há previsão expressa quanto a possibilidade de atuação de membro do Ministério Público na função de árbitro:

> Art. 83. Compete ao Ministério Público do Trabalho o exercício das seguintes atribuições junto aos órgãos da Justiça do Trabalho:
>
> (...)
>
> XI – atuar como árbitro, se assim for solicitado pelas partes, nos dissídios de competência da Justiça do Trabalho;

Além das questões principiológicas, as quais nesse tópico são apontadas como secundárias sob a ótica do legislador, mesmo antes da reforma, o fato das leis terem autorizado expressamente apenas o sistema de arbitragem por ofertas finais parece ser um fator determinante no não desenvolvimento do instituto.

Isso porque, considerando que no conflito, por definição as partes possuem interesses antagônicos, pouco sentido há em esperar que confiem a solução da disputa na mera escolha das ofertas em discussão sem qualquer análise pormenorizadas das propostas apresentadas.

Corroborando com esta percepção, destaca-se o entendimento de Sérgio Pinto Martins[(3)] em sua obra sobre a Participação dos empregados nos lucros das empresas:

> "A nossa lei estabelece que "o arbitro deve restringir-se a optar pela proposta apresentada" por uma das partes, e não em relação a cada item apresentado pelas partes. Contudo, será fácil dizer que o empregado irá estimar valores maiores de lucros a serem distribuídos e, os empregadores, valores menores.

(3) MARTINS, Sérgio Pinto. *Participação dos empregados nos lucros das empresas.* Fls. 160

> Isso mostra também que a arbitragem de ofertas finais não resolvera o impasse, pois o empregador não irá se sujeitar à escolha de arbitro que venha a fixar lucro inexistente, maior que o existente ou acima daquilo que pretenda distribuir aos empregados. Daí por que o correto seria falar em arbitragem, em que as próprias partes deixariam ao livre arbítrio do árbitro o poder de fixar o lucro a ser distribuído, de acordo com critérios razoáveis para ambos os lados."

Como exposto, diversos dispositivos relacionados as relações de trabalho fazem referência direta a utilização da arbitragem, os quais certamente serviram de caminho para a alteração legislativa trazida pela Reforma Trabalhista, em especial no tocante ao direito individual.

A despeito dos conflitos individuais, antes da inclusão do art. 507-A na CLT, a legislação era omissa quanto a possibilidade da utilização da arbitragem, tendo ficado a cargo dos Tribunais interpretar e avaliar o instituto.

A falta de tradição e desenvolvimento acadêmico do tema no Direito do Trabalho, somada ao fato de que, por natureza, o Direito do Trabalho é regido pela simplicidade, acabou por resultar na utilização indevida da arbitragem no direito do trabalho como forma de prejudicar a classe a trabalhadora, o que fez com que a jurisprudência majoritária se formasse em sentido contrário à sua utilização.

Nesse sentido, destaca-se o precedente abaixo:

> RECURSO ORDINÁRIO. ARBITRAGEM. PROCEDIMENTO FRAUDULENTO.A arbitragem não pode ser feita para homologar o pagamento de verbas rescisórias. A assistência na rescisão contratual deve ser feita na Delegacia Regional do Trabalho ou no sindicato. A utilização do procedimento de arbitragem onde se estabelece a quitação geral e irrestrita do extinto contrato de trabalho, bem como a impossibilidade de ingresso de ação na Justiça do Trabalho ante o simples pagamento das verbas rescisórias e de outros títulos que totalizam valores irrisórios em comparação com o extenso período de vigência do contrato de trabalho, configura manobra fraudulenta que impõe ao trabalhador renúncia de direitos indisponíveis o que é inadmissível. Anulação do procedimento arbitral com base no art. 9º da CLT. 2. AVISO PRÉVIO INDENIZADO. PRAZO PRESCRICIONAL. O § 1º do art. 487 da CLT garante a integração do período correspondente ao aviso prévio indenizado no tempo de serviço do trabalhador para todos os efeitos legais e o art. 489 do mesmo diploma legal dispõe que a rescisão contratual torna-se efetiva somente depois de expirado o prazo do aviso prévio. Conclui-se, pois, que a contagem do biênio prescricional somente começa a fluir da data do término do aviso prévio indenizado,quando, então, opera-se efetivamente a rescisão contratual.Tal posicionamento encontra-se consubstanciado na Orientação Jurisprudencial n. 83 da SDI-I do C. TST.
>
> (TRT-2 - RECORD: 568200804502006 SP 00568-2008-045-02-00-6, relator: MARCELO FREIRE GONÇALVES, Data de Julgamento: 29.04.2010, 12ª TURMA, Data de Publicação: 07.05.2010)

> RECURSO DE REVISTA. 1. NEGATIVA DE PRESTAÇÃO JURISIDICIONAL. Nos termos do item III da Súmula n. 297/TST, "considera-se prequestionada a questão jurídica invocada no recurso principal sobre a qual se omite o Tribunal de pronunciar tese, não obstante opostos embargos de declaração". Recurso de revista não conhecido. 2. AÇÃO CIVIL PÚBLICA. ARBITRAGEM. INAPLICABILIDADE AO DIREITO INDIVIDUAL DO TRABALHO. 2.1. Não há dúvidas, diante da expressa dicção constitucional (CF, art. 114, §§ 1º e 2º), de que a arbitragem é aplicável na esfera do Direito Coletivo do Trabalho. O instituto encontra, nesse universo, a atuação das partes em conflito valorizada pelo agregamento sindical. 2.2. Na esfera do Direito Individual do Trabalho, contudo, outro será o ambiente: aqui, os partícipes da relação de emprego, empregados e empregadores, em regra, não dispõem de igual poder para a manifestação da própria vontade, exsurgindo a hipossuficiência do trabalhador (bastante destacada quando se divisam em conjunção a globalização e tempo de crise). 2.3. Esta constatação medra já nos esboços do que viria a ser o Direito do Trabalho e deu gestação aos princípios que orientam o ramo jurídico. O soerguer de desigualdade favorável ao trabalhador compõe a essência dos princípios protetivo e da irrenunciabilidade, aqui se inserindo a indisponibilidade que gravará a maioria dos direitos – inscritos, quase sempre, em normas de ordem pública – que amparam a classe trabalhadora. 2.4. A Lei n. 9.307/96 garante a arbitragem como veículo para se dirimir "litígios relativos a direitos patrimoniais disponíveis" (art. 1º). A essência do instituto está adstrita à composição que envolva direitos patrimoniais disponíveis, já aí se inserindo óbice ao seu manejo no Direito Individual do Trabalho (cabendo rememorar-se que a Constituição Federal a ele reservou apenas o espaço do Direito Coletivo do Trabalho). 2.5. A desigualdade que se insere na etiologia das relações de trabalho subordinado, reguladas pela CLT, condena até mesmo a possibilidade de livre eleição da arbitragem (e, depois, de árbitro), como forma de composição dos litígios trabalhistas, em confronto com o acesso ao Judiciário Trabalhista, garantido pelo art. 5º, XXXV, do Texto Maior. 2.6. A vocação protetiva que dá suporte às normas trabalhistas e ao processo que as instrumentaliza, a imanente indisponibilidade desses direitos e a garantia constitucional de acesso a ramo judiciário especializado erigem sólido anteparo à utilização da arbitragem no Direito Individual do Trabalho. 2.7. Vale ressaltar, ainda que a controvérsia fosse apreciada pelo prisma da Lei n. 13.129/15, que ampliou o âmbito de aplicação da arbitragem fixado na Lei n. 9.307/96, a conclusão seria a mesma, no sentido de que permanece , no ordenamento jurídico brasileiro , a proibição da utilização deste método de heterocomposição em conflitos individuais do trabalho . Recurso de revista conhecido e provido.
>
> (TST – RR: 1317692011 5050006, relator: Alberto Luiz Bresciani de Fontan Pereira, Data de Julgamento: 30.09.2015, 3ª Turma, Data de Publicação: *DEJT* 02.10.2015)

Desta forma, até a entrada em vigor da Reforma Trabalhista, predominava no Tribunal Superior do Trabalho o entendimento pela inarbitrabilidade objetiva de litígios individuais trabalhistas, uma vez que nos conflitos individuais estão presentes direitos dos trabalhadores, os quais são indisponíveis e irrenunciáveis.

Isso porque, era entendimento pacífico que a Lei n. 9.307/96, ao instituir o juízo arbitral como medida extrajudicial de solução de conflitos, restringiu, no art. 1º, o campo de atuação do instituto apenas aos litígios relativos a direitos patrimoniais disponíveis, o qual seria incompatível com o princípio protetivo que informa o direito individual do trabalho, bem como em razão da ausência de equilíbrio entre as partes, os direitos oriundos da relação de trabalho são insuscetíveis de apreciação em juízo arbitral ante sua qualidade de indisponíveis e irrenunciáveis.

A despeito do assunto, convém ressaltar o entendimento de Carlos Alberto Carmona[(4)]:

> "É bem verdade que não poucos estudiosos sustentam que a arbitragem é incompatível com o processo trabalhista brasileiro, pois a submissão do trabalhador à decisão arbitral significaria deixar o obreiro à mercê do empregador, com ampla possibilidade de fraude, tornando sem sentido o caráter protetivo do direito do trabalho. Ainda parece predominar entre os juslaboralistas o entendimento de que os direitos trabalhistas não comportariam renúncia nem transação, sob pena de afronta ao disposto no art. 444 da Consolidação das Leis do Trabalho, sustentando-se, então, o princípio da irrenunciabilidade dos direitos trabalhistas. Em consequência, a doutrina ainda dominante acaba sustentando uma ordem protecionista das regras inseridas na Consolidação das Leis do Trabalho, tudo de modo a fazer crer serem indisponíveis os direitos ali regulados, o que impediria a utilização da arbitragem."

No entanto, apesar dos percalços e barreiras a serem superadas, mesmo antes da reforma já havia precedentes indicando a possibilidade da arbitragem também nos conflitos individuais, como é o caso do acórdão da lavra do Desembargador Antônio Álvares da Silva, do TRT da 3ª Região, do qual destacamos o seguinte trecho:

> "A arbitragem, tradicionalmente prevista no Direito Coletivo, pode e deve também estender-se ao Direito Individual, porque nele a patrimonialidade e a disponibilidade de seus efeitos é indiscutível e é o que mais se trata nas Varas trabalhistas, importando na solução, por este meio, de 50% dos conflitos em âmbito nacional. Basta que se cerque de cuidados e se mantenha isenta de vícios, a declaração do empregado pela opção da arbitragem que poderá ser manifestada, por exemplo, com a assistência de seu sindicato, pelo Ministério Público do Trabalho ou por cláusula e condições constantes de negociação coletiva" (TRT-MG, R.O. Proc. 00259-2008-075-03-00-2)."

No mesmo sentido, também se destacam os precedentes a seguir:

> "ARBITRAGEM – TRANSAÇÃO ENVOLVENDO DIREITOS INDIVIDUAIS TRABALHISTAS – POSSIBILIDADE – Arbitragem. Transação envolvendo direitos individuais trabalhistas. Possibilidade. A indisponibilidade dos direitos do empregado existe somente durante a vigência do contrato de trabalho, quando se presume encontrar-se o obreiro em uma situação de subordinação e dependência econômica que o impede de manifestar a sua

---

(4) Alberto, C. C. *Arbitragem e processo:* um comentário à Lei n. 9.307/96. 3. ed. Grupo GEN, 2012. 9788522470617. Disponível em: https://integrada.minhabiblioteca.com.br/#/books/9788522470617/. Acesso em: 29 jul. 2020.

vontade sem vícios. Findo o contrato de trabalho, esta indisponibilidade não mais existe, uma vez que o empregado já não se encontra subordinado ao empregador, nem também depende deste para a sua sobrevivência, estando, deste modo, em condições de livremente manifestar a sua vontade, o que inclusive possibilita a celebração de conciliação na Justiça do Trabalho, conforme dispõe o parágrafo único do art. 831 da CLT." (TRT 05ª R. – RO 0001482-62.2013.5.05.0551 – 5ª T. – Rel. Des. Paulino Couto – *DJe*15.09.2014) RST+306+2014+DEZ+140)

"ARBITRAGEM. HARMONIZAÇÃO COM OS PRINCÍPIOS DO DIREITO MATERIAL E PROCESSUAL DO TRABALHO. ANÁLISE CASUÍSTICA. MATURIDADE DA JUSTIÇA DO TRABALHO. Não se pode reputar apriorística e absolutamente incompatível com o Direito do Trabalho a eleição de entidade arbitral idônea, após a extinção contratual, como meio alternativo de solução do conflito surgido entre as partes. Obviamente, havendo indícios de vício de vontade, a decisão arbitral não impedirá a apreciação da demanda pelo Judiciário, sendo nula de pleno direito, por força do art. 9º da CLT. Caso contrário, seguro da higidez da vontade manifestada pelo empregado, o juiz do trabalho poderá lhe emprestar eficácia liberatória equivalente à quitação passada pelo empregado perante a entidade sindical, ou seja, em relação às parcelas expressamente consignadas no recibo, à luz da Súmula n. 330 do TST e do art. 843 do Código Civil. Tudo isso porque a arbitragem não atinge a essência cogente dos direitos trabalhistas, que remanescem incólumes na pactuação e no transcurso da relação empregatícia, mas apenas os efeitos pecuniários de alguns deles, que já são, diuturnamente, transacionados na Justiça do Trabalho e nas Comissões de Conciliação Prévia, por exemplo, sendo certo que a indisponibilidade não depende da qualidade do terceiro que intermedia o acordo. Em suma, a Justiça do Trabalho tem a maturidade necessária para, encampando a terceira onda renovatória do processo, harmonizar a indisponibilidade dos direitos trabalhistas com a arbitragem, coibindo, casuisticamente, eventuais abusos e fraudes, como sempre fez ao tutelar as diversas formas de conciliação, judicial e extrajudicial, que circundam as relações de trabalho.

(TRT-3 - RO: 01714200807503007 0171400-67.2008.5.03.0075, relatora: convocada Gisele de Cassia Macedo, Quinta Turma, Data de Publicação: 08.06.2009)".

Continuando sua exposição sobre a arbitragem em dissídios individuais trabalhistas, Carlos Alberto Carmona contrapõe a ideia de indisponibilidade absoluta dos direitos, apontando como reforço a sua tese o crescente estímulo a conciliação perante a Justiça do trabalho:

> "Quanto aos conflitos individuais, embora não se deixe de reconhecer o caráter protetivo do direito laboral, é fato incontestável que nem todos os direitos inseridos na Consolidação das Leis do Trabalho assumiriam a feição irrenunciável pregada pela doutrina especializada mais conservadora: se assim não fosse, não se entenderia o estimulo sempre crescente à conciliação (e à consequente transação), de sorte que parece perfeitamente viável solucionar questões trabalhistas que envolvam direitos disponíveis através da instituição do juízo arbitral."

Corroborando com a referida doutrina citada, convém destacar que de acordo com o Relatório Geral da Justiça do Trabalho de 2022 , o índice percentual de conciliações perante a Justiça do Trabalho em 2022 foi de 44,1%, sendo que os acordos representam 48,1% dos litígios que foram efetivamente pagos aos reclamantes.

Outrossim, conforme será examinado adiante, outro aspecto importante a análise da compatibilidade do instituto e o Direito do Trabalho é a compreensão de que direitos patrimoniais disponíveis não se confundem com direitos irrenunciáveis, como bem observa Sérgio Pinto Martins: "Direitos patrimoniais disponíveis são diferentes de direitos irrenunciáveis. Direitos disponíveis são normas direcionadas às partes e não exatamente normas de ordem pública absoluta"(5).

2. Princípio da irrenunciabilidade dos direitos trabalhistas

O estudo dos princípios fundamentais do direito do trabalho é condição "*sine qua non*" para o desenvolvimento da arbitragem nas relações de trabalho, sobre o qual se desdobrará um dos mais importantes temas da arbitragem: a arbitrabilidade.

Em apertada síntese, arbitrabilidade está prevista no art. 1º da Lei de Arbitragem e consiste na análise das possibilidades de se poder submeter o objeto da arbitragem à condição de direito patrimonial disponível, tal como aqueles que podem ser objeto de transação.(6)

Nesse sentido, deve ser vista de dois ângulos, um denominado subjetivo (*ratione personae*) relativa a quem pode participar da arbitragem, e outro objetivo (*ratione materiae*), relativo à matéria que pode ser objeto de arbitragem.

O princípio da irrenunciabilidade, conforme ensina Carla Teresa Martins Romar "é aceito de forma unânime na doutrina como uma das principais bases do Direito do Trabalho e constitui-se no reconhecimento da não validade do ato voluntário praticado pelo trabalhador no sentido de abrir mão de direito reconhecido em seu favor".

Não obstante o esforço despendido pela doutrina e jurisprudência em fundamentar tal princípio de maneira a restringir a flexibilização de direitos trabalhistas, a irrenunciabilidade não deve ser vista como obstáculo evolução e vontade de seus interessados imediatos. A irrenunciabilidade tal como concebida atualmente é na verdade resultada na descrença pela liberdade do indivíduo e pela ordem espontânea do mercado. Assim, a imperatividade das normas trabalhistas baseia-se no interesse e na necessidade de organizar e dirigir a economia, visando a falsa proteção dos economicamente mais fracos.

Assim como ocorreu com o próprio Direito do Trabalho, o princípio da irrenun-

---

(5) MARTINS, Sergio Pinto. *Direito Processual do Trabalho*. 34. ed. São Paulo: Atlas, 2013. p. 67.

(6) SALLES, Marcos Paulo de Almeida. Da arbitralidade. *Revista de Direito Bancário e do Mercado de Capitais*, vol. 10/2000, p. 360-365, out./dez. 2000, DTR\2000\481.

ciabilidade dos direitos é também fruto da evolução histórica decorrente da Revolução Industrial, época em que quase todas as teorias filosóficas tiveram como objetivo estabelecer uma ordem social mais justa, dando início ao debate sobre a chamada "questão social".(7)

Neste contexto, conforme será detalhado a seguir são identificados quatro fatores principais por levarem a confirmação das primeiras leis de proteção aos operários, firmando-se a percepção de que o trabalhador era sempre massacrado pelo empregador, o qual não lhe repassava o total daquilo que lhe seria devido, colocando-o em situação de inferioridade e carente proteção oficial.

O primeiro fator diz respeito a publicação do Manifesto Comunista de Karl Marx e Fredrik Engels em 1848, quando surge a teoria da mais-valia, a qual defende que o trabalhador é quem produz o luro, porém apenas parte deste resultado lhe seria repassada, sendo o restante indevidamente apropriado pelo empregador.

No mesmo sentido, o segundo fator corresponde à doutrina de Léon Duguit, o qual também passou a defender a necessidade de uma revisão do sistema capitalista da época para que se alcançasse uma função social do sistema jurídico, voltada a promoção do cidadão.

Como terceiro fator, aponta-se o avanço da intervenção da Igreja Católica por ocasião da divulgação da Encíclica Papal de Leão XIII, *Rerum Novarum*, em 1981, a qual pregava que se deveria buscar uma ordem social mais justa e focada no ideal cristão, clamando ao Estado por maior intervenção nas relações de exploração dos operários.

O quarto e último fator histórico é a realização do Congresso Internacional de Legislação do Trabalho em Bruxelas, o qual reuniu diversos estudioso do tema na época com o objetivo de criação de uma associação privada, que ao final foi o berço da Organização Internacional do Trabalho em 1919.

Por óbvio, a falta de tecnologia e o baixo desenvolvimento da indústria e dos direitos humanos acabaram resultando em diversos abusos a classe operária, de modo que tais fatores foram indubitavelmente necessários e pertinentes para o desenvolvimento positivo do Direito do Trabalho.

Desta forma, diferentemente do que ocorre nos outros ramos do direito, no Direito do Trabalho vigora o princípio da irrenunciabilidade dos direitos trabalhistas, ou seja, nos restantes ramos do direito alguém pode privar-se voluntariamente de uma faculdade, ou de uma possibilidade, ou de um benefício que possui, enquanto neste setor do direito isso não é possível: ninguém pode privar-se das possibilidades ou vantagens estabelecidas em seu proveito próprio.

---

(7) MOLINA, André Araújo. GUERRA FILHO, Willis Santiago. Renúncia e transação no direito do trabalho — uma nova visão constitucional à luz da teoria dos princípios. *Revista LTr*, 74-02/19, vol. 74, n. 02, fev. 2010.

De acordo om a definição do princípio da irrenunciabilidade dos direitos trabalhistas, é vedado ao empregado privar-se voluntariamente de uma ou mais vantagens concedidas pelo direito trabalhista em benefício próprio (PLÁ RODRIGUES, 2000).

Para solver esta controvérsia jurídica, importa diferenciar renúncia e transação. Américo Plá Rodriguez define irrenunciabilidade como a "impossibilidade jurídica de privar-se voluntariamente de uma ou mais vantagens concedidas pelo direito trabalhista em benefício próprio".

Isto porque, as normas de direito do trabalho, ainda que no tocante ao contrato se possa pensar em autonomia da vontade, são entendidas como normas de ordem pública, sendo importante salientar que isto não significa dizer que sejam parte do direito público. A despeito do tema, Plá Rodrigues assim dispõe:

> "Uma coisa é a distinção entre o direito público e o direito privado e a adequada ubiquação do direito trabalhista dentro dessa classificação tradicional, e outra, muito diferente, é afirmar que as normas trabalhistas são de ordem pública. Essa afirmação só significa que o Estado considerou melhor excluir a possibilidade de que as partes acordem por decisão própria a regulamentação de sua conduta, de maneira diversa da que tenha estabelecido o legislador. Mas a norma de ordem pública tanto pode pertencer ao direito público como ao direito privado. Vejamos um exemplo bem ilustrativo: o direito de família faz parte do direito civil e, portanto, integra o direito privado, sendo todavia todas, ou quase todas as suas disposições, de ordem pública, no sentido de que os interessados não podem regular suas relações jurídicas de modo diferente do estabelecido pelo legislador."

Ademais, as normas de direito do trabalho são também consideradas inderrogáveis, característica relacionada à impossibilidade de se separar a pessoa do trabalhador, da sua atividade, objeto do contrato, e a circunstância de que em geral o trabalho é o único recurso vital ao trabalhador.

Não obstante as considerações acima, fato é que renunciabilidade ainda é tema bastante controvertido entre doutrinadores e tribunais trabalhistas, sendo interessante a reflexão de Estevão Mallet:

> "O direito trabalhista é ou não disponível? Indisponibilidade absoluta certamente não existe, tanto é que em toda ação trabalhista individual há uma fase conciliatória, pela qual necessariamente se deve passar. Mas, significa isso uma disponibilidade tal qual aquela exigível para que se possa utilizar da arbitragem? Esta é uma questão que permanece ainda por resolver.

O próprio TST não tem jurisprudência pacificada sobre o assunto. Curiosamente há decisões, de diferentes turmas, em ambos os sentidos, tanto no sentido de admissão da arbitragem como no sentido oposto, de proscrição da arbitragem em matéria de litígio trabalhista individual"[(8)]

No mesmo sentido, destaca-se também a observação de Homero Batista[(9)], para quem a arbitragem deverá prevalecer ao final, em razão da necessidade de manter-se a coesão do sistema:

> "A diferenciação entre o indisponível e o irrenunciável sempre foi feita sob grande tensão no direito do trabalho em geral e na legislação brasileira em particular, pois esconde algumas inconsistências e contradições. Por exemplo, não se admite que o empregado seja transferido de localidade, mas se admite ampla liberdade na rescisão contratual – um enorme contrassenso. Não se admitem acordos extrajudiciais no departamento pessoal, mas se admitem acordos feitos na sala de espera dos fóruns trabalhistas, sem a presença do empregado, em nome de uma formalidade que aos poucos de esvaiu. E, por fim, não se admite a arbitragem, mas se impões que os efeitos da prescrição e da transação judicial sobre todas as parcelas trabalhistas.
>
> O debate terá de ser retomado com urgência e as contradições terão de se aflorar. Caso a jurisprudência se incline favoravelmente à inconstitucionalidade do art. 507-A, pelo fundamento da indisponibilidade do crédito trabalhista, talvez tenha de ser revista a doutrina da prescrição, por exemplo. Como não se consegue imaginar a Justiça do Trabalho proibindo acordos judiciais ou liberando os empregados para ajuizar ação com pretensões imprescritíveis, prognosticamos que, ao fim e ao cabo, a arbitragem irá prevalecer, muito menos por seus méritos e muito mais pela necessidade de coesão do sistema. Impõe-se, assim, que o jurista laboral entenda um pouco mais da Lei n. 9.307/1996."

Não obstante, deve ser pontuado que os questionamentos sobre a renunciabilidade dos direitos trabalhistas se encerram juntamente com o contrato de trabalho, posto que não poderia haver qualquer restrição à utilização da arbitragem para conflitos individuais de natureza trabalhista oriunda de relação jurídica finda, eis que tais controvérsias estariam ligadas exclusivamente a verbas indenizatórias, revelando-se a natureza disponível dos direitos em disputa.

---

(8) MALLET, Estevão. Arbitragem Trabalhista. *Revista de Arbitragem e Mediação*, São Paulo, v. 25/2010, n. 521, p. 41, jan. 2018.

(9) SILVA, Homero Batista Mateus da. *Comentários à reforma trabalhista*. São Paulo: Revistas dos Tribunais, 2017.

Isso porque, conforme disposto no art. 11 da CLT e no art. 7º, inciso XXIX da CF/88, a partir da ruptura deste há uma transmutação dos direitos indisponíveis do empregado em créditos, o que permite até mesmo a transação entre as partes em juízo ou fora dele. Desta forma, a grande questão reside na arbitrabilidade de controvérsias trabalhistas decorrentes de relações jurídicas ainda em curso.

Nesse sentido, destaca-se a conclusão de Élisson Miessa(10):

> "Enquanto o contrato de trabalho está vivo, em curso, remanescem todos os direitos individuais, "in full force and effect", que são indisponíveis e vários deles na ordem pública (relacionados à saúde, medicina, segurança e meio ambiente laboral), o que já não ocorre quando o contrato de trabalho é rescindido. Neste caso, os direitos indisponíveis trabalhistas, a partir do momento da rescisão (morte) do contrato laboral se transmuta em "créditos", e daí, ser objeto de transação nas lides individuais em juízo (conciliação judicial na audiência), e também de eventual arbitragem."

Em linha com o que se expõe neste tópico, convém destacar a decisão proferida pelo Desembargador e doutrinado Enoque Ribeiro dos Santos, ao analisar pedido formulado nos autos da reclamação trabalhista n. 0011289-92.2013.5.01.0042, publicada em 24.04.2017:

> RECURSO DO RECLAMADO. PRELIMINAR DE CONVENÇÃO DE ARBITRAGEM. TRANSAÇÃO ENVOLVENDO DIREITOS TRABALHISTAS. POSSIBILIDADE. O fundamento principal para justificar que os direitos trabalhistas são indisponíveis/irrenunciáveis é fulcrado na hipossuficiência/vulnerabilidade do trabalhador. E, é exatamente por isso que o próprio TST, ainda que timidamente, já vem admitindo a arbitragem nos casos em que não se vislumbra esta hipossuficiência, deixando claro que tal indisponibilidade/irrenunciabilidade não é absoluta. Fato é que nem todos os direitos trabalhistas são, a todo tempo, indisponíveis, pois, se assim o fossem, jamais poderiam ser objeto de transação ou mesmo de negociação coletiva de trabalho. Aliás, se todos os direitos gozassem de uma indisponibilidade absoluta intangível, haveria, certamente, um entrave à evolução da ordem jurídica e social. Na verdade, não há que se falar em indisponibilidade absoluta de qualquer direito em abstrato, pois é, no caso concreto, que o Judiciário vai aferir se aquele direito é ou não indisponível, analisando-o e ponderando-o com os demais direitos, princípios e normas presentes no ordenamento jurídico. No caso em questão, a magistrada sentenciante afastou a cláusula de arbitragem prevista no contrato celebrado entre o autor e o réu utilizando como fundamentos a "inafastabilidade da jurisdição" e a "indisponibilidade dos direitos trabalhistas". Quanto à inafastabilidade da jurisdição, esta não é violada com a aplicação da arbitragem, pois o decidido pelo árbitro evidentemente poderá ser apreciado pelo Poder Judiciário. E no que tange à indisponibilidade dos direitos trabalhistas, se está é fulcrada na hipossuficiência/vulnerabilidade do trabalhador, então, obviamente, não tem aplicabilidade no presente caso, eis que o autor era

(10) MIESSA, Élisson. *A Reforma Trabalhista e seus Impactos*. Salvador: JusPodivm, 2017. p. 905.

um alto executivo do banco réu, verdadeiro alter ego e detentor de expertise e *brain--power* financeiro, com vultosos ganhos mensais e vasto conhecimento na área, razão pela qual não se vislumbra qualquer hipossuficiência/vulnerabilidade por parte dele, mas sim sua paridade com a parte adversa. Aliás, é justamente no setor do conhecimento e da informação que a relação jurídica de dependência muitas vezes se inverte, ou seja, é o empregador que fica dependente ou refém do empregado dotado do expertise e neurônios privilegiados, que dá um diferencial ao seu negócio, proporcionando-lhe elevados ganhos financeiros, levando-o a celebrar pactos e aditivos para a manutenção de tais empregados laborando a seu favor. Entendo também que os direitos indisponíveis do empregado se mantêm ao longo de todo o contrato de trabalho, pois, a partir da ruptura deste há uma transmutação dos direitos indisponíveis do empregado em créditos, na esteira do que expressa o art. 11 da CLT e o art. 7º, inciso XXIX da CF/88, o que permite até mesmo a transação entre as partes em juízo ou fora dele. Portanto, havendo instrumento alternativo entre os canais de acesso ao sistema de justiça, que não se confunde com acesso à jurisdição, que, na verdade constitui-se em apenas um entre os vários outros disponíveis ao empregado na seara laboral, deve-se privilegiar os demais meios de pacificação dos conflitos individuais e coletivos de trabalho e não rechaçá-los como fez o juízo monocrático, porque de nada vale o discurso, corroborado pelo CPC/2015, se, diante dos casos concretos, na prática, o judiciário ao invés de acolhê--los, os afasta. Preliminar acolhida."

Ainda sobre o tema, convém destacar as considerações de Arion Romita(11):

> "A suposta irrenunciabilidade dos direitos outorgados por lei imperativa ao trabalhador, decantada pelos compêndios em obediência a uma tradição já ultrapassada pelas novas realidades econômicas e sociais, existe apenas no papel. Na realidade prática, o crescimento do setor informal e a negociação processada após a extinção do vínculo empregatício ou eliminam pela raiz os supostos direitos (trabalhador removido para o setor informal não tem qualquer direito trabalhista) ou os transformam em direitos negociáveis em nível individual. A realidade atual demonstra que a indisponibilidade dos direitos é noção própria de um passado longínquo: juridicamente, a Constituição de 1988 já transformou tais direitos em negociáveis, fulminando a decantada irrenunciabilidade; e praticamente, como objeto de transação judicial, jamais foram tidos por indisponíveis, uma vez que no acordo celebrado em juízo o resultado da conciliação engloba todas as verbas postuladas na ação em um só valor pecuniário, abrangendo a pretensão em sua totalidade para ensejar a extinção da demanda;"

Em complemento, destaca-se também a doutrina clássica de Mauricio Godinho:

> "A indisponibilidade inerente aos direitos oriundos da ordem justrabalhista não tem, contudo, a mesma exata rigidez e extensão. Pode-se, tecnicamente,

(11) ROMITA, Arion Sayão. Aspectos da Execução Trabalhista. *Revista de Direito do Trabalho*, vol. 100, out./dez.

distinguir entre direitos imantados por indisponibilidade absoluta ao lado de direitos imantados por uma indisponibilidade relativa.

Absoluta será a indisponibilidade, do ponto de vista do Direito Individual do Trabalho, quando o direito enfocado merecer uma tutela de nível de interesse público, por traduzir um patamar civilizatório mínimo firmado pela sociedade política de um dado momento histórico. É o que ocorre, como já apontado, ilustrativamente, com o direito à assinatura da CTPS, ao salário mínimo, à incidência das normas de proteção à saúde e segurança do trabalhador.

Também será absoluta a indisponibilidade, sob a perspectiva do Direito Individual do Trabalho, quando o direito enfocado estiver protegido por norma de interesse abstrato da respectiva categoria. Este último critério indica que a noção de indisponibilidade absoluta atinge, no contexto das relações bilaterais empregatícias (Direito Individual, pois), parcelas que poderiam, no contexto do Direito Coletivo do Trabalho, ser objeto de transação coletiva e, portanto, de modificação real. Noutras palavras: a área de indisponibilidade absoluta, no Direito Individual, é, desse modo, mais ampla que a área de indisponibilidade absoluta própria ao Direito Coletivo.

Relativa será a indisponibilidade, do ponto de vista do Direito Individual do Trabalho, quando o direito enfocado traduzir interesse individual ou bilateral simples, que não caracterize um padrão civilizatório geral mínimo firmado pela sociedade política em um dado momento histórico. É o que se passa, ilustrativamente, com a modalidade de salário paga ao empregado ao longo da relação de emprego (salário fixo versus salário variável, por exemplo): essa modalidade salarial pode ser alterar, licitamente, desde que a alteração não produza prejuízo efetivo ao trabalhador. As parcelas de indisponibilidade relativas podem ser objeto de transação (não de renúncia, obviamente), desde que a transação não resulte em efetivo prejuízo ao empregado (art. 468, CLT). O ônus da prova do prejuízo, entretanto, caberá a quem alegue sua ocorrência, isto é, ao trabalhador, já que não há prova sobre o fato negativo."

Em apertada síntese, o autor reconhece que alguns direitos trabalhistas seriam mais passíveis de ser disponíveis, considerando ser absoluta a indisponibilidade do direito que traduza o que chama de "um patamar mínimo civilizatório", e relativa à indisponibilidade do direito referente a "interesse bilateral simples".

Comentando a opinião de Mauricio Godinho, Vólia Bomfim assim esclarece:

"Na verdade, nos parece que Mauricio Godinho denominou as normas de caráter privado como aquelas de indisponibilidade relativa e as de natureza

> público como aquelas de indisponibilidade absoluta. Sugerimos que, aqueles denominados pelo autor de "direitos indisponibilidade relativa sejam, na verdade, chamados, de forma mais adequada, de direitos de "disponibilidade relativa", já que referem-se a direitos de natureza privada, criados pela vontade das partes, acima do mínimo legal, podendo ser alterados ou transacionados, porque disponíveis, desde que não causem prejuízo ao trabalhador. Por isso, podem ser disponibilizados quando não causarem prejuízo ao trabalhador, ante o óbice no art. 468 da CLT, que impede a alteração *in pejus* — art. 9º da CLT. Aí está a relatividade da disponibilidade."

Como se vê, há considerável falta de coesão no posicionamento doutrinário sobre a irrenunciabilidade dos direitos trabalhistas, motivo pelo qual parece ter razão Homero Batista ao afirmar que ao final a arbitragem terá de prevalecer, não por seus méritos, mas para que haja coesão sistêmica quanto ao tema.

Feitas essas considerações, não obstante a falta de consenso doutrinário, em análise preliminar do tema e considerando a existência inequívoca de normas de ordem pública e do Princípio da Irrenunciabilidade, ainda que atualizada sua interpretação, é possível concluir que os direitos trabalhistas não são totalmente irrenunciáveis, haja vista que a própria lei comporta hipóteses de renúncia por parte do trabalhador (como é o caso do pedido de demissão), sendo adequado afirmar que irrenunciabilidade dos direitos trabalhistas deverá ser observada caso a caso.

3. Conclusão

Diante de todo o exposto, considerando a origem da organização social tal como conhecida, ao contrário do que pode parecer, e de acordo com os avanços legislativos que observados nos últimos tempos, a arbitragem enquanto técnica alternativa de resolução de conflitos, a ser contratada pelas partes, tem se mostrado um meio viável e razoável de compor os conflitos sociais respeitando as diretrizes principiológicas do direito do trabalho.

Dada sua relevância para a composição de conflitos sem a interferência do Estado, a arbitragem vem ganhando força na sociedade moderna, sendo um método inovador de resolução de conflito, que busca desenvolver o mesmo que o Poder Judiciário, porém com as regras e velocidade das próprias partes.

A grande questão em volta da arbitragem quando aplicada no âmbito da Justiça do Trabalho diz respeito a indisponibilidade dos direitos trabalhistas.

No entanto, deve haver certa cautela com a questão, posto que, não se pode afirmar pura e simplesmente que os direitos trabalhistas são indisponíveis e, por isso, impassíveis de submissão à arbitragem.

Conforme exposto, ainda parece haver resistência entre doutrinadores e operadores do direito laboral sobre a possibilidade de aplicação de tal método à esfera trabalhista. Grosso modo os fundamentos são relativos à incompatibilidade sistêmica e a indisponibilidade dos direitos trabalhistas e a hipossuficiência do empregado, visto que na arbitragem é possível a convenção de normas a serem aplicadas.

Todavia, tal interpretação é limitada e parte da premissa que coloca o empregado não só numa posição hipossuficiente, mas também não lhe reconhece a autonomia da vontade. Isto porque, entende-se que a arbitragem, para ser aplicada as relações trabalhistas deverá necessariamente se compatibilizar com os princípios trabalhistas, ou seja, ainda que por ela se opte, as normas a serem convencionadas deverão necessariamente conter os direitos já garantidos aos trabalhadores, sendo lhes vedada a possibilidade de convencionar qualquer coisa em sentido contrário.

Vale mencionar que, na hipótese de inobservância das normas básicas garantidas aos trabalhadores, ainda que não haja previsão de instância recursal no procedimento arbitral, poderia o trabalhador se valer do meio judicial para sanar o problema, de modo a garantir ainda mais o acesso à justiça.

Outrossim, o dinamismo social, há décadas observados pela doutrina clássica, bem como com as recentes mudanças legislativas na área trabalhista, não só no Brasil, mas em vários outros países do mundo, das quais têm resultado uma forte tendência a prevalência da autonomia da vontade e flexibilização de direitos a fim de atender as novas necessidades sociais.

Nesse sentido, a reforma trabalhista promoveu uma forte mudança nesse racional, ao trazer no art. 507-A a previsão expressa da possibilidade de utilização do procedimento arbitral em contratos individuais de trabalho cuja remuneração seja superior a duas vezes o limite máximo estabelecido para os benefícios do Regime Geral de Previdência Social, desde que por iniciativa do empregado ou mediante a sua concordância expressa, nos termos previstos na Lei n. 9.307, de 23 de setembro de 1996.

A mudança se deve ao fato social de ter o legislador reconhecido em alguns empregados uma diminuição da hipossuficiência em relação ao seu empregador. Não se trata, pois, de uma opção a renúncias de direitos, posto que, como dito acima, estes mantêm seu caráter irrenunciável, sendo apenas uma forma de as partes ajustarem esses direitos as suas necessidades conforme a casuística.

O contrário disso, ainda com a reforma legislativa, não poderia ser aceito, posto que iria de encontro com os princípios constitucionais do direito do trabalho, sendo, portanto, impossíveis na atual ordem jurídica. Nesse sentido, o grande obstáculo não é o procedimento em si, mas a liberdade que se confere as partes.

Isto porque, com a aproximação ao princípio do "*pacta sun servanda*", segundo a qual o contrato faz lei entre as partes, o pactuado no termo arbitral vincularás as partes, impedindo eventual reclamação perante o Poder Judiciário. Referida liberdade, todavia, apenas diz respeito ao método procedimental a ser utilizado em caso de conflito e a eventual disponibilidade referente a direitos disponíveis.

Vale salientar que, atualmente, a disponibilidade de direitos trabalhistas já é uma realidade no direito do trabalho brasileiro. As conciliações realizadas perante o judiciário, nada mais são do que uma forma rápida de pôr fim ao processo quantificando-o. Por vezes, nesse caminho, é comum que os reclamantes desistam de alguns pedidos simplesmente para promover o acordo, seja para receber algum retorno financeiro mais rápido que o curso normal do processo ou por qualquer outro motivo.

O que importa realmente é que os operadores do direito tenham em mente o que é a arbitragem, sua finalidade e principalmente que entendam que a sua utilização não deve servir de instrumento a supressão de direitos, sendo certo que, quando assim ocorrer, o Estado terá o dever de intervir e tutelar os interesses ali envolvidos penalizando aqueles que ousarem desvirtuar a finalidade do procedimento.

A aceitação da arbitragem como técnica alternativa para resolução de conflitos não é, e não deve ser entendida como um meio de burlar os direitos assegurados pelo ordenamento jurídico. Pelo contrário, é na verdade mais uma forma de garantir tais direitos, com maior eficiência, efetividade e satisfação, visto que nelas prevalece solução que melhor servir a ambas as partes.

Nesse sentido, considerando a finalidade pacificadora do Estado na forma de resolução de conflitos, a utilização de mecanismos alternativos integra tal finalidade, é uma medida de garantia ao acesso à justiça, considerando ainda, que, está nunca fora de exclusividade do Poder Judiciário, mas sim uma finalidade.

Por fim, pontua-se que o presente artigo não esgota o tema proposto, trazendo apenas uma singela análise de premissas iniciais que com toda certeza merecem ser melhor estudada e destrinchadas pela academia, principalmente para que se promova uma mudança no pensamento social da forma como os conflitos são resolvidos, não só na Justiça do Trabalho, mas também em todos os demais ramos do direito.

3. Referências

CESARINO JÚNIOR, Antonio F. *Direito social brasileiro*. Rio de Janeiro: Forense, 1957.

CASSAR, Vólia Bomfim. *Direito do trabalho*. São Paulo: Método, 2017.

CUNHA, Gustavo Henrique Carvalho Vieira da. A prevalência da autonomia privada da vontade individual sobre a coletiva nas contratações de hipersuficientes. *Revista do Tribunal Regional do Trabalho da 10ª Região*, Brasília, DF, v. 23, n. 2, p. 89-104, nov. 2019.

MANNRICH, Nelson. *Modernização do contrato de trabalho*. São Paulo: LTr, 1998.

MORAES FILHO, Evaristo. *Tratado elementar de direito do trabalho*. Rio de Janeiro: Forense, 1960.

NASCIMENTO. Amauri Mascaro. *Curso de direito processual do trabalho*. 25. ed. São Paulo: Saraiva, 2010. Capítulo I.

PEDROSO, Marcelo Batuíra da C. Losso. *Liberdade e irrenunciabilidade no direito do trabalho*. Porto Alegre: Sérgio Antonio Fabris Editor, 2005. p. 174-175.

REALE, Miguel. *Nova fase do direito moderno*. 2. ed. São Paulo: Saraiva, 1998.

RODRIGUES, Américo Plá. *Princípios do Direito do Trabalho*. Tradução Wagner Drdla Giglio. São Paulo: EDUSP/LTr, 1993.

ROMAR, Carla Teresa Martins. *Direito do trabalho esquematizado*. 2. ed. São Paulo: Saraiva, 2014. p. 1.

SCHIAVI, Mauro. *Manual de Direito Processual do Trabalho*. 4. ed. São Paulo: LTr, 2011. Capítulo I.

SILVA, De Plácido e. *Vocabulário Jurídico*. Atualizadores: Nagib Slaibi Filho e Gláucia Carvalho, 22. ed. Rio de Janeiro, 2003.

SILVA, Homero Batista Mateus. *Contrato de Trabalho*. 2. ed. Rio de Janeiro: Campus Jurídico, 2011.

______. *Comentários a Reforma Trabalhista*. 1. ed. São Paulo: Revista dos Tribunais, 2017.

A Importância na Identificação dos Elementos da Relação de Emprego: Subordinação Jurídica como Ponto de Partida

Sophia Cruz Bentes(1)

Resumo: O presente artigo se destina a esmiuçar o contexto de surgimento dos principais conceitos do direito do trabalho, especialmente no tocante ao surgimento da relação de trabalho e sua evolução à relação de emprego. Posteriormente, a par deste panorama, se insurge no entendimento dos requisitos da relação de emprego, principalmente a subordinação jurídica, e traz-se isto à uma conjectura atual da influência do uso de inteligência artificial de plataformas de aplicativo e o impulsionamento de uma nova modalidade de trabalho parassubordinada. Por fim, a partir disto, discute-se a relevância do entendimento de subordinação jurídica, nos moldes tradicionais, como elemento regulatório às atuais formas de trabalho.

Palavras-chave: Requisitos da relação de emprego — Subordinação jurídica — Inteligência Artificial — Trabalho parassubordinado — Subordinação algorítmica.

Introdução

De início, e antes de esmiuçar a importância da classificação do emprego, — mediante os seus requisitos — na evolução do direito do trabalho, é válido compreender o contexto em que emergiu e a motivação da sua criação.

Sendo assim, e remontando a acontecimentos datados de meados do século XVIII, na Inglaterra, com a revolução industrial, manifestaram-se as primeiras invenções de mecanização do trabalho, o chamado "maquinismo". Logo, o movimento ganhou mais força, principalmente por volta do Século XIX, com o surgimento de máquinas voltadas à diversas atividades que, anteriormente, dependiam da ação humana. Assim, com a

(1) Mestranda em Direito do Trabalho pela Pontifícia Universidade Católica de São Paulo. Graduada em Direito pelo Centro Universitário do Estado do Pará. Advogada.

ausência de mão de obra humana voltada ao trabalho urbano, intensificou-se o uso das máquinas nas produções que, posteriormente, dariam lugar às linhas de produção no Século XX.

Além disso, mediante fortes influências do liberalismo político e econômico da época — em vigor desde 1776, com os ensinamentos de Adam Smith — que preconizava o trabalho como objeto central de discussão, cuja otimização se alcançaria de modo espontâneo e livre, condenando, assim, a intervenção do Estado e assumindo a propriedade privada como essencial. Assim, a não intervenção Estatal nas relações privadas, tanto nas produtivas quanto nas formas de labor, se tornou regra, fundamentada pelo discurso da liberdade contratual.

Diante disso, culminou-se em uma mecanização de mão de obra sem fiscalização estatal e passou-se a ter mais interessados do que postos de trabalho, uma demanda maior que a oferta, e mesmo os que logravam êxito em conquistar um trabalho, sofriam com um ambiente ainda mais precário, consequência da banalização da liberdade contratual sem a regulação Estatal e a enorme população disposta a trabalhar. Dentre os piores cenários, vale menção aos baixos salários, jornadas extensivas e sem intervalos adequados, a ausência de condições mínimas de higiene, de saúde, e a presença de condições insalubres, que tornavam acidentes de trabalho frequentes neste período.

Ademais, a situação, que já era ruim, ficou ainda pior, com o surgimento da chamada "questão social". Isto porque, com a criação da máquina a vapor e a consequente substituição da força motriz de movimentação humana pela maquinaria, sobrevém, como supramencionado, um excedente desemprego e uma desnecessidade de mão de obra humana, motivo pelo qual se prezou pela utilização de mão de obra menos robusta e, consequentemente, menor remunerada, ou seja, a contratação de mulheres e crianças no desempenho das poucas atividades que exigiam a força humana.

Com o passar do tempo, a problemática tornou-se cada vez mais crítica — fazendo com que o período fosse reconhecido como o de maior miséria da classe trabalhadora em toda a história da humanidade — e captou reivindicações de diversas correntes ideológicas, com enfoque especial às manifestações que propunham a tomada do poder pela classe trabalhadora, sob forte intervenção dos ideais de Karl Marx e Friedrich Engels, com o manifesto comunista, publicado em 1848, que pregava como mais importante a igualdade, alcançada pela maior participação do Estado nas relações privadas, e a detenção centralizada dos meios de produção nas mãos da sociedade, representada pelo proletariado.

Sendo assim, a força dos trabalhadores fez surgir as primeiras regulações trabalhistas, quando os representantes do Estado passaram a intervir na relação de trabalho, limitando a liberdade de contratação. A partir daí, foram apresentadas novas diretrizes nas questões relativas ao trabalho, buscando, precisamente, a dignidade da pessoa humana, que sofreu um incremento significativo com a publicação da Encíclica *Rerum Novarum*, em 15 de maio de 1891, representando um marco imprescindível às relações de trabalho, já que propôs termos basilares sobre a condição dos operários.

De forma sintetizada, a Encíclica abordou tópicos como o da 1 – organização do capitalismo; 2 – função social da propriedade; 3 – intervenção do Estado em favor dos trabalhadores; 4 – normas de trabalho; 5 – justo salário; 6 – associação de trabalhadores. Desse modo, a edição da Encíclica formou o primeiro passo para a consolidação de uma nova ordem mundial, proclamando a justiça social e sustentando a necessidade de novas bases nas relações de trabalho, em que se preservasse a dignidade humana no labor sob a moderada intervenção do Estado e, principalmente, uma solução para a emergente "questão social".

Assim, de 1891 a 1919, normas relativas ao trabalho do menor e da mulher foram debatidas, versando sobre aspectos como o salário mínimo, jornadas, acidentes, repousos. A partir disso, reconheceu-se o direito do trabalho como instrumento de política social a conquistar espaço nas cartas constitucionais, com a ação do Estado na edição de leis capazes de alcançar proteção especialmente dos pobres, fracos e indigentes — objetivando a dignidade do trabalho.

Seguindo esta premissa, houve, igualmente, um relevante reconhecimento Internacional da temática, uma vez que, no início do século XX, por ocasião da revolução constitucional Zapatista, o México verticaliza o direito do trabalho. Assim, com as constituições do México (de 1917) e de Weimar (de 1919), a vinculação dos trabalhadores aos sindicatos e ao direito de greve passaram a ser garantias fundamentais nos Estados democráticos modernos. A Encíclica também contribuiu para isso, mediante o reconhecimento da importância dos sindicatos.

Diante disso, e falando sobre o âmbito Nacional, criou-se a Consolidação das Leis do Trabalho (CLT) no Brasil, mediante o Decreto-lei n. 5.454 em 1º de maio de 1943, que firmou diretrizes acerca do direito material e processual do trabalho, unificando toda legislação trabalhista existente no país, com bases novas e complementares que encorajaram a existência de uma intervenção do Estado no domínio econômico, ao mesmo tempo em que nega uma excessiva intervenção do Estado, visto que isso suprime a liberdade de associação.

Contrapõe-se, portanto, tanto ao Estado mínimo, quanto ao Estado intervencionista, criando uma espécie de terceira via ideológica frente ao insucesso tanto do capitalismo puro, como do socialismo marxista, o que significou o surgimento do direito do trabalho sob a expectativa de que, cada vez mais, internaliza-se a sua matéria como um instrumento de política social, bem como, o entendimento do conceito de trabalho, e suas espécies, na forma como se depreende atualmente.

1. Desenvolvimento

1.1. Relação de trabalho x relação de emprego

Mediante o exposto, tem-se, assim, as primeiras noções de direito do trabalho, originadas em um contexto de avanço nas modalidades de labor e uma carência protetiva e regulatória incidente sobre elas. Para suprir esta ausência, a CLT introduz uma série de diretrizes para regulamentar e fundamentar preceitos básicos ao desenvolvimento do trabalho. Com isso, deixa-se de ter uma ideia pejorativa sobre a figura do trabalho, que imperava à época da revolução industrial — quem trabalhava o fazia por necessidade, já que, figuras privilegiadas cultivavam o ócio, pertinente nas atividades de filosofia — e passa-se a ver o trabalho como motivo de orgulho e dignificação ao homem.

Neste sentido, atualmente, a relação de trabalho trata de um elo, formado entre duas partes, em que, de um lado, se tem a demanda, necessidade, pelo recebimento de uma prestação de serviços, uma mão de obra, e, por outro lado, tem-se a intenção de prestá-la, movida pelo interesse no recebimento de uma contraprestação onerosa, isto é, uma remuneração. Com isso, o trabalho passou a se desenvolver de diversas formas, conforme a exigência da atividade, e hoje representa, tão somente, um gênero, que se divide em uma série de espécies, quais sejam: o trabalho eventual; trabalho autônomo; trabalho temporário; trabalho avulso, estágio e emprego.

Vale destacar que, e em que pese o Direito do Trabalho disponha de diretrizes acerca de todas as modalidades de trabalho, o objeto de proteção mais específico e importante à matéria trabalhista diz respeito ao trabalho como relação de emprego pois, diante de todo o contexto e noção historicamente construídos, vê-se tal modalidade de trabalho como a de maior proteção e concessão de direitos e benefícios ao trabalhador empregado — parte hipossuficiente da relação e que sempre será visada com proteção pela matéria — e a mais contemplada e almejada como forma de trabalho.

1.2. A subordinação

Sendo assim, a relação de emprego é uma espécie de relação de trabalho que possui como principal fator distintivo ser a relação de trabalho mais protetiva no Direito do Trabalho. Além disso, o reconhecimento da relação de emprego pressupõe a constituição de um contrato legal, jurídico de trabalho e a presença de alguns requisitos de existência, elencados no art. 3º da CLT: "Considera-se empregada toda pessoa física que prestar serviços de natureza não eventual a empregador, sob a dependência deste e mediante salário".

Diante disso, pode se dizer que, para se configurar uma relação de emprego, é necessário o preenchimento de alguns requisitos cumulativos na relação, quais sejam, a pessoalidade — o trabalho deve ser exercido por pessoa física e na pessoa do empregado, isto é, não admite substituições, salvo as previsões legais; a habitualidade — a atividade deve pressupor prosseguimento no tempo, ter expectativas de continuidade; a onerosidade — o trabalho deve ser remunerado, deve ser prestado em troca de uma contrapartida pecuniária; e a subordinação — o empregado deve estar sujeito ao poder diretivo do empregador.

Dentre os requisitos supramencionados, vale menção especial a um deles: a subordinação. Inicialmente, sobre a sua conceituação, o termo subordinação significa "ordem estabelecida entre pessoas e, segundo a qual, umas dependem das outras, das quais recebem ordens ou incumbências; dependência de uma(s) pessoa(s) em relação a outra(s)" (HOUAISS, 2011, p. 2.626)[(2)]. Logo, sua etimologia advém dos termos sujeição e submissão, que dizem respeito ao submetimento às ordens do outro.

Em outra definição, de Paul Colin, trazida por Evaristo de Moraes Filho, entende-se a subordinação como um estado de dependência real, criado por um direito, direito de o empregador comandar, dar ordens, e de onde nasce a obrigação correspondente para o empregado, em se submeter a essas ordens (COLIN *apud* MORAES FILHO, 1991, p. 220).

Rodrigues Pinto oferece um conceito mais amplo, ao confirmar a natureza jurídica da subordinação, bem como, estipular seu grau, enunciando que a subordinação do empregado se caracteriza por sua natureza (jurídica, no sentido de que emana da vontade contratual) e por seu grau (absoluto, compreendendo o resultado e os meios para obtenção do resultado da atividade do trabalhador (PINTO, J., 2005, p. 119).

Resumindo as ideias supramencionadas, o conceito de Arion Romita sobre subordinação jurídica aduz que, esta caracteriza-se por uma integração da atividade do trabalhador na organização da empresa, mediante vínculo contratualmente estabelecido, em virtude do qual o empregado aceita a determinação, pelo empregador, das modalidades de prestação de trabalho (ROMITA, 1979, p. 79-81).

No direito estrangeiro, António Menezes de Cordeiro considera o trabalho subordinado como serviço heterodeterminado, caracterizando-o como uma prestação (conduta humana) de fazer (atividade positiva) cujo conteúdo é determinado por outrem (heterodireção). Para ele, apesar de o Direito do Trabalho estar ligado ao trabalho subordinado, mas a matéria não se pode deixar definir por ele, pois assim ora ultrapassa, ora fica aquém do objeto inicial, qual seja, de proteção (CORDEIRO, 1999, p.18).

Diante o exposto, pode se compreender, primeiramente, que a noção de subordinação posta remete à uma ideia de dependência do empregado em relação ao empregador, mediante a forte presença do poder diretivo, de sujeição às ordens.

---

(2) Ver HOUAISS, Antônio. *Dicionário Houaiss da Língua Portuguesa*. Rio de Janeiro: Editora Objetiva, 2001.

Ademais, o critério da subordinação, comumente, também é entendido como uma subordinação técnica, econômica ou jurídica. Em relação à subordinação técnica, esta se daria mediante a sujeição do empregado ao empregador, tendo em vista o empregador como o detentor da técnica. Trata-se de uma dependência do empregado frente ao empregador, em virtude de o empregado não possuir o conhecimento intelectual do desenvolvimento da atividade, em contrapartida do empregador, que o possui.

Em se tratando da subordinação econômica, é representada pela dependência do empregado mediante o seu empregador, levando-se em consideração a contraprestação paga, pois apenas o empregador pode remunerar o empregado pela atividade prestada, bem como, deixar de fazê-lo em qualquer momento que o justifique para tal. O empregado se vê subordinado ao empregador por temer deixar de receber integralmente a sua remuneração, condição imprescindível à sua subsistência.

Por fim, em relação à subordinação jurídica, é válido destacar que esta, dentre toda a explanação supracitada acerca da subordinação, é a mais importante, porque representa o referencial para se identificar uma relação de emprego, ou seja, é a subordinação que necessariamente deve estar presente em uma relação de emprego. Isto se deve ao fato de, nem sempre, as subordinações técnica e econômica estarem presentes nas relações de emprego, já que, com frequência, observa-se empregados que detém conhecimento técnico e intelectual — que detém uma especialidade ou formação na área, por exemplo — e, por vezes, igualmente, não dependem do empregador pelo pagamento de um salário — já que existem empregados que trabalham pelo prazer de trabalhar, e não apenas pela remuneração.

Com isso, a subordinação jurídica é a mais considerada, e representa nada mais do que a subordinação contratual — derivada de lei — do empregado em relação ao empregador. Constitui-se, assim, em uma relação jurídica, consentida entre as partes, em que o empregado se sujeita ao poder de comando, diretivo do empregador e este, como contraprestação, paga uma remuneração devida ao empregado.

Neste diapasão, pode se dizer que a subordinação jurídica desconsidera a eventual dependência econômica e técnica do trabalhador — que, como visto, não ocorre em todo o caso — e valora a submissão do empregado à dinâmica definida pelo empregador, isto é, o processo de dirigência da atividade, que ocorre por uma vontade própria do empregado em busca da contrapartida pecuniária contratual. Desse modo, a subordinação jurídica é fator distintivo e essencial à relação de emprego

1.3. As relações de trabalho parassubordinadas

Neste sentido, é notório o papel do requisito da subordinação na história do Direito do Trabalho e na caracterização da relação de emprego. Entretanto, discute-se muito, nos tempos hodiernos, se este requisito ainda vigora plenamente.

Isto porque, como visto anteriormente, a relação de emprego, historicamente, era muito primada e visada como principal e melhor fonte de trabalho. Com o advento da globalização, não demorou muito até que a tecnologia e os dispositivos eletrônicos tomassem forma neste cenário. Além do aspecto prático, a comunicação também se tornou mais rápida, os algoritmos mais eficientes, e em pouco tempo o mundo se deparou com recursos capazes de otimizar diversas funções, que impactaram, diretamente, na forma como se vê e prioriza o trabalho.

Assim, em um único aplicativo presenciamos, de forma prática e rápida, a confecção de atividades que antes demandavam tempo e esforço, como: ir ao supermercado, fazer uma refeição, adquirir objetos. Logo, as plataformas de aplicativo, que surgiram na década de 1990, foram projetados para realizar uma série de atividades, desde comunicação — como as redes sociais — até jogos e utilidades. Sua principal premissa, portanto, era a de facilitar e otimizar o acesso dos usuários à estas tarefas, já que a plataforma de aplicativo, inserida nos sistemas inteligentes dos *smartphones*, está ao alcance da mão em um clique.

Este panorama fica mais evidente, no contexto trabalhista, quando observados os recentes tipos de prestação de serviços e de consumo, demonstradas sob a chamada economia colaborativa ou economia de compartilhamento. A economia colaborativa ocorre quando temos bens e serviços obtidos de forma compartilhada, e não de forma única e exclusiva por determinada pessoa. Sendo assim, os produtos e serviços são tomados, emprestados, alugados, ao invés de adquiridos, e geralmente destinam-se a uma finalidade específica em um curto período, além de serem frequentemente facilitados via as plataformas de aplicativo.

Um dos maiores exemplos no ramo se dá com o aplicativo de transportes da empresa multinacional americana Uber, que "empresta" os carros de seus prestadores de serviços em troca de um valor monetário para que as pessoas possam se deslocar, ou até mesmo o Ifood, plataforma de aplicativo que terceiriza a entrega em domicílio de produtos diversos. Assim, tem-se, gradativamente, uma mudança de paradigma no Direito do Trabalho, isto porque, se antigamente, a relação de emprego e o contrato por prazo indeterminado eram idealizados pela maioria dos trabalhadores, atualmente, há a transição deste panorama por uma idealização ao contrato por prazo determinado, tendo em vista uma ânsia maior por autonomia e empreendedorismo por grande parte dos trabalhadores.

Neste sentido, surgem as relações de trabalho parassubordinadas -também conhecidas como "Uberização", devido à influência do aplicativo na formação da espécie de trabalho. O conceito de Parassubordinação advém, principalmente, da doutrina italiana, e são conhecidas, igualmente, como relações de cooperação — remontando à ideia de economia colaborativa (MARQUES; SCHENFERD, 2004, p. 104)[(3)].

Isto porque, a palavra *parassubordinação* abrange uma característica interessante em sua etimologia, já que, na língua portuguesa, utiliza-se o prefixo *para* quando há o intuito de transmitir proximidade entre conceitos. Portanto, o termo *parassubordinação* do trabalho pressupõe contiguidade com um conceito muito afamado do Direito do Trabalho: A subordinação. Significa dizer, então, que a Parassubordinação estaria "para além" da subordinação, ou seja, a relação de trabalho parassubordinada é algo similar à uma relação de trabalho subordinada, mas não o é essencialmente. Em conclusão, a modalidade de trabalho parassubordinada traz uma ideia de proximidade com a subordinação, mas não de igualdade.

Com isso, não raro, algumas doutrinas se referem ao fenômeno como uma zona "cinzenta" ou intermediária, justamente porque se contrapõe, exatamente, entre a ideia de trabalho autônomo e trabalho subordinado. Por isso, é que se apresenta uma grande dificuldade, jurisprudencial e doutrinária, em definir, com precisão, sob quais moldes a nova modalidade de trabalho se adequa — já que é tida como uma espécie de trabalho mais subordinada ao resultado do que um trabalhador autônomo, e mais autônoma no desenvolvimento da atividade do que um trabalhador subordinado (ALVES, 2019)[(4)].

Por esse motivo, para Amauri Mascaro Nascimento, o trabalho parassubordinado seria uma categoria intermediária entre o autônomo e o subordinado, abrangendo tipos de trabalho que não se enquadram exatamente em uma das duas modalidades tradicionais, representativo mais como um trabalho autônomo com características assemelháveis ao trabalho subordinado (NASCIMENTO, 2004, p. 413). Portanto, o debate acerca da *parassubordinação* do trabalho surge, exatamente, com a possível necessidade de mudança do conceito de subordinação supramencionado, visto que, e em que pese a *parassubordinação* seja uma modalidade de trabalho próxima à subordinação, mas comumente, também é conhecida pelos doutrinadores como trabalho autônomo economicamente dependente.

Esta contenda se demonstra mais acirrada, principalmente, quando analisamos o dispositivo da parassubordinação em comparação com as características dos trabalhos autônomo e subordinado. Pois, o que se enxerga, é que existem diversas similaridades e discrepâncias entre os três institutos, daí a razão do impasse em defini-la, com propriedade, entre um conceito e outro.

---

(3) Ver MARQUES, Fabíola; SCHENFERD, Tacilio Alves Silva. A DISCUSSÃO ACERCA DO (DES)NECESSÁRIO RECONHECIMENTO DO VÍNCULO EMPREGATÍCIO PARA TRABALHADORES DE PLATAFORMAS DE APLICATIVOS: UM OLHAR SEMIÓTICO SOBRE A POSSIBILIDADE DE INSERÇÃO DE NOVOS SIGNOS PARA A EFETIVAÇÃO DA PROTEÇÃO SOCIAL DE UMA NOVA CLASSE DE TRABALHADORES. *Universitas*, ano 16, n. 30, jan./jun. 2022, p. 155-184.

(4) Ver ALVES, Eliete Tavelli. *Parassubordinação e Uberização do Trabalho:* Algumas Reflexões. Rio de Janeiro: Lumen Juris, 2019.

Por este motivo, inicialmente, é válido resgatar a noção de que a relação de emprego pressupõe três espécies de subordinação: a subordinação técnica — que se exprime como a dependência do empregado em relação ao empregador, mediante determinado conhecimento ou técnica específica que este detém em detrimento daquele; a subordinação econômica — que seria a dependência do empregado em relação ao empregador, tendo em vista que este o assalaria; e a subordinação jurídica — a única, dentre as demais espécies de subordinação que, necessariamente, está presente em uma relação de emprego e configura-se como a diligência do empregador em prol da prestação de serviços, isto é, relaciona-se com o poder diretivo do empregador (de comando) em detrimento do empregado.

No que tange esta conceituação em relação ao trabalho parassubordinado, e diferentemente da relação de emprego, a subordinação nesta espécie classifica-se como econômica, tão somente, haja vista que o trabalhador é vinculado ao resultado da atividade e torna-se dependente, principalmente, pela questão da onerosidade, em receber uma contraprestação pelo serviço. Logo, na relação de trabalho parassubordinada, não se constata a figura do poder diretivo e de controle do empregador, já que a atividade é apenas condicionada pelo tomador de serviços, que fiscaliza apenas o controle de qualidade do serviço no resultado e guardando, assim, certa "autonomia" na condução do seu trabalho (ALVES, 2019). Com isso, embora os trabalhadores não sejam subordinados diretamente a alguém, sofrem dependência econômica da atividade. Trata-se de ser autônomo no plano jurídico formal, mas dependente no plano econômico material.

Ademais, ainda no contexto comparativo entre relação de emprego e relação parassubordinada, presencia-se uma diferença importante apontada entre as duas. Como mencionado anteriormente, a relação de trabalho parassubordinada pressupõe uma colaboração funcional, ou seja, há uma coordenação da atividade por parte do tomador de serviços, isto é, uma espécie de verificação do desempenho e resultado do trabalho do prestador de serviços, mas que não se confunde com o poder diretivo do empregador, requisito presente na relação de emprego, já que na relação de trabalho parassubordinada se exerce uma figura de controle de qualidade e execução de serviços, enquanto o trabalho subordinado gera uma figura de comando em prol do trabalhador.

Outrossim, é necessária também uma comparação entre o trabalho autônomo e o parassubordinado. Vale frisar que o trabalhador autônomo não é considerado empregado — de acordo com o art. 442-B da CLT — mas sim um profissional liberal, por possuir autonomia e liberdade para definir sua própria jornada de trabalho, desde seus intervalos à sua extensão, bem como não sofrer subordinação a ninguém, assumindo, assim, os riscos de sua atividade e retendo para si os lucros dela.

Baseado nisso, a parassubordinação, tal como os trabalhos autônomos, não possui a figura de um contratante que assume os riscos da atividade econômica, sendo essa de inteira responsabilidade do trabalhador que a exerce. Igualmente, quanto às jornadas de trabalho, estas não são determinadas pelo contratante, mas sim idealizadas conforme a vontade do trabalhador.

No entanto, tal liberdade e fluidez na confecção da jornada não se constata, evidentemente, nas relações de trabalho parassubordinadas, já que um motorista de aplicativo, por exemplo, está condicionado às diretrizes da plataforma quanto aos locais em que circulará com o veículo, bem como à um limite de jornada diária, sofre sanções e penalizações caso reincida em cancelamentos dentro do aplicativo, engessando o trabalhador.

Ademais, e analisando a característica da colaboração funcional, o trabalhador parassubordinado sofre uma supervisão e controle pelo tomador de serviços que, embora lhe confira autonomia jurídica, não interferindo, diretamente, sobre sua jornada, por exemplo, mas o vincula a estipulações gerais, o que não denota absoluta liberdade no exercício do seu trabalho. Somando-se, então, mais uma incongruência com o modelo de trabalho autônomo em relação a parassubordinação.

Por fim, como dito anteriormente, a parassubordinação possui a característica da subordinação econômica, que já se difere da espécie autônoma por esta não apresentar subordinação alguma. Isso os coloca em uma situação delicada de imprecisão, haja vista que o elemento da dependência econômica gera controvérsia, pois relativiza o *status* jurídico de autônomos que os trabalhadores parassubordinados possuem. Porquanto que, ainda que eles laborem sozinhos, ainda serão economicamente dependentes do seu tomador de serviços, não configurando, assim, uma autonomia plena.

Sendo assim, o trabalho parassubordinado frequentemente é definido como uma atividade empresarial responsável coordenar o trabalho sem subordinar o trabalhador. Trata-se de ser mais subordinado no resultado do que o autônomo e mais autônomo no modo de fazer do que o trabalhador subordinado. Há uma certa autonomia no modo de fazer da prestação de serviços (horário, local de trabalho e ajuda de terceiros) mas que se sujeita à entrega do resultado nos padrões definidos pelo tomador.

1.4. A crise no requisito "subordinação" da relação de emprego

Ainda em se tratando da relação de trabalho parassubordinada, importante destacar que esta foi criada, inicialmente, com o objetivo de arrecadação de renda extra, em países do exterior. No Brasil, as relações de trabalho *parassubordinadas*, impulsionadas pelas plataformas de aplicativos, sofreram uma mutação em relação ao sentido original e passaram a ser fonte de renda principal de milhares de trabalhadores.

Assim, com as novas formas de trabalho, surge, também, uma nova forma de proletariado: o proletariado de serviços, advindo da noção da espécie de trabalho como relação de cooperação. Tendo em vista a expansão assustadora da Internet e dos serviços oferecidos, aliado à grande oferta de mão de obra mediante o modelo de colaboração, empresas que prestam tais serviços passaram a buscar por mão de obra extremamente barata e flexível, suprindo uma enorme demanda com a precarização do trabalhador (ANTUNES, 2018).

Em um universo em que a economia está sob o comando e hegemonia do capital financeiro, as empresas buscam garantir seus altos lucros exigindo e transferindo aos trabalhadores e trabalhadoras a pressão pela maximização do tempo, pelas altas taxas de produtividade, pela redução dos custos, com os relativos à força de trabalho, além de exigir a "flexibilização" crescente nos contratos de trabalho.

Nesse contexto, a terceirização vem se tornando a modalidade de gestão que assume centralidade na estratégia empresarial, uma vez que as relações sociais estabelecidas entre capital e trabalho são disfarçadas em relações interempresas, baseadas em contratos por tempo determinado, flexíveis, de acordo com os ritmos produtivos das empresas contratantes, com consequências profundas que desestruturam ainda mais a classe trabalhadora, seu tempo de trabalho, de vida e, por conseguinte, seus direitos.

Dessa maneira, a espécie de trabalho representa uma das formas mais populares de se prestar serviços na era atual, ao passo que, também contribuiu para a marginalização da classe de trabalhadores inserida neste contexto. Dado que, na conjuntura brasileira, a desestruturação do mercado de trabalho, como era conhecido, passou a acontecer a partir dos anos 1980, tendo como principal marco a estagnação do projeto de industrialização nacional. Com o intuito de implantar um projeto neoliberal na economia brasileira, passaram a ser aplicados novos padrões produtivos, tecnológicos e organizacionais nas relações trabalhistas (CABRAL; PEREIRA, 2019).

> Os impactos da abertura econômica brasileira foram sentidos com intensidade a partir da década de 1990, expandiram-se, naquele contexto, os quadros de subcontratações e terceirizações, tanto nas atividades-meio, quanto nas atividades-fim, levando ao aumento histórico do desemprego e da precarização do trabalho (CABRAL; PEREIRA, 2019, p. 94).[(5)]

Diante disso, e associado ao fato de que os dispositivos normativos não acompanharam essa fluidez tecnológica, como resultado, abriu-se margem à inúmeras práticas arbitrárias no seu cotidiano, dentre elas, o *Dumping Social.* O *Dumping Social* representa um dos efeitos mais danosos neste momento, e trata-se da junção do conceito de comércio, na realização de concorrência desleal, em conjunto com os impactos da área trabalhista,

(5) Ver CABRAL, José Pedro Cabrera; PEREIRA, Sandra de Oliveira Gomes. INFORMALIDADE E CRISE DO EMPREGO NO BRASIL. *Revista Humanidades e Inovação: Educação, Pobreza e Desigualdades Sociais: Interlocuções entre Currículo e Ensino*, v. 6, n. 18, p. 93-102, 2019.

que ocorre por intermédio da supressão dos direitos ao trabalhador, visando a diminuição de custos ao empregador. Paulo Mont'Alverne Frota informa que:

> A palavra *dumping* provém da língua inglesa dump, o qual, entre outros, tem o significado de despejar ou esvaziar, por conseguinte, direitos sociais. A palavra é utilizada em termos comerciais (especialmente no conceito do direito internacional) para designar a prática de colocar no mercado produtos abaixo do custo com o intuito de eliminar a concorrência e aumentar as quotas de mercado (FROTA, 2014).[(6)]

Mediante o exposto, é notório que alterações nas relações laborais, promovidas pela reestruturação produtiva pós-fordista, caminham para o desprestígio do emprego e intensificação das formas novas e flexíveis de trabalho, as ditas formas atípicas (que não se enquadram no modelo clássico dicotômico de trabalho subordinado ou autônomo), fazendo-se insurgir o fenômeno da parassubordinação, onde a subordinação não se faz presente de forma direta, inserindo essa modalidade em uma zona intermediária entre o trabalho subordinado e o autônomono, demonstrando a *inaptidão* da subordinação como critério de aplicação da proteção trabalhista e os riscos quanto à precarização do trabalho que se expõem.

Este debate estimula-se, ainda mais, devido a concepção hegemônica da doutrina, no tocante à subordinação nas relações de emprego, ao aduzir que deve haver um contrato de trabalho atestando um status de empregado para o trabalhador e de empregador para o empresário, mediante a existência de subordinação jurídica, pois caso contrário, não existe subordinação (OLIVEIRA, 2021). Deste modo, lança-se luz sobre a maneira como o contrato de trabalho é estipulado, e não sobre as características pessoais dos sujeitos e de cada caso, na prática.

Tal postulado é importante porque, uma vez que a relação entre trabalhador parassubordinado e empresa não se equivale à relação entre empregado subordinado e empregador, bem como não se iguala, integralmente, à atividade autônoma, os direitos trabalhistas previstos no código não precisam ser observados pelas plataformas de aplicativo. A crise na subordinação inaugurou a crise na proteção dos direitos trabalhistas dos trabalhadores de aplicativos e na própria Legislação, causando nesta uma lacuna.

A subordinação, que promovia segurança jurídica para o empregado, foi substituída pela sujeição do trabalhador, economicamente dependente da sua produtividade, em operar em regime de servidão, disfarçado de autonomia, sem garantia de direitos fundamentais

---

(6) Ver FROTA, Paulo Mont'Alverne. O *DUMPING* SOCIAL E A ATUAÇÃO DO JUIZ DO TRABALHO NO COMBATE À CONCORRÊNCIA EMPRESARIAL DESLEAL. *Juris Plenum Ouro*, n. 36, mar. 2014.

como controle de jornada, previdência social, auxílio-doença, gratificações, repouso semanal e férias remuneradas.

> Na atualidade pós-fordista, as formas atípicas de trabalho — novas formas — são o sintoma maior da crise da subordinação. Um dos traços marcantes deste pós-fordismo que mais contribuiu para a formação destas situações atípicas é precisamente a tônica de colaboração e autonomia. Com as potencialidades de gestão e a possibilidade de controle na dispersão, a reengenharia produtiva não se vale mais do clássico padrão de trabalho apoiado nas relações de hierarquia-disciplina. No pós-fordismo, é possível visualizar outro cenário para o modo de trabalhar: não se exige a presença do trabalhador na sede da empresa; os serviços são determinados e até executados eletronicamente; a jornada não é fiscalizada, inclusive porque se prefere a remuneração por produtividade, a qual, pelo seu baixo valor, exige o máximo de trabalho, já impondo jornadas maiores, inclusive sem pagamento de horas extraordinárias; dispensa-se o poder punitivo ao repassar, por meio do expediente formal da falsa parceria, a posse (embora se diga que houve venda) da mercadoria a ser comercializada, fazendo com que a maior punição — não receber pelo trabalho prestado — ocorra quando a atividade não for realizada devidamente (OLIVEIRA, 2021, p. 155).

E não obstante a ausência completa de direitos e da responsabilidade perante os problemas que os trabalhadores possam vir a sofrer, já que os riscos da atividade são transferidos para eles, tudo isso aliado a sujeição econômica do trabalhador faz com que existam jornadas abusivas, produtividade excessiva, e não só isso, como também uma forte insegurança jurídica no ordenamento normativo.

Por este motivo, resta-se configurado que a realidade prática destes trabalhadores não se ajusta exatamente com nenhuma espécie de trabalho, dentre as duas mais importantes, qual seja o trabalho autônomo e o trabalho subordinado, e acredita-se que tal problemática é acentuada, ainda, em grande parte, pelo uso dos sistemas inteligentes inclusos nas plataformas de aplicativos que impulsionaram esta relação, uma vez que o uso da tecnologia proporciona, talvez, uma nova forma de subordinação, a subordinação algorítmica, que disfarçada sob um discurso de neutralidade na intenção das máquinas, se vale para o cometimento de ilícitos e torna precária as relações de trabalho parassubordinadas.

Neste sentido, e tratando de formam mais específica da subordinação algorítmica, esta se define como uma subordinação do prestador de serviços, também chamado — graças ao ideal de economia colaborativa — de colaborador, frente ao aplicativo, em razão de estar condicionado a certas diretrizes, ora mencionadas, que são definidas pelo algoritmo da plataforma de aplicativo em uso.

Isto porque, por conceituação, a subordinação algorítmica se dá mediante o controle, por meio de aplicativos, na modalidade algorítmica, por comandos ou por programação. Ou seja, ainda que inexista o direcionamento de comandos diretos e expressos partidos de um superior hierárquico (subordinação clássica), a consolidação do controle via aplicativo revela um direcionamento ainda mais intenso, uma vez que há uma gestão algorítmica de dados coletados pelos aplicativos. Inversamente, os trabalhadores têm pouco acesso às informações sobre o sistema, além do contato com a empresa ser bastante limitado.

Com isso, não raro, o que se observa no mundo prático da Uberização é a vinculação do motorista a comparecer ao local de destino apontado pela viagem remunerada em questão, caso em que, caso o motorista deixe de atender a chamada, será penalizado com uma preterição nos próximos atendimentos ou, em casos mais extremos, ser desligado unilateralmente da plataforma (noções que se aproximam muito com a advertência, suspensão e demissão no mundo do trabalho subordinado), de modo que está limitado à um número específico de recusas para não incorrer em tais sanções.

Outro ponto importante é que, por diversas vezes, ao aceitar uma viagem, o motorista não obtém informações suficientes sobre o destino ao qual deverá se dirigir, incorrendo, inclusive, em um risco à integridade do trabalhador, que segue viagem "às cegas" e com a possibilidade de recusa mitigada. Resta-se, evidenciado, que ocorre uma priorização aos motoristas que prestam maiores e mais eficientes serviços em nome da plataforma, utilizando-se de critérios nomeadamente abusivos.

Além disso, outros pontos que merecem consideração se dão mediante o efetivo uso dos dados dos motoristas. Em relação à Uber e o Ifood, por exemplo, o requisito da pessoalidade (referente ao trabalho subordinado) está intimamente ligado à atividade, já que a entrega ou viagem sempre é realizada por uma pessoa previamente cadastrada na plataforma, a qual o usuário obtém acesso integral (visualizando nome, foto, ocupação) e jamais poderá dar seguimento à transação caso a pessoa cadastrada não seja a mesma prestando a atividade naquele momento (aqui, é possível, inclusive, tecer uma crítica acerca da ideia de uma relação de trabalho com independência e autonomia).

Em contrapartida, e como uma forma de acentuação aos riscos à integridade e saúde dos colaboradores, estes não obtêm o mesmo acesso de informações aos usuários contra os quais se encarregam de prestar o serviço. Ademais, esta predileção em prol do usuário (caracteristicamente encarada em relações como a de consumidor) pode, igualmente, provocar o desligamento do colaborador na plataforma, já que, basta uma avaliação negativa ou denúncia do usuário, ainda que não fundamentada ou verdadeira, para o perfil do colaborador ser desativado, sem chances de um contraditório.

Ademais, tem-se a utilização das plataformas de aplicativo como controle da atividade do trabalhador, no tocante aos resultados da atividade. Assim, a plataforma constantemente utiliza-se da localização do motorista — no caso da Uber- para monitorar trajetos, operacionalizar o GPS, e com o conhecimento da localização do motorista pode inferir sobre se ele está ativo na plataforma e em atividade, movimento, bem como, ter noção das distâncias do trajeto para fins de cobrança do preço final, sendo esta ideia muito atrelada ao conceito de discriminação por lucro.

Quanto ao lucro, a Uber constantemente se utiliza de conceitos vagos e que, por estarem inseridos no código fonte de operação do sistema, não possuem transparência. Com isso, critérios de remuneração, retenção de lucro, descontos, além dos critérios e efetivações de avaliações são repassados ao trabalhador da forma que convém ao aplicativo que retém quantias indevidamente, sem justificar ao motorista os motivos pelos quais o valor não foi repassado integralmente ou percentualmente.

Por fim, o que se observa ainda, é que o próprio conceito de "economia colaborativa" pode ser uma tentativa de burlar a forma correta com que as relações de trabalho neste panorama deveriam desenvolver. Ora, porque a modalidade de trabalho parassubordinada, em voga neste sistema, demonstra que há uma acentuação da vulnerabilidade dos trabalhadores, prestadores de serviço, na execução de suas atividades. Não se trata, somente, de uma colaboração, um empréstimo de carro diante de uma relação de permuta, sequer se trata de uma relação mútua. O conceito surgiu como forma de eufemizar o trabalho e, consequentemente, lidar de forma menos latente com suas consequências, incorrendo, também, em uma ausência de responsabilização pela regulação de tais relações.

Com isso, pode se depreender que se rompe com o antigo com o conceito de subordinação jurídica porque se inaugura uma nova modalidade de trabalho não representada pela relação de emprego (e, por consequência, não abarcada por sua proteção) ou mesmo pela relação de trabalho autônomo. Tal modalidade de trabalho, diante de sua pequena parcela de autonomia, afasta a possibilidade de configuração da relação empregatícia por ausência do poder diretivo, bem como, o trabalho autônomo pela inexistência de plena independência na execução de sua atividade.

Isto se dá, principalmente, por uma crise: (1) do Estado — já que se tem uma transição do poder Estatal no intervencionismo ao Liberalismo; (2) da ciência — pois há a transição do "chão de fábrica" ao trabalho intertemporal, com o advento do teletrabalho, trabalho em domicílio, dentre outros; (3) do direito — pois insurgem onceitos que não acompanham a sociedade, tal como a inserção de uma possível subordinação algorítmica que, somado à todos os entendimentos enumerados, tornam o ideal clássico de subordinação não só como inapto, mas também obsoleto.

2. Considerações finais

Diante o exposto, é notório vislumbrar que a tecnologia tem evoluído exponencialmente nas últimas décadas, em especial no atual século XXI, de modo que as raízes clássicas do Direito do Trabalho encontram-se em xeque e beiram à extinção.

Mediante o advento da globalização, inaugura-se a noção de automação das atividades laborais, e, além disso, a de plataformas de aplicativo como mediadoras de uma nova atividade laboral, intitulada como trabalho parassubordinado. Entretanto, o trabalho parassubordinado comporta, em si, uma difícil definição, por abordar em sua natureza caraterísticas semelhantes a ambas as duas definições clássicas de trabalho do direito do trabalho, quais sejam, o trabalho autônomo e o trabalho subordinado

Em que pesa as semelhanças e diferenças, uma relevante discussão levantada neste cenário e a de que a modalidade de trabalho parassubordinada rompe com a definição tradicional de proteção trabalhista, exemplificado pelo elemento da subordinação na relação de emprego, porque a atividade não se apresenta, integralmente, como relação de emprego e, ainda, porque introduz um novo tipo de subordinação, a subordinação algorítmica, notadamente conhecida pela utilização de plataformas de tecnologia como meios indiretos de comando e orientação da atividade profissional.

Neste sentido, entende-se que o trabalho subordinado não pode ser mais considerado como único objeto do Direito do Trabalho, já que sua moldura demonstra-se limitada, funcionando mais para excluir do que para incluir. Isto porque, se opta-se pelo reconhecimento da subordinação tradicional nesta relação de trabalho, isto se dá mediante o enquadramento forçado da modalidade no conceito de subordinação da relação de emprego, retirando a natureza peculiar do surgimento da modalidade de trabalho parassubordinada enquadrando, coercitivamente, seus colaboradores a assumirem um papel que não lhes cabe e, ademais, se por outro lado se escolhe não considerá-la na proteção da subordinação, se escolhe ignorar todos os elementos relevantes de uma subordinação algorítmica que demandam e e sejam uma proteção normativa.

Na prática, o que ocorre é que, ao passo em que o elemento clássico da subordinação tenha função de proteção à uma pequena parcela dos trabalhadores, mas silencia-se acerca de um imenso contingente de trabalhadores atípicos ou parassubordinados, já que a aferição de subordinação jurídica na relação de trabalho depende da investigação dos elementos fáticos, que enseja em uma interpretação ora restritiva ora pelo alargamento.

Diante o exposto, o que se vislumbra como medida de solução seria a consideração de uma elasticidade do atual conceito da subordinação, uma flexibilização do termo, para que se abarque novos tipos de subordinação, advindas, especialmente, do contexto de globalização com o uso de novas tecnologias em prol do auxílio das atividades laborais, já que se demonstra, inclusive, como uma realidade crescente.

Referências

ACCORSI, André; MORAIS, Rodrigo Bombonati de Souza; OLIVEIRA, Marco Antônio Gonsales. Uberização do trabalho: A percepção dos motoristas de transporte particular por aplicativo. *Revista Brasileira de Estudos Organizacionais*, v. 1, n. 3, p. 647-681, dez. 2019. Disponível em: https://rbeo.emnuvens.com.br/rbeo/article/view/216.

ALVES, Eliete Tavelli. *Parassubordinação e Uberização do Trabalho:* Algumas Reflexões. Rio de Janeiro: Lumen Juris, 2019.

ANTUNES, Ricardo. *O Privilégio da Servidão:* O Novo Proletariado de Serviços na Era Digital. São Paulo: Boitempo, 2018.

CABRAL, José Pedro Cabrera; PEREIRA, Sandra de Oliveira Gomes. Informalidade e crise do emprego no Brasil. *Revista Humanidades e Inovação: Educação, Pobreza e Desigualdades Sociais: Interlocuções entre Currículo e Ensino*, v. 6, n. 18, p. 93-102, 2019. Disponível em: https://revista.unitins.br/index.php/humanidadeseinovacao/article/view/1753.

HOUAISS, Antônio. *Dicionário Houaiss da Língua Portuguesa.* Rio de Janeiro: Editora Objetiva, 2001.

FROTA, Paulo Mont'Alverne. O *dumping* social e a atuação do juiz do trabalho no combate à concorrência empresarial desleal. *Juris Plenum Ouro*, n. 36, mar. 2014. Disponível em: http://www.trt12.jus.br/portal/areas/ascom/extranet/documentos/ARTIGODUM PINGSOCIAL.pdf.

MARQUES, Fabíola; SCHENFERD, Tacilio Alves Silva. A discussão acerca do (des)necessário reconhecimento do vínculo empregatício para trabalhadores de plataformas de aplicativos: Um olhar semiótico sobre a possibilidade de inserção de novos signos para a efetivação da proteção social de uma nova classe de trabalhadores. *Universitas*, ano 16, n. 30, jan./jun. 2022, p. 155-184.

OLIVEIRA, Murilo Carvalho Sampaio. Uberização do trabalho, subordinação jurídica e dependência economica. *Revista Acadêmica*, Faculdade de Direito do Recife, v. 93, n. 01, p. 152-175, 15 abr. 2021. Disponível em: https://periodicos.ufpe.br/revistas/ACADEMICA/article/view/249085.

Fixação do Adicional de Insalubridade por Meio de Negociação Coletiva e o Alcance da Vedação Inserida no Art. 611-B, XVIII da CLT

Thiago Soares Chuva[1]

1. Introdução

A promulgação da Lei n. 13.467/2017, mais conhecida como reforma trabalhista, promoveu alterações substanciais no regramento legal atinente às relações de trabalho. Dentre elas, destacam-se as normas inseridas nos arts. 611-A e 611-B da Consolidação das Leis Trabalhistas — CLT, que dispõem sobre negociação coletiva.

O legislador conferiu às regras autonomamente estabelecidas pelas partes, no contexto das tratativas de natureza coletiva, prevalência sobre os ditames legais que regem as mesmas matérias. Diante de tamanha inovação, surgiram diversos questionamentos acerca dos limites aos quais deverão se cingir as partes nas negociações coletivas.

O objetivo do presente artigo é exatamente investigar quais os limites à negociação coletiva, estabelecidos com o advento da reforma trabalhista, quando tratam de um tema de especial relevância na seara trabalhista: o adicional de insalubridade.

Para tanto, nos propomos a analisar a inovação promovida pelo legislador brasileiro acerca das cláusulas estabelecidas por intermédio de negociação coletiva e sua respectiva inserção no ramo do Direito Coletivo do Trabalho. Em sequência, faremos um voo breve sobre os dispositivos da Constituição Federal de 1988 e da CLT que regulam a concessão do adicional de insalubridade, com destaque para a relevância da proteção à

---

(1) Mestrando em Direito do Trabalho pela Pontifícia Universidade Católica de São Paulo. Graduado pela Universidade Federal do Espírito Santo. Analista Judiciário no Tribunal Regional do Trabalho da 2ª Região.

saúde do trabalhador por meio de normas restritivas a estas modalidades laborais. E, por fim, pela leitura atenta dos dispositivos legais que regem a matéria, bem como da análise doutrinária e jurisprudencial, verificaremos quais os limites para esse tipo de negociação.

2. Direito coletivo do trabalho e negociação coletiva

A reforma trabalhista (Lei n. 13.467/2017) estabeleceu a prevalência das cláusulas normativas dos acordos e convenções coletivas realizadas entre empregados e empregadores, em relação às normas legais, no âmbito das relações de trabalho. Essa é a conclusão que se extrai da leitura do *caput* do novel art. 611-A da CLT, verbis: "Art. 611-A. A convenção coletiva e o acordo coletivo de trabalho têm prevalência sobre a lei quando, entre outros, dispuserem sobre: [...]".

Para tentar compreender o motivo pelo qual o legislador escolheu especificamente a negociação coletiva como instrumento para estabelecer regras que prevaleçam sobre a própria lei, é preciso antes entender em qual ramo do Direito ela está inserida e em que consiste esse modelo de tratativa.

O Direito Coletivo do Trabalho é o ramo do Direito do Trabalho que rege a negociação coletiva, dispondo de regras e princípios próprios. Mauricio Godinho Delgado(2), condensando as definições objetivistas e subjetivistas, delineia o Direito Coletivo do Trabalho como

> [...] o complexo de institutos, princípios e regras jurídicas que regulam as relações laborais de empregados e empregadores e outros grupos jurídicos normativamente especificados, considerada sua ação coletiva, realizada autonomamente ou através das respectivas entidades sindicais.

O objeto do Direito Coletivo do Trabalho, portanto, são as relações que decorrem da denominada autonomia privada coletiva, cujos sujeitos são entes coletivos representativos de empregados e de empregadores.

Ao contrário do que ocorre nas relações regidas pelo Direito Civil, a história demonstrou a existência de clara disparidade de forças entre os sujeitos inseridos na relação individual de trabalho.

De um lado o empregador, detentor do poder diretivo e que, por sua própria natureza, possui elevada relevância social, econômica e política. Do outro lado o empregado como indivíduo que negocia sua força de trabalho em troca do pagamento de salário, situado em posição mais frágil, por depender da efetivação do negócio contratual para garantir a própria subsistência.

---

(2) DELGADO, Mauricio Godinho. *Curso de Direito do Trabalho*. 21. ed., rev., atual. e ampl. São Paulo: JusPodivm, 2024. p. 1.491.

Segundo Mauricio Godinho Delgado[3], o empregador sempre foi um ser coletivo. Sua vontade é hábil para deflagrar ações e repercussões de impacto social, seja certamente no âmbito da comunidade do trabalho, seja eventualmente no âmbito comunitário mais amplo. Isso porque a vontade empresarial, ao se concretizar em ação, atinge um universo bastante amplo de pessoas no conjunto social que atua. Comparado a ela, a vontade individual do empregado não tem a natural aptidão de produzir efeitos além do âmbito restrito da relação bilateral entre empregado e empregador.

Diante das diferenças apontadas entre os sujeitos da relação de trabalho, os empregados enxergaram na atuação coletiva a forma mais eficaz de balancear o jogo de forças ante aos detentores dos meios de produção. Nessa linha, contrapôs ao ser coletivo empresarial a ação do ser coletivo obreiro, materializado na forma dos sindicatos. À redução das disparidades entre empregadores e empregados proporcionada pelas regras do Direito Coletivo do Trabalho convencionou-se chamar de Princípio da Equivalência entre os Contratantes Coletivos[4].

Compreendido o contexto em que se insere a negociação coletiva cumpre-nos, agora, defini-la. Para tanto, nos socorremos da definição do conceito proposta por Davi Furtado Meireles[5], oriundo de obra especializada sobre tema, que a define

> (...) como sendo o procedimento de discussão que envolve, de um lado, uma ou mais organizações empresariais, a própria empresa, ou, ainda, um grupo de empresas, e de outro lado, uma ou mais organizações de trabalhadores, ou mesmo um grupo determinado de trabalhadores, visando a composição amigável sobre a regulamentação das condições coletivas de trabalho, com aplicabilidade nos contratos individuais de trabalho, resultando na realização de um negócio jurídico.

Como fonte negocial de direitos, a negociação coletiva atua como instrumento de adequação setorial das normas que regem relações de trabalho de determinado grupo. Diferente das normas jurídicas expedidas pelo Poder Público, as cláusulas coletivas são expressão da autonomia coletiva trabalhista. Consistem em normas estabelecidas pelas partes após tratativas, cada qual procurando atender aos interesses do grupo que represen- tam. Mais próximos à realidade de determinado setor, esses atores dispõem de informações e de conhecimento específicos, possibilitando a elaboração de condutas prescritivas mais adequadas para reger as relações laborais que deles se originam.

(3) DELGADO, Mauricio Godinho. *Curso de Direito do Trabalho*. 21. ed., rev., atual. e ampl. São Paulo: JusPodivm, 2024. p. 1.492.

(4) *Op. cit.*, p. 1.526-1.530.

(5) MEIRELLES, Davi Furtado. *Negociação coletiva em tempos de crise*. São Paulo: LTr, 2018. p. 17.

É possível compreender que o legislador reformador privilegiou a celeridade e simplicidade das negociações coletivas, em detrimento ao rígido e moroso processo de alteração legislativa. De fato, as características da negociação coletiva justificam a valorização da autonomia da vontade dos grupos ali representados, conforme ensina Carla Teresa Martins Romar[(6)]

> Mantendo contínua correlação com a ordem estatal, atuando até mesmo como fator de renovação desta última, a negociação coletiva é, como procedimento, mais simplificada do que a lei: menores são os seus trâmites, comparados com os da legislação, e as suas formalidades, reduzidas, em alguns países, simplesmente, àquelas que os próprios interlocutores sociais estabelecem. Nesse sentido, destaca-se que a negociação coletiva é mais rápida (a elaboração da lei pode demorar, passa por debates entre partidos políticos, comis- sões em mais de uma casa do Legislativo, uma série de obstáculos nem sempre facilmente transponíveis), mais adequada setorialmente (a negociação tem maior possibilidade de atender as peculiaridades de cada setor econômico e profissional, ou cada empresa para a qual é instituída; a legislação é geral, uniforme, para toda a sociedade; a negociação é específica para segmentos menores e permite a autorregulamentação de detalhes que a lei, norma de ordem geral, para toda a sociedade, não pode nem deve reger) e mais democrática do que a lei (pois são regras criadas pelos próprios destinatários da norma).

E sobre o contexto, a mesma autora[(7)] conclui:

> Os impactos da globalização econômica no Direito do Trabalho são mais do que conhecidos, em especial os decorrentes das novas tecnologias e do abrandamento das fronteiras de produção e do trabalho (novas modalidades de trabalho, trabalho a distância, terceirização, necessidade de mais qualificação profissional, desemprego, etc.), levando ao necessário reconhecimento da impossibilidade de manutenção de sistemas rígidos de proteção ao trabalhador e, consequentemente, no surgimento de sistemas flexíveis de proteção e na diminuição do âmbito da inderrogabilidade das normas de ordem pública. O entendimento do legislador, assim como ocorreu em diversos outros países nos últimos tempos (como, por exemplo, em Portugal

---

(6) ROMAR, Carla Teresa Martins. Negociado sobre o legislado – Realinhamento das fontes regulatórias do direito do trabalho. In: *Contraponto jurídico* [livro eletrônico]. São Paulo: Thomson Reuters Brasil. Edição em *e-book* baseada na 1ª edição impressa. Vários autores. Disponível em: https://next-proview.thomsonreuters.com/title. Acesso em: 02 jun. 2024.

(7) *Idem.*

e na França), de que a negociação coletiva é eficaz como instrumento de flexibilização do Direito do Trabalho e de proteção aos trabalhadores, sendo possível a sua convivência harmônica com as demais fontes do Direito do Trabalho, em especial com a lei, não significa, a nosso ver, precarização de direitos dos trabalhadores, mas sim um reposicionamento frente à nova estrutura do mercado de trabalho, à "reestruturação produtiva".

Não há previsão expressa na Constituição Federal de 1988 ou na Consolidação das Leis Trabalhistas que defina o que seja negociação coletiva. No entanto, o art. 2 da Convenção n. 154 da Organização Mundial do Trabalho (OIT) aprovada pelo Congresso Nacional e promulgada pelo Poder Executivo federal estabelece que:

> Para efeito da presente Convenção, a expressão "negociação coletiva" compreende todas as negociações que tenham lugar entre, de uma parte, um empregador, um grupo de empregadores ou uma organização ou várias organizações de empregadores, e, de outra parte, uma ou várias organizações de trabalhadores, com o fim de:
>
> a) fixar as condições de trabalho e emprego; ou
>
> b) regular as relações entre empregadores e trabalhadores; ou
>
> c) regular as relações entre os empregadores ou suas organizações e uma ou várias organizações de trabalhadores, ou alcançar todos estes objetivos de uma só vez.

A CLT, todavia, tratou de definir os negócios jurídicos oriundos da negociação coletiva: convenção coletiva e acordo coletivo. O primeiro foi delineado no *caput* do art. 611 do diploma laboral, que preceitua que:

> Convenção Coletiva de Trabalho é o acôrdo de caráter normativo, pelo qual dois ou mais Sindicatos representativos de categorias econômicas e profissionais estipulam condições de trabalho aplicáveis, no âmbito das respectivas representações, às relações individuais de trabalho.

O § 1º do art. 611 traz, por sua vez, a definição de acordo coletivo de trabalho, ao prescrever:

> § 1º É facultado aos Sindicatos representativos de categorias profissionais celebrar Acordos Coletivos com uma ou mais emprêsas da correspondente categoria econômica, que estipulem condições de trabalho, aplicáveis no âmbito da emprêsa ou das acordantes respectivas relações de trabalho.

Os dois modelos de negócio jurídico coletivo estabelecidos pela CLT são, portanto, a convenção coletiva, firmada entre sindicatos profissionais e de empregadores, e o acordo coletivo de trabalho, estabelecido entre sindicato profissional e empresa da correspondente categoria econômica.

Importante ressaltar, nesse ponto, que não nos parece necessário nos aprofundarmos, considerando o objeto do presente estudo, nas definições e vicissitudes dos entes sindicais. São muitos os problemas que norteiam essas figuras, desde o sistema de unicidade sindical estabelecido pela Constituição Federal de 1988, em seu art. 8º, inciso II, passando pela crise de representatividade ao qual estão inseridas hodiernamente. Assim, as negociações coletivas têm por sujeitos, via de regra(8), de um lado o sindicato de determinada categoria profissional e, de outro, o sindicato dos empregadores (em caso de convenção coletiva) ou o próprio empregador (na hipótese de acordo coletivo de trabalho).

De se concluir, então, que a convenção coletiva de trabalho e o acordo coletivo de trabalho mencionados no *caput* do novel art. 611-A da CLT são instrumentos de materialização da negociação coletiva. Esta, por sua vez, está inserida no contexto do Direito Coletivo do Trabalho e é regida por suas normas e princípios. É uma das formas escolhidas pelo legislador para estabelecer normas regentes das relações de trabalho a determinados grupos, que inclusive poderão prevalecer sobre lei que rege a mesma matéria, conforme previsão do já citado art. 611-A.

O tema da prevalência do negociado sobre o legislado gerou diversos debates e questionamentos na doutrina e no próprio Poder Judiciário acerca de sua constitucionalidade. A discussão sobre o assunto chegou ao Supremo Tribunal Federal através do ARE 1.121.633, cuja repercussão geral foi reconhecida.

Ao julgar o Tema de Repercussão Geral n. 1.046(9), a tese fixada pelo E. STF foi a seguinte: "São constitucionais os acordos e as convenções coletivos que, ao considerarem a adequação setorial negociada, pactuam limitações ou afastamentos de direitos trabalhistas, independentemente da explicitação especificada de vantagens compensatórias, desde que respeitados os direitos absolutamente indisponíveis".

Em que pese o julgamento mencionado ter apreciado recurso cuja matéria fática consistia na negociação coletiva envolvendo o pagamento das chamadas horas in itinere, e não especificamente a constitucionalidade dos arts. 611-A e 611-B da CLT, a tese fixada deixa clara a valorização pela Constituição Federal de 1988, na leitura realizada pelo E. STF, das normas coletivas, desde que respeitados o que se convém chamar de patamar mínimo civilizatório. São condições básicas de trabalho, essenciais para que o trabalhador possa, com dignidade, exercer seu mister, inderrogáveis mesmo por cláusulas de negociação coletiva.

---

(8) O art. 617 da CLT prevê a possibilidade de estabelecimento de acordo coletivo pelos próprios empregados, em caso de recusa de participação do respectivo sindicato, federação e confederação.

(9) SUPREMO TRIBUNAL FEDERAL. *Recurso Extraordinário com Agravo (ARE) 1.121.633*. Relator: Min. Gilmar Mendes. Julgamento em 1º de junho de 2022. *Diário de Justiça Eletrônico*, Brasília, DF, 28 de abril de 2023. Disponível em: https://portal.stf.jus.br/processos/downloadPeca.asp?id=15357610710&ext=.pdf. Acesso em: 09 jun. 2024.

3. Adicional de insalubridade

O verbete "salubre", na definição do Dicionário Aurélio[10], significa propício à saúde; curável com facilidade. Insalubre, portanto, é o que afeta negativamente a saúde. No contexto das relações de trabalho, o termo é utilizado para descrever o meio ambiente de trabalho cujas características exponham a saúde do sujeito que ali exerce seu labor.

A garantia ao pagamento de adicional de insalubridade ao trabalhador tem arrimo constitucional e está prevista no art. 7º, inciso XXIII da Constituição Federal de 1988. Esse mesmo artigo, em seu inciso XXXIII, veda o trabalho de menores de 18 anos em condições insalubres.

Na CLT o conceito de insalubridade evoluiu ao passar dos anos, conforme esclarece Adalberto Martins[11]:

> No entanto, convém assinalar que o próprio conceito de insalubridade evoluiu na Consolidação das Leis do Trabalho. O art. 187 da CLT, por ocasião da promulgação, em 1943, conceituava como insalubres "as indústrias capazes, por sua própria natureza, ou pelo método de trabalho, de produzir doenças, infecções ou intoxicações, de acordo com o quadro aprovado pelo Ministério do Trabalho" — conceito que se revelava precário, limitado, e transmitia a ideia de "indústria que produz doenças", 75 e que cedeu lugar à nova redação do art. 189, em face da Lei n. 6.514, de 22.12.1977.

Atualmente, os arts. 189 e seguintes da CLT regulamentam o trabalho em condições insalubres, que são aquelas que, por sua natureza, condições ou métodos de trabalho, exponham os empregados a agentes nocivos à saúde, acima dos limites de tolerância fixados em razão da natureza e da intensidade do agente e do tempo de exposição aos seus efeitos. A Norma Regulamentar n. 15 do Ministério do Trabalho e Emprego (NR-15) é o instrumento que define o quadro das atividades e operações insalubres, editada em atenção ao que prescreve o art. 190, *caput*, da CLT, *verbis*:

> Art. 190 – O Ministério do Trabalho aprovará o quadro das atividades e operações insalubres e adotará normas sobre os critérios de caracterização da insalubridade, os limites de tolerância aos agentes agressivos, meios de proteção e o tempo máximo de exposição do empregado a esses agentes.

A CLT dispõe ainda acerca da adoção de medidas, pelo empregador, para conservar o ambiente de trabalho dentro dos limites de tolerância, fornecimento de equipamentos

(10) SALUBRE. In: *MICHAELIS, Dicionário Brasileiro de Lingua Portuguesa.* Disponível em: https://michaelis.uol.com.br/busca?r=0&f=0&t=0&palavra=salubre. Acesso em: 02 jun. 2024.

(11) MARTINS, Adalberto. *Manual Didático de Direto do Trabalho*. 7. ed. Leme-SP: Mizuno, 2022. p. 268.

de proteção individual e, especialmente, assegura o recebimento de adicional de 40% (quarenta por cento), 20% (vinte por cento) e 10% (dez por cento) segundo o grau de classificação de insalubridade em máximo, médio e mínimo, respectivamente.

Acerca da base de cálculo do adicional de insalubridade, houve intenso debate jurisprudencial e doutrinário. Após a edição da Súmula Vinculante n. 4[(12)] do E. STF, prevaleceu o entendimento de que tal verba deve ser calculada sobre o salário mínimo. É o que explica Alice Monteiro de Barros[(13)]:

> Até que se edite norma legal, continuará sendo aplicado o salário mínimo para cálculo do adicional de insalubridade. O Ministro Ives Gandra M. Filho ressaltou que a Suprema Corte adotou técnica decisória do Direito Constitucional alemão, como declaração de inconstitucionalidade, sem pronúncia de nulidade, ou seja, a norma alusiva ao cálculo do salário mínimo continua a reger as relações obrigacionais, em face da impossibilidade do Poder Judiciário se substituir ao legislador para definir critério diverso destinado à regulamentação da matéria. (TST-RR-872/2005-042-15-00 – Publicação *DJ* 13.06.2008 – Acórdão 7ª T. – Relator Ministro Ives Gandra Martins Filho)

Como visto, a manutenção de ambiente de trabalho em condições salubres ao trabalhador deve ser a regra, admitindo a legislação brasileira, de forma excepcional, o exercício de labor em local insalubre. A relevância da proteção do trabalhador ante a ambientes laborais insalubres é tamanha que o legislador constituinte decidiu por incluí-la no rol do art. 7º, que elenca os direitos sociais dos trabalhadores urbanos e rurais. É um avanço civilizatório que valoriza a dignidade da pessoa humana e, por esse motivo, não admite retrocesso.

4. Limites à fixação do adicional de insalubridade por meio de negociação coletiva

Estabelecidas as regras gerais sobre insalubridade, assim como alguns conceitos básicos relacionados à negociação coletiva, passemos à apreciação da limitação à fixação do adicional de insalubridade definido por cláusula oriunda de negociação coletiva.

O art. 611-A da CLT, com redação da Lei n. 13.467/2017 assim dispõe:

> Art. 611-A. A convenção coletiva e o acordo coletivo de trabalho têm prevalência sobre a lei quando, entre outros, dispuserem sobre:
>
> (...)

---

(12) "Salvo nos casos previstos na Constituição, o salário mínimo não pode ser usado como indexador de base de cálculo de vantagem de servidor público ou de empregado, nem ser substituído por decisão judicial". SUPREMO TRIBUNAL FEDERAL. Súmula Vinculante n. 4. *Diário de Justiça Eletrônico*, Brasília, DF, 09 de maio de 2008. Disponível em: https://jurisprudencia.stf.jus.br/pages/search/seq-sumula740/false. Acesso em: 09 jun. 2024.

(13) BARROS, Alice Monteiro de. *Curso de direito do trabalho*. 6. ed., rev. e ampl. São Paulo, LTr, 2010. p. 789.

XII – enquadramento do grau de insalubridade;

XIII – prorrogação de jornada em ambientes insalubres, sem licença prévia das autoridades competentes do Ministério do Trabalho;

(...)

§ 1º No exame da convenção coletiva ou do acordo coletivo de trabalho, a Justiça do Trabalho observará o disposto no § 3º do art. 8º desta Consolidação.

§ 2º A inexistência de expressa indicação de contrapartidas recíprocas em convenção coletiva ou acordo coletivo de trabalho não ensejará sua nulidade por não caracterizar um vício do negócio jurídico.

§ 3º Se for pactuada cláusula que reduza o salário ou a jornada, a convenção coletiva ou o acordo coletivo de trabalho deverão prever a proteção dos empregados contra dispensa imotivada durante o prazo de vigência do instrumento coletivo.

§ 4º Na hipótese de procedência de ação anulatória de cláusula de convenção coletiva ou de acordo coletivo de trabalho, quando houver a cláusula compensatória, esta deverá ser igualmente anulada, sem repetição do indébito.

§ 5º Os sindicatos subscritores de convenção coletiva ou de acordo coletivo de trabalho deverão participar, como litisconsortes necessários, em ação individual ou coletiva, que tenha como objeto a anulação de cláusulas desses instrumentos.

Pela breve leitura do dispositivo legal, percebe-se que a redação da cabeça do art. 611-A foi assertiva. Ao definir que as cláusulas estabelecidas por negociação coletiva têm prevalência sobre a lei quando tratarem dos temas elencados nos incisos, sem rodeios, fixa a premissa de que o conflito entre cláusulas coletivas e normas legais deve ser resolvido pela aplicação daquelas. Também é possível aferir que o legislador estabeleceu caráter exemplificativo a essa relação de temas, ao incluir no texto do *caput* do art. 611-A a expressão "entre outros". Deixa aberta, desta forma, a possibilidade de outros temas serem abarcados por normas autônomas, em detrimento de previsão legal sobre a mesma temática.

As regras estabelecidas nos parágrafos demonstram a valorização pela nova legislação da autonomia da vontade coletiva como expressão da liberdade de negociar. Isso fica claro quando se analisa o § 1º, que prescreve que o exame dos termos da negociação coletiva, seja por acordo ou convenção coletiva, pela Justiça do Trabalho, deve limitar-se exclusivamente a apreciar a conformidade dos elementos essenciais do negócio jurídico(14).

Lido o art. 611-A de forma isolada, seria possível interpretar que o legislador autorizou livre disposição das matérias elencadas em seu rol pelos entes coletivos laborais, desde que cumpridas as regras atinentes ao negócio jurídico, tradicionalmente regulado

(14) Agente capaz; objeto lícito, possível, determinado ou determinável; e forma prescrita ou não defesa em lei, tudo nos termos do art. 104 do Código Civil de 2002. BRASIL. Lei n. 10.406, de 10 de janeiro de 2002. Institui o Código Civil. Diário Oficial da União: seção 1, Brasília, DF, ano 139, n. 8, p. 1-74, 11 jan. 2002.

pelo Direito Civil. Seguindo este raciocínio, considerando que dentre estas matérias está previsto o enquadramento do grau de insalubridade e a prorrogação de jornada em ambientes insalubres, sindicato profissional e empresa poderiam dispor livremente sobre o tema. Exemplificativamente, seria possível imaginar que estabelecessem que atividades envolvendo a produção de trióxido de arsênico[15] não se enquadrariam como insalubres, ensejando o não pagamento do respectivo adicional.

Contudo, essa leitura não se mostra adequada. A uma, porque certos parâmetros protetivos, que atingem o mínimo necessário para resguardar a dignidade da pessoa humana, em especial em seu prisma laboral, não podem ser afrontados. A fim de estabelecer parâmetros para delimitar os direitos que se convencionou chamar de patamar mínimo civilizatório, Mauricio Godinho Delgado[16] afirma que consistem em três grupos de normas:

> Assim, em coerência com o princípio da adequação setorial negociada, constituem direitos absolutamente indisponíveis todos aqueles imantados por três grupos de normas jurídicas (sem necessidade de cumulação de proteções, é óbvio). De um lado, as normas internacionais de Direitos Humanos Econômicos, Sociais e Culturais, inclusive e especialmente os trabalhistas, que estejam em vigor no Brasil; as normas humanistas e sociais inseridas na Constituição da República Federativa do Brasil, especialmente as trabalhistas; as normas legais constantes do ordenamento jurídico brasileiro, em especial as trabalhistas, é claro. Conforme também já exposto, evidentemente se a norma internacional, constitucional ou legal abrir espaço à flexibilização coletiva negociada, torna-se autorizado algum ajuste por ACTs e CCTs. Porém, é óbvio que não se trata de ajustes que afrontem o núcleo protetivo da norma flexibilizada ou que a transformem em letra morta.

Também, porque o art. 611-B, com texto atribuído pela mesma Lei n. 13.467/2017, trouxe regra limitadora à negociação coletiva laboral. Vejamos sua redação, no ponto que nos interesse para a análise corrente:

> Art. 611-B. Constituem objeto ilícito de convenção coletiva ou de acordo coletivo de trabalho, exclusivamente, a supressão ou a redução dos seguintes direitos:

---

(15) Previsto como agente insalubre grau máximo no anexo n. 13 da NR-15. Ministério do Trabalho e Emprego. NR-15 – Atividades e Operações Insalubres. Brasília: Ministério do Trabalho e Emprego, 2014. Disponível em: https://www.gov.br/trabalho-e-emprego/pt-br/acesso-a-informacao/participacao-social/conselhos-e-orgaos-colegiados/comissao-tripartite-partitaria-permanente/arquivos/normas-regulamentadoras/nr-15-anexo-13.pdf. Acesso em: 02 jun. 2024

(16) DELGADO, Mauricio Godinho. *Curso de Direito do Trabalho*. 21. ed., rev., atual. e ampl. São Paulo: JusPodivm, 2024. p. 1.544.

(...)

XVII – normas de saúde, higiene e segurança do trabalho previstas em lei ou em normas regulamentadoras do Ministério do Trabalho;

XVIII – adicional de remuneração para as atividades penosas, insalubres ou perigosas; (...)

O *caput* do art. 611-B estabeleceu serem ilícitas cláusulas de acordos e convenções coletivas que suprimam ou reduzam os direitos elencados em seus incisos. Diferentemente do proposto no texto do art. 611-A, neste ponto o legislador fixou rol taxativo de temas vedados ao poder autonormativo coletivo ao incluir a expressão "exclusivamente" na redação do art. 611-B da CLT.

Em consonância com o estabelecido pelo § 1ºdo art. 611-A da CLT, em relação à apreciação dos elementos do negócio jurídico, ao definir que os temas dos incisos do art. 611-B constituem objeto ilícito em sede de negociação coletiva, deu aval ao Poder Judiciário trabalhista para apreciar esse aspecto, já que a validade do objeto é um dos elementos do negócio jurídico previstos no art. 104 do Código Civil.

Vê-se, pois, que o art. 611-B veda a supressão ou redução do adicional de insalubridade. Lido em conjunto com o artigo que o precede na CLT, chegamos à conclusão de que é lícito que as partes convencionem apenas condições mais favoráveis relacionadas ao pagamento do adicional de insalubridade, quando comparadas com as estabelecidas nas regras heteronomamente estabelecidas pelo Estado. É possível, por exemplo, estabelecer em cláusula normativa percentual acima dos 40%, que é o definido como o aplicável pela lei ao grau máximo de insalubridade. Também é lícito fixar base de cálculo superior ao salário mínimo, já que se configura como condição mais favorável ao trabalhador, como expressão de desvalor que deve ser atribuído ao trabalho em condições insalubres.

Essa é a leitura, também, feita por Ivani Contini Bramante[(17)]

> À luz do art. 611-B, XVIII, da CLT e do julgamento sobre os limites da negociação coletiva, com parâmetro nos direitos constitucionais indisponíveis, no Tema n. 1.046, STF/ARE n. 1.121.633, a interpretação mais correta da regra do incio XII do art. 611-A da CLT é no sentido de que é permitido o enquadramento do grau de insalubridade por negociação coletiva para melhor. Porque é inquestionável que o adicional de remuneração para as atividades penosas, insalubres ou perigosas é um direito social garantido constitucionalmente (art. 7º, XXIII, CF/88) na forma da lei, e a

(17) BRAMANTE, Ivani Contini. In: *CLT interpretada:* artigo por artigo, parágrafo por parágrafo. Adalberto Martins [*et al.*].; organizador Costa Machado; coordenador Domingos Sávio Zainaghi. 14. ed. Santana de Parnaíba-SP: Manole, 2023. p. 592.

> sua supressão e/ou redução são vedadas, por se tratar de direitos constitucionais indisponíveis. Logo, a negociação coletiva não pode afrontar o padrão civilizatório mínimo. Ainda, a própria redação do art. 611-B da CLT [...].

Pela análise dos dispositivos em voga, é possível compreender que o legislador reformador privilegiou a celeridade e simplicidade das negociações coletivas, em detrimento ao rígido e moroso processo de alteração legislativa. E o fez com sustentáculo no conjunto de normas e princípios que regem o Direito Coletivo do Trabalho.

Como relatado no início do texto, este ramo do Direito do Trabalho se distancia daquele que regulamenta as relações individuais por possuir a especial característica de contrapor sujeitos que estão em patamares equivalentes. Viabiliza, desta forma, o estabelecimento por eles de disposições mais adequadas para reger as relações laborais através do livre exercício da autonomia da vontade.

Portanto, a conclusão que se apresenta mais consentânea com o momento atual, considerando as alterações legislativas promovidas pela reforma trabalhista, bem como a jurisprudência do Supremo Tribunal Federal, é a que abriga a possibilidade de estipulação de adicional de insalubridade por norma coletiva. Contudo, os entes coletivos não podem dispor livremente sobre a matéria.

Por se tratar de tema caro à sociedade, que regula aspecto diretamente associado à saúde e integridade do trabalhador, as cláusulas normativas possuem um piso material que deve ser seguido: os parâmetros estabelecidos na Constituição Federal de 1988 e normas infraconstitucionais. Assim, serão consideradas lícitas apenas as cláusulas normativas sobre o adicional de insalubridade que beneficiem o trabalhador sujeito a esta condição, quando comparadas com a legislação trabalhista.

5. Conclusão

A reforma trabalhista significou verdadeira mudança de paradigma no Direito do Trabalho. É reflexo do momento histórico em que foi promulgada, em que há valorização da possibilidade de negociação entre empregadores e empregados — estes necessariamente vistos em sua face coletiva —, em detrimento da tutela unilateralmente exercida e determinada pelo Estado.

A negociação coletiva, inserida no ramo do Direito Coletivo do Trabalho, expressa a materialização dos princípios da equivalência entre os negociantes, da autonomia privada coletiva e da adequação setorial negociada. Estes, por sua vez, foram valorizados pelo legislador reformador, a ponto de se estabelecer que as cláusulas firmadas em acordos e convenções coletivas terão prevalência sobre as normas legais que regem determinados temas.

Sem descuidar das garantias que constituem o patamar civilizatório mínimo do trabalhador, a Lei n. 13.467/2017 estabeleceu temas que poderão ser regidos por regras fixadas pelos próprios interessados. De maneira consentânea com as exigências da sociedade atual, valorizou a liberdade negocial sem, contudo, reduzir os patamares previamente conquistados e prescritos em lei.

A fixação de regras sobre o adicional de insalubridade por acordo ou convenção coletiva se insere no contexto de mudança de paradigma no Direito do Trabalho. Nesse sentido, a autorização trazida pelo art. 611-A da CLT, interpretada em conjunto com a vedação contida no art. 611-B, implica a garantia de que a negociação coletiva que trate de trabalho em condições insalubres somente possa estabelecer condições mais favoráveis ao trabalhador do que as previstas de forma expressa pela legislação vigente.

Assim, a flexibilização de leis trabalhistas não deve ser percebida, necessariamente, como ataque às garantias historicamente conquistadas pelos trabalhadores. Este trabalho demonstra que é possível adequar normas que tratam de temas importantíssimos sem abrir mão da premissa maior do Direito do Trabalho: o respeito à dignidade humana do trabalhador.

Diante das novas dimensões do Direito do Trabalho, o que se espera é que os agentes transformadores desta realidade, aqui incluídos os sindicatos econômicos e profissionais, estudiosos e representantes do Poder Público pautem sua atuação pelo equilíbrio entre o desenvolvimento sócio-econômico e o aprimoramento das condições de trabalho. E que fique claro que o limite a esta atuação é, indubitavelmente, a garantia ao trabalhador de condições que o valorizem como pessoa humana central na relação laboral.

Referências

BARROS, Alice Monteiro de. *Curso de direito do trabalho*. 6. ed., rev. e ampl. São Paulo: LTr, 2010.

BRAMANTE, Ivani Contini. In: *CLT interpretada:* artigo por artigo, parágrafo por parágrafo. Adalberto Martins [*et al.*].; organizador Costa Machado; coordenador Domingos Sávio Zainaghi. 14. ed. Santana de Parnaíba-SP: Manole, 2023.

BRASIL. *Lei n. 10.406, de 10 de janeiro de 2002*. Institui o Código Civil. *Diário Oficial da União*: seção 1, Brasília, DF, ano 139, n. 8, p. 1-74, 11 jan. 2002.

______. *Constituição da República Federativa do Brasil de 1988*. Brasília, DF: Presidência da República, [2016]. Disponível em: https://planalto.gov.br/ccivil_03/constituicao/constituicao.htm. Acesso em: 02 jun. 2024.

______. Ministério do Trabalho e Emprego. *NR-15 — Atividades e Operações Insalubres*. Brasília: Ministério do Trabalho e Emprego, 2014. Disponível em: https://www.gov.br/trabalho-e-emprego/pt-br/acesso-a-informacao/participacao-social/conselhos-e-orgaos-colegiados/comissao-tripartite-partitaria-permanente/arquivos/normas-regulamentadoras/nr-15-anexo-13.pdf . Acesso em: 02 jun. 2024.

______. *Decreto-lei n. 5.452, de 1º de maio de 1943*. Aprova a Consolidação das Leis do Trabalho. Disponível em: https://www.planalto.gov.br/ccivil_03/decreto-lei/del5452.htm. Acesso em: 02 jun. 2024.

DELGADO, Mauricio Godinho. *Curso de Direito do Trabalho*. 21. ed., rev., atual. e ampl. São Paulo: JusPodivm, 2024.

MARTINS, Adalberto. *Manual Didático de Direto do Trabalho*. 7. ed. Leme-SP: Mizuno 2022.

MEIRELLES, Davi Furtado. *Negociação coletiva em tempos de crise*. São Paulo: LTr, 2018.

MICHAELIS, *Dicionário Brasileiro de Lingua Portuguesa*. Disponível em: https://michaelis.uol.com.br/busca?r=0&f=0&t=0&palavra=salubre. Acesso em: 02 jun. 2024.

ROMAR, Carla Teresa Martins. Negociado sobre o legislado — Realinhamento das fontes regulatórias do direito do trabalho. In: *Contraponto jurídico* [livro eletrônico]. São Paulo: Thomson Reuters Brasil, edição em *e-book* baseada na 1ª edição impressa. Vários autores. Disponível em: https://next-proview.thomsonreuters.com/title. Acesso em: 02 jun. 2024.

SUPREMO TRIBUNAL FEDERAL. *Recurso Extraordinário com Agravo (ARE) 1.121.633*. Relator: Min. Gilmar Mendes. Julgamento em 1º de junho de 2022. *Diário de Justiça Eletrônico*, Brasília, DF, 28 de abril de 2023. Disponível em: https://portal.stf.jus.br/processos/downloadPeca.asp?id=15357610710&ext=.pdf. Acesso em: 09 jun. 2024.

______. *Súmula Vinculante n. 4. Diário de Justiça Eletrônico*, Brasília, DF, 09 de maio de 2008. Disponível em: https://jurisprudencia.stf.jus.br/pages/search/seq-sumula740/false. Acesso em: 09 jun. 2024.

Tema 1.046 do Supremo Tribunal Federal e os Impactos nas Normas Coletivas do Trabalho

Vinícius Katsumi Fugi[(1)]

Resumo: A prevalência do negociado sobre o legislado e a posterior análise constitucional pelo Supremo Tribunal Federal através do Tema 1.046 merece reflexão no tocante a quais direitos seriam caracterizados como de indisponibilidade relativa e indisponibilidade absoluta, sendo que a Consolidação das Leis do Trabalho apenas traz rol exemplificativo, cabendo as Cortes Superiores a construção da jurisprudência como forma de garantir a segurança jurídica e prestígio da autonomia da vontade decorrente da Reforma Trabalhista e definitivamente positivada no Direito do Trabalho.

Palavras-chave: Tema 1.046 — Norma Coletiva.

Abstract: The prevalence of what has been negotiated over what has been legislated and the subsequent constitutional analysis by the Federal Supreme Court through Theme 1.046 merits reflection as to which rights would be characterized as relative unavailability and absolute unavailability, since the Consolidation of Labor Laws only provides an exemplary list, and it is up to the Supreme Courts to construct case law as a way of guaranteeing legal certainty and the prestige of the autonomy of will resulting from the Labor Reform and definitively established in Labor Law.

Keywords: Theme 1.046 — Collective bargaining agreement.

1. Considerações gerais

A Reforma Trabalhista se traduziu em marco legislativo no Direito do Trabalho, que através de iniciativa e celeridade inabituais dos Poderes Legislativo e Executivo,

(1) Mestrando em Direito do Trabalho pela Pontifícia Universidade Católica de São Paulo. Especialista em Direito e Processo do Trabalho pela Pontifícia Universidade Católica de São Paulo (2015). Especialista em Administração de Empresas pela Fundação Getúlio Vargas (2024). Graduado em Direito pela Pontifícia Universidade Católica de São Paulo (2011). Pesquisador do Grupo de Estudos de Direito do Trabalho da Pontifícia Universidade Católica de São Paulo. Advogado. Currículo lattes: http://lattes.cnpq.br/2231092490820772. E-mail: vinifugi@gmail.com.

culminou com a conversão de projeto de lei, na Lei n. 13.467, de 14 de julho de 2017, se traduzindo sob o viés de finalidade normativa, em atendimento inerente a legítima demanda social de atualização do Direito do Trabalho para atender as novas relações de trabalho, em consonância com os avanços econômicos e tecnológicos decorrentes das relações de trabalho contemporâneas.

Dessa forma, a atualização dada a Consolidação das Leis do Trabalho (doravante denominada CLT) através da Reforma Trabalhista, com o escopo de "modernizar" as regras regentes do trabalho, cuidou de prestigiar em sua *ratio legis*, o princípio da "autonomia da vontade coletiva", em conformidade com o estabelecido no art. 7º, XXVI, da Constituição Federal(2) (doravante denominada CF), em detrimento da proteção legal concedida ao hipossuficiente pela senhora CLT da época Vargas através do princípio de proteção.

A problemática da questão, é que a reforma trabalhista e sua aprovação às pressas, impossibilitou a discussão perante a sociedade e seus representantes, de diversos temas de matéria infraconstitucional, que com a ausência de regulamentação clara na norma celetista, surgem como matérias resultantes em nós que somente serão desatados através do assentamento jurisprudencial pelos Tribunais Superiores.

Nesse diapasão, ante a boa vontade do Poder Legislativo à época da Reforma Trabalhista, as disposições que serão objeto desta reflexão escaparam da peneira legislativa em 2017, se transformando em legítimo "presente de grego", que provavelmente serão submetidas à apreciação do Supremo Tribunal Federal (doravante denominado STF), como se vem assistindo, por exemplo, nas diversas decisões abrangendo dispositivos legais daquela decorrentes, como por exemplo, análise constitucional sobre a justiça gratuita, honorários sucumbenciais e as demais matérias que poderão ser apreciadas com relação ao Tema 1.046 do STF.(3)

2. Tema 1.046

Com o advento da Reforma Trabalhista, o STF em julgamento do Tema 1.046, entendeu pela constitucionalidade do negociado sobre o legislado em sentindo *lato*, ratificando o entendimento contido nos dispositivos celetistas pós-reforma e reafirmando o protagonismo dos instrumentos coletivos como forma de harmonizar a relação entre empregados e empregadores sem a utilização do pesado aparelho estatal regulatório da CLT.

---

(2) Art. 7º São direitos dos trabalhadores urbanos e rurais, além de outros que visem à melhoria de sua condição social: [...] XXVI – reconhecimento das convenções e acordos coletivos de trabalho.

(3) Tema 1.046: "São constitucionais os acordos e as convenções coletivas que, ao considerarem a adequação setorial negociada, pactuem limitações ou afastamentos de direitos trabalhistas, independentemente da explicitação especificada de vantagens compensatórias, desde que respeitados os direitos absolutamente indisponíveis".

Nessa linha de raciocínio, com o surgimento de nova fonte formal do direito, qual seja, a Lei n. 13.467/2017, entendemos pertinentes as palavras de Ingo Wolfgang Sarlet e Tiago Fensterseifer:

> "De acordo com os deveres da proteção, o Estado estará — no âmbito do que se designou de relação multipolar (Cristian Calliess) que se estabelece em função da proibição de excesso e da proibição da insuficiência — vinculado, simultaneamente, a respeitar (na perspectiva negativa ou defensiva) os direitos fundamentais e (na perspectiva positivo ou prestacional) atuar na proteção de tais direitos e outros bens constitucionais em relação aos quais incidem imperativos de tutela... Num primeiro passo, há que fundamentar a existência do dever de proteção como tal, e num segundo momento, verificar se o direito ordinário satisfaz suficientemente esse dever de proteção, ou se, pelo contrário, apresenta insuficiências nesse aspecto."(4)

Arremata por fim, Tércio Sampaio Ferraz Jr.:

> "A (ordem) econômica deve visar assegurar a todos a existência digna conforme os ditames da justiça social. O objetivo da ordem social é o próprio bem-estar social e a justiça social. A primeira deve garantir que o processo econômico, enquanto produtor, não impeça, mas ao contrário, se oriente para o bem-estar e a justiça sociais. A segunda não os assegura, instrumentalmente, mas os visa, diretamente. Os valores econômicos são valores-meio. Os sociais, valores-fim."(5)

O beneplácito do STF se alinha com a evolução de interpretações conferidas à temática da validade de acordos e de convenções coletivas, que culminou com a Reforma Trabalhista e a posterior análise de constitucionalidade do negociado sobre o legislado pela Corte Magna. O voto do Ministro Gilmar Mendes, relator do Tema 1.046 na Corte Suprema, estabelece as condições universais sobre quais seriam os direitos passíveis de negociação e os direitos pertencentes ao núcleo duro, que devem ser observados, e, portanto, intransigíveis de negociação através de norma coletiva.

---

(4) SARLET, Wolfgang Ingo; FENSTERSEIFER, Tiago. Proibição de proteção insuficiente e direito a um meio ambiente equilibrado. *Revista Consultor Jurídico*, ago. 2020. Disponível em: https://www.conjur.com.br/2020-ago-14/direitos-fundamentais-proibicao-protecao-insuficiente-meio-ambiente-equilibrado/. Acesso em: 10 jun. 2024.

(5) FERRAZ JR., Tércio Sampaio. A legitimidade na Constituição de 1988. In: FERRAZ JÚNIOR, Tércio Sampaio; DINIZ, Maria Helena; GEORGAKILAS, Ritinha Stevenson. *Constituição de 1988:* legitimidade, vigência, eficácia e supremacia. São Paulo: Atlas, 1989. p. 53.

Oportuno, trecho do voto condutor do Ministro Gilmar Mendes:

> [...] Para conferir maior segurança jurídica às negociações, a Lei n. 13.467/2017, que instituiu a chamada Reforma Trabalhista, acrescentou à CLT dois dispositivos que definiriam, de forma positiva e negativa, os direitos passíveis de serem objeto de negociação coletiva. A redação conferida ao art. 611-A da CLT prevê as hipóteses em que a convenção coletiva e o acordo coletivo de trabalho têm prevalência sobre a lei, enquanto que o art. 611-B da CLT, lista matérias que não podem ser objeto de transação em acordos e negociações coletivos caso sejam suprimidos ou reduzidos. <u>Considerando que, na presente ação, não estamos discutindo a constitucionalidade dos arts. 611-A e 611-B da CLT, entendo que uma resposta mais efetiva sobre os limites da negociabilidade coletiva deve ser buscada na própria jurisprudência consolidada do TST e do STF em torno do tema</u>. A jurisprudência do TST tem considerado que, estando determinado direito plenamente assegurado por norma imperativa estatal (Constituição, Leis Federais, Tratados e Convenções Internacionais ratificados), tal norma não poderá ser suprimida ou restringida pela negociação coletiva trabalhista, a menos que haja autorização legal ou constitucional expressa. Portanto, são excepcionais as hipóteses em que acordo ou convenção coletivos de trabalho podem reduzir garantias previstas no padrão geral heterônomo justrabalhista. Isso ocorre somente nos casos em que a lei ou a própria Constituição Federal expressamente autoriza a restrição ou supressão do direito do trabalhador."[6] (g.n.)

Dessa forma, a definição de quais serão os "direitos absolutamente indisponíveis" tratados no Tema n. 1.046 serão definidos casuisticamente pela jurisprudência. Como se verifica do voto condutor, tem se que a Corte Suprema delega ao TST e ao próprio STF a competência para análise sobre o que seriam direitos de indisponibilidade absoluta e aqueles de indisponibilidade relativa, e que, são, portanto, passíveis de negociação coletiva, como por exemplo, a jornada de trabalho e o intervalo intrajornada, em observância a jurisprudência, tendo sempre como norte o respeito ao patamar mínimo civilizatório, que decorre do princípio da adequação setorial negociada.[7]

---

(6) BRASIL. Supremo Tribunal Federal. *Recurso Extraordinário com Agravo n. 1.121.633/GO*. Relator: Ministro Gilmar Mendes. Brasília, DF, 02 de junho de 2022. Brasília, 28 abr. 2023. Disponível em: https://portal.stf.jus.br/processos/downloadPeca.asp?id=15357610710&ext=. pdf. Acesso em: 11 jun. 2024.

(7) No Direito Coletivo do Trabalho, entende-se que a autonomia coletiva deve ser conjugada com o chamado princípio da adequação setorial negociada, que define a importância de harmonização dos interesses das partes na negociação coletiva com o sistema normativo heterônomo estatal. O princípio da adequação setorial negociada tem fundamento no fato de que "normas autônomas juscoletivas construídas para incidirem sobre certa comunidade econômico-profissional podem prevalecer sobre o padrão geral heterônomo justrabalhista desde que respeitados certos critérios objetivamente fixados".

Para pontual contribuição, em regra, as cláusulas não podem ferir o mencionado patamar civilizatório mínimo, composto, em linhas gerais, pelas normas constitucionais, pelas normas de tratados e convenções internacionais incorporados ao direito brasileiro e pelas normas que, mesmo infraconstitucionais, asseguram garantias mínimas de cidadania aos trabalhadores, nisso se incluindo aquelas relativas a normas de saúde, higiene e segurança do trabalho.

Com essas ponderações sobre as normas de saúde, higiene e segurança do trabalho, entendemos pertinente a lição de Leonel Maschietto[(8)]:

> "Os períodos de descanso, no sentido amplo, conceituam-se como lapsos temporais regulares, remunerados ou não, situados intra ou intermódulos diários, semanais ou anuais do período de labor, em que o empregado pode sustar a prestação de serviços e sua disponibilidade perante o empregador, com o objetivo de recuperação e implementação de suas energias ou de sua inserção familiar, comunitária e política."

Importante realçar que, as decisões proferidas pelo excelso Supremo Tribunal Federal em regime de repercussão geral, por força de sua natureza vinculante, mostram-se de observância obrigatória por parte dos demais órgãos do Poder Judiciário, que devem proceder à estrita aplicação de suas teses nos casos submetidos à sua apreciação, até mesmo para preservar a segurança jurídica.

Com efeito, a construção jurisprudencial do TST sobre o assunto:[(9)]

> [...] "RECURSO ORDINÁRIO DO SINDICATO DAS EMPRESAS DE SEGURANÇA E VIGILÂNCIA DO ESTADO DO RIO GRANDE DO SUL – SINDESP. AÇÃO ANULATÓRIA DE CLÁUSULAS DE CONVENÇÃO COLETIVA DE TRABALHO PROPOSTA PELO MINISTÉRIO PÚBLICO DO TRABALHO. PROCESSO SOB A ÉGIDE DA LEI N. 13.467/2017. 1. BASE DE CÁLCULO PARA AFERIÇÃO DA COTA DE APRENDIZES E DE PESSOAS COM DEFICIÊNCIA A SEREM CONTRATADOS. EXCLUSÃO DE DETERMINADAS FUNÇÕES PARA CÁLCULO DOS PERCENTUAIS PREVISTOS NOS ARTS. 429 DA CLT E 93 DA LEI N. 8.213/91. IMPOSSIBILIDADE. INTERESSES DIFUSOS SOBRE OS QUAIS OS SINDICATOS DA CATEGORIA PROFISSIONAL E ECONÔMICA NÃO TÊM LEGITIMIDADE PARA TRANSACIONAR. Discute-se nos autos a validade de normas coletivas autônomas que flexibilizaram regras legais pertinentes ao sistema de cotas na contratação de empregados aprendizes (art. 429 da CLT) e de pessoas com deficiência ou beneficiárias de licença previdenciária em processo de reabilitação (art. 93, *caput* , da Lei n. 8.213/91), excluindo determinadas funções da base de cálculo legal, a fim de reduzir o número total de beneficiários. Independentemente do conteúdo das cláusulas, certo é que os Sindicatos não têm legitimidade para produzirem normas

---

(8) MASCHIETTO, Leonel. *Direito ao descanso nas relações de trabalho:* o trabalho aos domingos como elemento de dissolução da família e restrição do direito ao lazer. São Paulo: LTr, 2015. p. 17.

(9) Tribunal Superior do Trabalho. *ROT-37735-65.2022.5.04.0000.* Seção Especializada em Dissídios Coletivos, rel. Ministro Mauricio Godinho Delgado, Terceira Turma, julgado em 15.04.2024, *DJe* de 23.04.2024.

que reduzam direitos e garantias asseguradas a comunidades de pessoas humanas que não se encontram inseridas no âmbito de suas respectivas representações. **A jurisprudência desta Corte é pacífica no sentido de que são inválidas cláusulas que extrapolem o âmbito do interesse coletivo das suas respectivas bases, especialmente se tais normas se contrapõem a proteções especiais e enfáticas conferidas pela Constituição e pela legislação federal imperativa a certos grupos de pessoas. Nesse sentido, são eivadas de nulidade as cláusulas que modificam as regras legais atinentes aos sistemas de cotas, pois estas traduzem uma proteção estatal aos direitos difusos de pessoas não necessariamente associadas às relações bilaterais de trabalho (no caso, jovens aprendizes e pessoas com deficiência). Faltando legitimação às entidades sindicais para normatizarem interesses e direitos externos às suas categorias, configura-se a nulidade da norma celebrada**. Julgados desta Corte. Mantém-se, portanto, a declaração de nulidade da cláusula. Recurso ordinário desprovido, no tema... **Não obstante a Constituição da República confira à negociação coletiva amplos poderes, não se trata jamais de um superpoder da sociedade civil, apto a desconsiderar, objetivamente, os princípios humanísticos e sociais da própria Constituição Federal, ou de, inusitadamente, rebaixar ou negligenciar o patamar de direitos individuais e sociais fundamentais dos direitos trabalhistas que sejam imperativamente fixados pela ordem jurídica do País. Desse modo, embora extensas as perspectivas de validade e eficácia jurídicas das normas autônomas coletivas em face das normas heterônomas imperativas, tais possiblidades não são plenas e irrefreáveis. Há limites objetivos à criatividade jurídica na negociação coletiva trabalhista. Neste ponto, desponta como instrumento imprescindível para avaliação das possibilidades e limites jurídicos da negociação coletiva o princípio da adequação setorial negociada, por meio do qual as normas autônomas juscoletivas, construídas para incidirem sobre certa comunidade econômico-profissional, não podem prevalecer se concretizada mediante ato estrito de renúncia (e não transação), bem como se concernentes a direitos revestidos de indisponibilidade absoluta (e não indisponibilidade relativa), imantadas por uma tutela de interesse público, por constituírem um patamar civilizatório mínimo que a sociedade democrática não concebe ver reduzido em qualquer segmento econômico-profissional, sob pena de se afrontarem a própria dignidade da pessoa humana e a valorização mínima deferível ao trabalho (arts. 1º, III, e 170, *caput* , CF/88). No caso brasileiro, esse patamar civilizatório mínimo está dado, essencialmente, por três grupos convergentes de normas trabalhistas heterônomas: as normas constitucionais em geral (respeitadas, é claro, as ressalvas parciais expressamente feitas pela própria Constituição: art. 7º, VI, XIII e XIV, por exemplo); as normas de tratados e convenções internacionais vigorantes no plano interno brasileiro (referidas pelo art. 5º, § 2º, CF/88, já expressando um patamar civilizatório no próprio mundo ocidental em que se integra o Brasil); as normas legais infraconstitucionais que asseguram patamares de cidadania ao indivíduo que labora (preceitos relativos à saúde e segurança no trabalho, normas concernentes a bases salariais mínimas, normas de identificação profissional, dispositivos antidiscriminatórios, etc.). Registre-se que, embora a Lei n. 13.467/2017 tenha alargado o elenco de parcelas de indisponibilidade apenas relativa – inclusive, em muitos casos, em arrepio e desprezo ao estuário normativo da Constituição de 1988 (vide o amplo rol de temas constantes no art. 611-A da CLT) -, ela não buscou eliminar a fundamental distinção entre direitos de indisponibilidade absoluta e direitos de indisponibilidade relativa. Tanto é assim que o art. 611-B, em seus incisos I a XXX, projeta o princípio da adequação setorial negociada, ao estabelecer limites jurídicos objetivos à criatividade jurídica da negociação coletiva**

trabalhista, proibindo a supressão ou a redução dos direitos trabalhistas de indisponibilidade absoluta ali elencados. Em verdade, a doutrina e a jurisprudência deverão cotejar os objetivos precarizadores dos novos preceitos, onde couber, com o conjunto dos princípios e regras do próprio Direito do Trabalho, a par do conjunto dos princípios e regras da Constituição da República, no sentido de ajustar, pelo processo interpretativo e /ou pelo processo hierárquico, a natureza e o sentido do diploma legal novo à matriz civilizatória da Constituição de 1988, além do conjunto geral do Direito do Trabalho. A propósito, o Supremo Tribunal Federal , ao julgar o ARE 1.121.633/GO — *leading case* do Tema 1.046 de Repercussão Geral cujo título é "Validade de norma coletiva de trabalho que limita ou restringe direito trabalhista não assegurado constitucionalmente" —, em decisão plenária concluída no dia 14/6/2022, fixou tese jurídica que reitera a compreensão de que existem limites objetivos à negociação coletiva, delineados a partir da aplicação dos critérios informados pelo princípio da adequação setorial negociada e pela percepção de que determinados direitos são revestidos de indisponibilidade absoluta... No caso concreto, a controvérsia gira em torno da validade de norma coletiva que admite a possibilidade de supressão ou redução do intervalo de repouso e refeição. Para avaliar a questão, deve se atentar, primeiramente, para que os intervalos intrajornadas visam, fundamentalmente, a recuperar as energias do empregado, no contexto da concentração temporal de trabalho que caracteriza a jornada cumprida a cada dia pelo obreiro. Seus objetivos, portanto, concentram-se essencialmente em torno de considerações de saúde e segurança do trabalho, como instrumento relevante de preservação da higidez física e mental do trabalhador ao longo da prestação diária de serviços. Não há como afastar, pois, a conclusão de que tais intervalos materializam a preocupação da Constituição da República com a redução dos riscos inerentes ao trabalho, por meio de normas de saúde, higiene e segurança (art. 7º, XXII) . Isso significa que as normas jurídicas concernentes a intervalos intrajornadas também têm caráter de normas de saúde pública, não podendo, em princípio, ser suplantadas pela ação privada dos indivíduos e grupos sociais. Tais normas são, de maneira geral, imperativas. Assim, embora exista um significativo espaço à criatividade autônoma coletiva privada, hábil a tecer regras específicas aplicáveis em contraponto ao quadro normativo heterônomo, há claros limites. Naturalmente que, se houver autorização legal para que a negociação coletiva altere o padrão de intervalos fixado pela própria lei, essa autorização há de ser avaliada e poderá prevalecer. É o que acaba de acontecer por meio da Lei n. 13.467/2017 (vigente desde 11.11.2017), que permitiu à negociação coletiva trabalhista fixar "intervalo intrajornada, respeitado o limite mínimo de trinta minutos para jornadas superiores a seis horas " (novo art. 611-A, III, CLT), devendo a situação concreta ser examinada pelo Poder Judiciário. A despeito disso, é inegável que, antes do expresso permissivo jurídico heterônomo a respeito da matéria, decorrente da Lei da Reforma Trabalhista, o direito a uma hora de intervalo para jornadas superiores a seis horas, consagrado no art. 71, *caput* , da CLT, detinha ampla e efetiva proteção, e não poderia ser mitigado pela negociação coletiva, conforme pacífica jurisprudência desta Corte (Súmula n. 437, II, do TST). Aliás, a Suprema Corte, no julgamento do ARE 1.121.633, asseverou a necessidade de se observar a jurisprudência consolidada do TST e do próprio STF no exame judicial dos limites da negociação coletiva e na definição dos direitos trabalhistas considerados indisponíveis, por pertencerem ao grupo de normas que estabelecem um patamar mínimo civilizatório dos trabalhadores... Nesse sentido, na "tabela que sintetiza os principais julgados do TST e do STF", ilustrada pelo Ministro Gilmar Mendes em seu voto condutor, o STF cita expressamente e ratifica a jurisprudência pacífica desta Corte sobre a invalidade de cláusula de acordo ou convenção coletiva de trabalho contemplando a supressão ou redução do intervalo intrajornada, conforme a Súmula n. 437, II/TST. Nesse contexto,

> considerada a imperatividade da legislação trabalhista a respeito do intervalo intrajornada (art. 71, *caput*, da CLT), a jurisprudência consolidada desta Corte sobre a matéria (Súmula n. 437, II/TST), bem como o entendimento desta SDC sufragado, por maioria, nos autos do processo n. TST-ROT-20048-80.2019.5.04.0000, julgado em outubro de 2023, deve ser considerada inválida norma coletiva que flexibiliza direito individual e social revestido de indisponibilidade absoluta, intangível à negociação coletiva, qual seja: o direito constitucional à melhoria das condições de trabalho e à redução dos riscos inerentes ao labor, por meio de normas de saúde, higiene e segurança (art. 7º, *caput* e inciso XXII, da CF), entre as quais se destaca a que regula o intervalo intrajornada..." (g.n.)

Poder-se-ia citar, vasta jurisprudência em sentido convergente ou divergente ao Tema 1.046, mas pensamos que o extenso excerto é suficiente para ilustrar a *ratio decidendi* sobre a matéria, que já é analisada caso a caso pelo TST e eventualmente pelo STF em nova declaração de (in)constitucionalidade.

O voto condutor do Tema 1.046 estabeleceu sentido demasiado amplo para a interpretação de quais direitos seriam ou não passiveis de negociação por meio da norma coletiva, de forma que sem prejuízo do disposto nos arts. 811-A e 811-B, ambos da CLT, cabe aos julgadores por meio da jurisprudência do TST e STF, buscarem a uniformização jurisprudencial, que até o momento, não se encontra consolidada, gerando nítida insegurança jurídica.

3. Alcance e limites das normas coletivas

No tocante à amplitude das negociações coletivas de trabalho, a Justiça do Trabalho, em observância ao art. 7º, XXVI, da CF, tem o dever constitucional de incentivar e garantir o cumprimento das decisões tomadas a partir da autocomposição coletiva, desde que formalizadas dentro das linhas constitucionais.

A negociação coletiva surge como um vultoso instrumento democrático, por meio do qual as partes envolvidas são autorizadas a regulamentar as relações de trabalho, em aderência as particularidades e necessidades específicas de cada situação.

Tamanha a relevância das normas coletivas que, a Organização Internacional do Trabalho (doravante denominada OIT) dispõe em seu art. 4º da Convenção n. 98[(10)], promulgada por meio do Decreto n. 33.296/1953, a necessidade de realizar medidas para sua efetiva implementação com a finalidade de regular os termos e as condições de emprego.

---

(10) Convenção OIT n. 98, art. 4: Medidas apropriadas às condições nacionais serão tomadas, se necessário, para estimular e promover o pleno desenvolvimento e utilização de mecanismos de negociação voluntária entre empregadores ou organizações de empregadores e organizações de trabalhadores, com o objetivo de regular, mediante acordos coletivos, termos e condições de emprego.

De mesma sorte, a Convenção n. 154 da OIT, promulgada pelo Decreto n. 1.256/1994, também alude sobre o incentivo à negociação coletiva, estabelecendo em seu art. 2º[(11)], que esta possui como objetivo fixar as condições de trabalho e emprego, regular as relações entre empregadores e trabalhadores ou regular as relações entre os empregadores ou suas organizações e uma ou várias organizações de trabalhadores ou alcançar todos estes objetivos de uma só vez.

Essa regulamentação objetivando fixar as condições de emprego, ocorre a partir de diálogo entre as partes da norma coletiva, com atuação em igualdade de condições, legitimando o objeto do ajuste na medida em que afasta a clássica concepção de hipossuficiência inerente ao empregado nos acordos individuais de trabalho.

Á luz de tal disposições legais, as normas autônomas oriundas de negociação coletiva devem prevalecer, em princípio, sobre o padrão heterônomo justrabalhista, conforme já abordado, já que a transação realizada em norma coletiva é resultado de uma ampla discussão havida em um ambiente de igualdade de condições, com presunção de diálogo.

A par disso, a autonomia, este poder que não é absoluto, encontra seu limite exatamente na ponta dos direitos constitucionais essenciais garantidos aos trabalhadores. Assim, em que pese a Constituição Federal de 1988 confira à negociação coletiva amplos poderes, não se trata jamais de um poder absoluto da sociedade civil, apto a desconsiderar, objetivamente, os princípios humanísticos e sociais da própria Constituição Federal, ou de, inusitadamente, rebaixar ou negligenciar o patamar de direitos individuais e sociais fundamentais dos direitos trabalhistas que sejam imperativamente fixados pela ordem jurídica do País.

Portanto, embora extensas as perspectivas de validade e eficácia jurídicas das normas autônomas coletivas em face das normas heterônomas imperativas, tais possiblidades não são plenas e irrefreáveis, uma vez que existem limites objetivos à criatividade jurídica na negociação coletiva trabalhista.

Como explica Carlos Eduardo Oliveira Dias[(12)]:

> "[...] um importante efeito da institucionalização do Direito do Trabalho foi o seu reconhecimento como direito fundamental da pessoa humana,

(11) Convenção OIT n. 154, art. 2º As convenções e recomendações da OIT, aprovadas pelo Congresso Nacional, promulgadas por ato do Poder Executivo federal e consolidadas por este Decreto estão reproduzidas integralmente nos Anexos, em ordem cronológica de promulgação, da seguinte forma: [...]

VII -Anexo VII – Convenção n. 98 da OIT, relativa à Aplicação dos Princípios do Direito de Organização e de Negociação Coletiva (adotada em Genebra, em 1º de julho de 1949, por ocasião da XXXII Sessão da Conferência Internacional do Trabalho; aprovada pelo Decreto Legislativo n. 49, de 27 de agosto de 1952; instrumento de ratificação depositado na sede da Organização Internacional do Trabalho, em 18 de novembro de 1952; e promulgada em 29 de junho de 1953) [...].

(12) DIAS, Carlos Oliveira. *O trabalho em movimento* — Estudos críticos do Direito do Trabalho. Salvador: JusPodivm, 2021. p. 221-222.

> estatuído para que qualquer um possa ter uma existência minimamente digna, cujo aparato, cujo aparato também integra os instrumentos de proteção ao meio ambiente de trabalho, tema nos quais os interesses preservados ultrapassam o trabalhador envolvido e até mesmo sua categoria. Sendo assim, a simples valorização da autonomia da vontade não pode ser o referencial elementar para autorizar a atenuação das diretrizes de proteção trabalhista."

Continua o mesmo autor:

> "A esse propósito, o poder normativo da Justiça do Trabalho, a unicidade sindical e a contribuição sindical obrigatória, são heranças do modelo corporativo que foram preservadas pela Constituição, fatores que potencializam as contradições da organização sindical brasileira e são fundamentais para a configuração de estrutura sindical totalmente debilitada. A sobrevivência desses institutos retira dos sindicatos a necessidade de representatividade, porque o sistema lhes assegura o monopólio de representação da representação da categoria e uma relevante fonte de recursos, mesmo que não detenham qualquer legitimidade dos representados. Por mais paradoxal que pareça, o sistema de unicidade não impediu a disseminação de entidades sindicais, em total descompasso com as necessidades de organização dos trabalhadores e empresários, gerando uma pulverização representativa, que, invariavelmente compromete a legitimidade do processo negocial. Com isso, paradigmas do sindicalismo contemporâneo não foram capazes de suplantar vícios históricos das organizações corporativas e preservam algumas práticas de má-representação sindical, sobretudo alçando a participação política do trabalhador a plano absolutamente secundário."

Aqui reside um dos pontos críticos para interpretação do Tema 1.046 do STF e sua aplicação na jurisprudência. Ora, se a Reforma Trabalhista teve como norte prestigiar a autonomia da vontade das partes em detrimento da legislação, se mostra contraditório o enfraquecimento do já degastado princípio da unicidade sindical, pois não é necessário muito esforço para concluir que é evidente que o sindicato representante do trabalhador, se torna o responsável por negociar os termos da norma coletiva que tem impacto direto nas condições laborais do empregado, sendo que se este se encontra enfraquecido, por decorrência logica, a norma coletiva e a paridade entre as partes fica comprometida.

Nesse sentido, nas palavras de Mannrich e Boskovic[13]:

> "No Brasil , contudo, o sistema sindical adotado não corresponde às diretrizes internacionais. É bem verdade que a Constituição Federal de 1988 assegura a 'livre associação profissional ou sindical' (art. 8º, *caput* e I). Mas, apesar disso, a Constituição manteve o princípio da unicidade sindical, vedando a criação de mais de uma organização sindical, em qualquer grau, representativa de categoria profissional ou econômica em uma mesma base territorial (art. 8º, II). A liberdade sindical que vigora no Brasil é, portanto, restrita ou mitigada."

Assim, excetuando-se por aqueles com enorme influência, como o caso do Sindicato dos Metalúrgicos do ABC, os demais sindicatos, enfraquecidos pela Reforma Trabalhista e a decisão que declarou inconstitucional o modelo de contribuição para seu custeio próprio, não possuem a requisitada representatividade, tão cara aos trabalhadores nesse modelo legislativo. Tanto assim o é que, o próprio STF, decidindo em contrariedade a decisão relativa ao mesmo tema em 2017, assentou tese no Tema 935 [14] de maneira a declarar a constitucionalidade da contribuição assistencial a todos os empregados da categoria, mesmo os não sindicalizados, desde que assegurado o direito de oposição no formato instituído por cada sindicato de maneira distinta, assegurando assim, a existência efetiva do sistema sindicalista e a liberdade de associação, como forma de reparar os sindicatos esvaziados e sem poder de representatividade, pós Reforma Trabalhista, sendo seriamente prejudicados os trabalhadores, que perderam acesso a essa instância de deliberação e negociação coletiva.

Nas palavras de Thereza Christina Nahas e Andressa Munaro Alves[15]:

> "[...] Necessário e urgente recordar que antes do Direito do Trabalho, chancelado pelo art. 7º da Carta Republicana, aquele que garante catatau de direitos aos empregados, existe o Direito AO Trabalho, assegurado no art. 6º daquela mesma Carta, bem como nos convênios internacionais de garantia a direitos fundamentais subscritos pelo Brasil [...]"

---

(13) MANNRICH, Nelson; BOSKOVIC, Barrichello Alessandra. *A Liberdade Sindical como Pressuposto da Democratização da Sistema Sindical.* 1. ed. Campinas: Lacier Editora, 2021. p. 68.

(14) A tese de repercussão geral fixada no Tema 935 foi a seguinte: "É constitucional a instituição, por acordo ou convenção coletivos, de contribuições assistenciais a serem impostas a todos os empregados da categoria, ainda que não sindicalizados, desde que assegurado o direito de oposição".

(15) NAHAS, Thereza Christina, MUNARO, Alves Andressa. A crise do direito do trabalho: outros caminhos possíveis. *Revista Consultor Jurídico*, jun. 2024. Disponível em: https://www.conjur.com.br/2024-jun-04/a-crise-do-direito-do-trabalho-outros-caminhos-possiveis/.

Com a lição, a primeira observação inerente a amplitude das normas coletivas é que, o rol de direitos elencado no art. 611-A, da CLT, bem como as vedações contidas no art. 611-B, se traduzem em hipóteses meramente exemplificativas, pois não haveria como o legislador contemplar todas as diversas situações que possam ser cobertas pelo manto da negociação coletiva, o que novamente ressalta-se, deve ser prestigiada e incentivada como forma de autocomposição orgânica entre os agentes envolvidos, sendo que sua limitação expressa em tipo legal, se traduziria em evidente contradição a finalidade do instituto normativo coletivo.

Ora, podemos pactuar sobre jornada de trabalho e sua duração, como habitualmente se tem feito, no entanto, esbarramos em vedação expressa com relação a garantia constitucional da jornada extraordinária, com fundamento na própria Constituição Federal, art. 611-B, da CLT, aliado ao entendimento contido na Súmula n. 376, do Tribunal Superior do Trabalho(16), pois a realização de horas extras presume situação excepcional e acessória da jornada de trabalho, que esbarra nos direitos fundamentais consagrados pelo art. 5º da CF, mais especificamente na dignidade da pessoa humana e do trabalhador, que não pode se ver obrigado a trabalhar em sobrejornada, pois as condições fisiopsicológicas certamente serão afetadas de exercidas de maneira habitual ou decorrente de jornada extenuante, o que não raro acontece nos dias atuais.

Não obstante, as normas revestidas de caráter de indisponibilidade absoluta, como é o caso das horas extraordinárias, se equiparam as normas decorrentes de saúde, higiene e segurança do trabalho, incontestáveis e intransigíveis de acordo com a própria Reforma celetista em seu art. 611-B, X. Some-se ainda, o respeito aos consagrados direitos fundamentais e a dignidade do trabalhador e pessoa humana, tão caros e inseridos no emblemático art. 5º, e o já mencionado art. 7º, ambos da CF, que traduzem em linhas gerais, a razão de ser da Carta Magna cidadã.

Neste ponto, o instrumento a ser observado para avaliação das possibilidades e limites jurídicos da negociação coletiva se pauta no princípio da adequação setorial negociada, por meio do qual as normas autônomas juscoletivas, construídas para incidirem sobre certa comunidade econômico-profissional, não podem prevalecer se concernentes a direitos revestidos de indisponibilidade absoluta, imantadas pela tutela de interesse público, que constituem um patamar civilizatório mínimo que a sociedade democrática não concebe ver reduzido em qualquer segmento econômico-profissional, sob pena de

---

(16) Súmula n. 376 do TST: I – A limitação legal da jornada suplementar a duas horas diárias não exime o empregador de pagar todas as horas trabalhadas.

afronta mortal a dignidade da pessoa humana e a valorização mínima concedida ao trabalho, nos termos dos arts. 1º, III(17), e 170, *caput*, CF/88.(18)

4. Conclusão

É certo que a subjetividade relativa aos direitos trabalhistas passíveis de negociação coletiva não é tarefa das mais fáceis, como qualquer tema atual do Direito do Trabalho.

As proibições expressas do art. 611-B se caracterizam como óbice ao reconhecimento de prevalência do negociado sobre o legislado, em rol meramente exemplificativo, pensamos.

No conjunto da obra, toda e qualquer ampliação ou limitação de direitos consagrados na CF e demais componentes da pirâmide kelseniana que ofendam os direitos fundamentais são passíveis de declaração de inconstitucionalidade por força da vinculação do Tema n. 1.046 do STF por parte da jurisprudência, sendo que em terreno desconhecido, a mínima segurança jurídica emana do respeito aos direitos absolutamente indisponíveis, não se admitindo, outrossim, fraturas em direitos fundamentais, iniciando por aqueles previstos no art. 5º da CF, sendo o próximo degrau aqueles elencados no art. 6º da CF, transitando pelas normas inerentes aos direitos mínimos do art. 7º da CF, passeando pela liberdade de associação do art. 8º da Carta Magna e repousando, por fim, no conforto do exercício da autonomia da vontade que engloba todos os demais temas suscetíveis de negociação por meio de normas coletivas no Direito do Trabalho, e que certamente empregará os operadores do Direito durante lapso temporal significativo, objetivando a construção de jurisprudência paradigma ao Tema 1.046 da Corte Magna.

Referências

BRASIL. *Decreto-lei n. 5.452, de 1º de maio de 1943*. Aprova a Consolidação das Leis do Trabalho (CLT). Disponível em: http://www.planalto.gov.br/ccivil_03/decreto-lei/del5452.htm. Acesso em: 20 jun. 2024.

______. Constituição (1988). *Constituição da República Federativa do Brasil de 1988*. Disponível em: http://www.planalto.gov.br/ccivil_03/constituicao/constituicao.htm. Acesso em: 20 jun. 2024.

______. Supremo Tribunal Federal. *Tema 1.046:* Validade de norma coletiva de trabalho que limita ou restringe direito trabalhista não assegurado constitucionalmente. Disponível em: https://www.stf.jus.br. Acesso em: 20 jun. 2024.

---

(17) Art. 1º A República Federativa do Brasil, formada pela união indissolúvel dos Estados e Municípios e do Distrito Federal, constitui-se em Estado Democrático de Direito e tem como fundamentos:

I – a soberania;

II – a cidadania;

III – a dignidade da pessoa humana.

(18) CF. Art. 170. A ordem econômica, fundada na valorização do trabalho humano e na livre iniciativa, tem por fim assegurar a todos existência digna, conforme os ditames da justiça social, observados os seguintes princípios.

DIAS, Carlos Oliveira. *O trabalho em movimento* – Estudos críticos do Direito do Trabalho. Salvador: JusPodivm, 2021.

FERRAZ JR., Tércio Sampaio. A legitimidade na Constituição de 1988. In: FERRAZ JÚNIOR, Tércio Sampaio; DINIZ, Maria Helena; GEORGAKILAS, Ritinha Stevenson. *Constituição de 1988:* legitimidade, vigência, eficácia e supremacia. São Paulo: Atlas, 1989.

MANNRICH, Nelson; BOSKOVIC, Alessandra Barrichello. *A Liberdade Sindical como Pressuposto da Democratização da Sistema Sindical.* 1. ed. Campinas: Lacier Editora, 2021.

MASCHIETTO, Leonel. *Direito ao descanso nas relações de trabalho:* o trabalho aos domingos como elemento de dissolução da família e restrição do direito ao lazer. São Paulo: LTr, 2015.

NAHAS, Thereza Christina; MUNARO, Andressa. A crise do direito do trabalho: outros caminhos possíveis. *Revista Consultor Jurídico*, jun. 2024. Disponível em: https://www.conjur.com.br/2024-jun-04/a-crise-do-direito-do-trabalho-outros-caminhos-possiveis/. Acesso em: 10 jun. 2024

SARLET, Wolfgang Ingo; FENSTERSEIFER, Tiago. Proibição de proteção insuficiente e direito a um meio ambiente equilibrado. *Revista Consultor Jurídico*, ago. 2020. Disponível em: https://www.conjur.com.br/2020-ago-14/direitos-fundamentais-proibicao-protecao-insuficiente-meio-ambiente-equilibrado/. Acesso em: 10 jun. 2024..